In 1000 Stunden baue ich mein Haus

Planen, Kalkulieren, Organisieren,
in Eigenleistung Mauern, Schalen, Eisen verlegen, Betonieren,
Innenausbau und Außenanlagen, so weit es sich lohnt

Alle Rechte vorbehalten

Copyright 2016 beim
Autor: Friedhelm Schutt

Herstellung und Verlag:
BoD - Books on Demand, Norderstedt

ISBN: 9783741290107

- Vorwort 11
- Überraschendes Gedankenspiel 12
- Tabelle Kosten pro Quadratmeter Wohnfläche. 12
- Planung des Grundrisse; Kalkulation der Baukosten nach vorgegebenen Kalkulationsbeispielen 13
  - Planung der Raumgrößen 14
  - Positionierung der Räume 16
  - Festlegen von Fenster- und Türgrößen sowie deren Positionen 18
  - Festlegen eines Schachtes für Wasser, Abwasser, Strom, Telefon, Heizung, Abwasserentlüftung 20
  - Ausrichten der Nassräume nach geringsten Leitungslängen. Kanalanschluss und Gasversorgung 21
  - Wo steht der Schornstein 22
  - Wahl des Heizsystems 22
  - Physikalische Berechnung des Heizbedarfs 23
- Berechnungen von Mengen an Beton, Mauerwerk usw. führen zur Grundlage der Kalkulation 25
- Vergabe des eigenen Grundriss-Plans an den Architekten 27
  - Absprache der Lage des Baukörpers 27
  - Vorgabe ihrer persönlichen Bauzeichnung an den Architekten und Abstimmung der Aufgabenverteilung 28
  - Erstellen der 1:50 Zeichnung 29
- Durchsprache der problematischen Gebäudeteile mit dem Statiker 31
  - Sparrenquerschnitte und –abstände 31
  - Festlegen Fuß-, Mittel- und Firstpfette, Auflagepolster 32

    Deckenart und Deckendicke, Art der Fensterstürze, Haustürsturz 34

    Hohlkörperdecke (Kaiserdecke) 35

    Filigrandecke 36

    Normal geschalte Decke 39

    Porenbetondecke 39

    Echo-Fertigteildecke 39

    Wandstärken und Wandmaterial, evtl. Zusatzstützen 41

    Treppenart 42

    Wo liegen die Kanalrohre 43

    Muss ein Bodenaustausch vorgenommen werden 44

Verhandlungen mit Lieferanten zur vorherigen Absicherung der Kalkulation und Zeitplanung 46

    Vergleich von Preisen für Beton, Steine, Eisen, Fenster usw. 46

    Festlegen der Preisbindungsdauer 48

    Vor Ort über Anlieferungswege und Abladung sprechen 48

    Lieferfristen 49

    Verhandlungen mit den Handwerkern und Terminabsprache 49

Erklärung der Statikelemente 53

    Verlegeplan der Eisenmatten 53

    Stürze über den Türen 57

    Stürze über Fenstern und Haustüröffnung 59

    Doppel-T-Träger in die Decke einlegen, wenn darunter Wände fehlen 61

    Sparrenquerschnitte und –abstände 62

    Windrispen 64

Bögen über Klinkeröffnungen 64
Stahlwinkel als Träger von Klinkerstürzen 66
Welche Versicherungen sind erforderlich 67
Bauherrenhaftpflicht 67
Feuer- und Sturm-Versicherung 67
Lebens-/Invaliditätsversicherung 67
Werkzeuge 68
Probleme der Errichtung des Hauses 75
Körperliche Vorbereitung 75
Psychologische Erfahrungen 75
Wasserversorgung 77
Stromversorgung 78
Abschieben des Mutterbodens 79
Aushub der Baugrube, evtl. Abtransport des Grubenaushubs 79
Sicherung der Baugrube 80
Einmessen, Schalen und Gießen der Bodenplatte 81
Grenzsteine als Basispunkte suchen 81
Höhen mit Schlauchwaage ausnivellieren 82
Schalung aufbauen 84
Abwasserrohre in Sandbett legen 85
Sauberkeitsschicht einbringen 86
Eisen verlegen 86
Erdungsschiene einbringen 88
Treppenanschluß bei Betontreppe anbringen 89
Beton gießen 89
Einmessen und Legen der ersten Steinlage 92

Eckpunkte festlegen 92

Höhen ausnivellieren 93

Erste Steinlage in Mörtel setzen (Außenwände) 93

Abstechen überstehenden Mörtels 96

Ausbilden der runden Außenkante 96

Ausmessen und Verlegen der ersten Lage der Innenwände 96

Errichten der Kellerwände, Außenanstrich mit Bitumen 98

Ausrichten der senkrechten Balken zum Anlegen der Richtschnur 98

Vorgesehene Mauerhöhe mit Mörtel oder Passsteinen ausgleichen 106

Bitumenanstrich von außen aufbringen 107

Errichten des ersten Schornsteinabschnitts 109

Fußstein setzen 109

Innenrohr setzen (Säurekitt) 110

Dämmungsmaterial einbringen 111

Höhen für Anschlüsse berücksichtigen 112

Vorbereiten der Treppe zum Erdgeschoß 113

Vorbereiten der ersten Decke durch Stützen und Einschalen 116

Stützen aufstellen 116

Querbalken auf korrekte Höhen ausrichten 118

Markieren der Plattenpositionen auf den Wänden 118

Plattendecke auflegen 119

Außenschalung und Schalung zum Treppenhaus anbringen. Einschalen des Schornsteins mit Styropor 121

Körbe für Stürze binden und auflegen 126

- Doppel-T-Träger mit der Decke verbinden ... 127
- Zulageeisen auf die Plattenelemente legen ... 128
- A-Böcke aufbringen ... 129

Verlegen der Eisen nach Statikzeichnung ... 130
- Auflegen der Stahlmatten ... 130
- Deckendurchbrüche durch Styropor-Stücke vorbereiten ... 131

Gießen der Betondecke ... 133
- Vorbereitung Werkzeuge ... 133
- Beton verteilen ... 134
- Beton nachbehandeln ... 135
- Baugrube zuschütten, Lichtschächte befestigen ... 136

Erdgeschoß mit Fensteröffnungen errichten wie vorher beschrieben ... 137
- Berücksichtigen der Luftschichtanker ... 138

Errichten der Giebelwände ... 140
- Winkel der Giebel errechnen ... 140
- Wände hochziehen, Rähm gießen, Betonfutter für First- und Mittelpfetten einbauen ... 141
- Fuß-, Mittel- und Firstpfetten legen; Sparren aufnageln ... 144
- Steinschrauben in Fußpfetten einsetzen und auf Aussparungen setzen ... 145
- Mittel und Firstpfetten (mit Kran) auflegen, evtl. provisorisch unterstützen ... 146
- Sparrenausschnitte aussägen ... 147
- Sparrenpositionen aufzeichnen ... 147
- Sparren aufnageln ... 148
- Windrispen aufnageln ... 148
- Wechsel einsetzen ... 149

- Rest des Schornsteins erstellen (mit Betonplatte) 149
- Folie aufspannen 152
- Schieferarbeiten bzw. Eternitplatten befestigen 153
- Einweisen der Handwerker und Versorgungsunternehmen 156
  - Klinkerer 156
  - Versorgungs-Anschlüsse 157
  - Dachdecker 158
  - Wasser 159
  - Abwasser 162
  - Elektroinstallation 162
  - Heizungsinstallation 164
- Innenausbau 167
  - Fußbodenheizung vorbereiten 167
  - Telefon 167
  - Fenster 168
  - Rollos 170
  - Checkliste nach dem Fenster-Einbau 171
  - Einbau von Fensterbänken, Fliesen, Holzdecken, Tapeten, Türen 172
  - Wenn Fenster eingebaut sind, Fensterbänke in Speiß setzen 172
  - Fliesenpositionen festlegen und einmessen 173
- Holzdecken 181
  - Warum Paneeldecke? 181
  - Schattenfuge oder Deckenleisten als Abschluss der Holzdecken berücksichtigen 181
  - Dachlattenpositionen für Holzdecken festlegen 182

Unterkonstruktion für Holzdecken in eine Waagerechte bringen 183
Lampenkabel berücksichtigen 185
Startpunkte des ersten Brettes festlegen 185
Verarbeitung der Paneele.. 186
Randleisten anbringen.. 187
Holzdecken im Dachgeschoß... 188

Tapeziervorbereitungen 190
Kleistern und Einweichen... 191
Tricks und Arbeitserleichterungen.. 191
Türen einbauen. Hilfswerkzeuge vorbereiten (Spreizen, Keile) 192
Zargen einsetzen und einschäumen 193
Zargen schließen 196
Türen einhängen und ausrichten 196

Anlegen von Einfahrt und Terrasse 198
Eingangsstufe.. 198
Pflaster-Ränder mit Schnur ausrichten und einmessen........... 198
Höhen einmessen, evtl. Randsteine setzen 199
Schienen legen, Sand abziehen, Pflastersteine legen.............. 200
Sand einfegen... 202

Parallele Arbeiten 203
Garage jeweils parallel hochziehen 204
Zeitlicher Aufwand für die einzelnen Gewerke........................... 205
Einige Gedanken zur Finanzierung... 207
Honorarberechnung durch den Architekten................................. 210
Berechnung der Kosten des Statikers 212

Einsparen von Steuern und Gebühren 213

Berechnung der Kosten für die Baugenehmigung............................... 214

Kalkulationsbeispiele 215

   Berechnungsgrundlagen: 215

Grundwerte für die Kalkulationen.. 220

Freistehendes Einfamilienhaus mit angrenzender Garage Baukörper 8.5 mal 8.5 Meter groß mit Keller und ca. 48 Grad Dach... 221

Freistehendes Einfamilienhaus mit angrenzender Garage Baukörper 9.5 mal 9.5 Meter groß mit Keller und ca. 48 Grad Dach... 228

Freistehendes Einfamilienhaus mit angrenzender Garage Baukörper 10 mal 10 Meter groß mit Keller und ca. 48 Grad Dach... 235

Freistehendes Einfamilienhaus mit angrenzender Garage Baukörper 11 mal 11 Meter groß mit Keller und ca. 48 Grad Dach... 242

Einsparmöglichkeiten 249

   Decken aus Holzbalkenkonstruktion 249

   Beton selbst herstellen 249

   Außenputz statt Klinker... 250

   Garagendach 250

   Estrich-Dicke 250

   Riemchen/Fliesen statt Putz.. 251

   Sanitäre Einrichtungen 251

   Vorhängefassade... 252

   Fertiggarage ja oder nein 252

   Satteldach oder doch lieber ein Flachdach 253

Schlußwort... 254

Wintergärten preisgünstig gebaut 256
Balkon aus Holz 257
Drempel oder Deckenüberstand, um das Dachgeschoß
zu vergrößern 259
Markise 260
Problem Garagentür 260
Waschmaschine hochstellen 261
Auftragsvergabe an junge Handwerkerbetriebe 262
Fotos 264
Detailzeichnungen zu den Statikelementen 271

Vorwort

Anhand der folgenden Erläuterungen soll der Laie in die Lage versetzt werden, in eigener Regie ein normales Wohnhaus zu errichten. Natürlich muss man über einiges handwerkliche Geschick verfügen. Aber die Anforderungen sind bei ausreichender Information und Einarbeitung in die Materie nicht zu groß. Das Buch soll in einfacher Sprache und mit allgemeinverständlichen Beispielen die Hemmungen zu überwinden helfen, sich in das bauliche Abenteuer zu begeben.

So viel Geld wie auf der Baustelle kann man in einem normalen Job nicht verdienen! Insbesondere die Rohbauarbeiten bringen rund 50 Euro pro Stunde ein!

Im folgenden Text wird von Mauern aus Porenbetonsteinen und von sogenannten Filigrandecken ausgegangen. Diese Werkstoffe wählte ich als diejenigen aus, die die geringsten Probleme aufwerfen und die Bauzeit von weniger als einem Jahr ermöglichen, obwohl man als Bauherr fast immer allein auf der Baustelle arbeitet.
Die Werkstoffe sind die Grundlage für die genannten Abmessungen, Gewichte, Arbeitsweisen und Arbeitszeiten.

Alle Überlegungen und Kalkulationen gehen von eineinhalb-geschossigen unterkellerten und freistehenden Häusern mit angrenzender Garage aus!

Überraschendes Gedankenspiel

Sehen Sie sich doch bitte einmal die Kalkulationsbeispiele an.
Sie werden erkennen, dass trotz der stark steigenden Quadratmeterflächen der Preis der Häuser nur unwesentlich in die Höhe geht.
Diese Aussage weist auf einen erheblichen Fixkostenanteil hin.
D.h.: auch wenn ein Haus immer kleiner geplant wird, fallen die Preise irgendwann kaum noch.
Der Fixkostenanteil liegt bei immerhin rund 70.000 Euro!
Darin sind z.B. Sanitäranlagen, Haustür, Schornstein, Treppen, Vermessungskosten, Garage, Einfahrt und Terrasse, die Innentüren, die Fenster und Rollos, der Heizbrenner oder die Wärmepumpe, der Warmwasserspeicher, Teile der Architekten-, Statiker- und antragskosten, Giebelwände, Wasser-, Abwasser-, Telekom- und Stromanschlüsse, Fallrohre usw. enthalten.

Daraus ergibt sich, dass nicht jeder zusätzliche Quadratmeter Wohnfläche ca. 1500 Euro kostet, sonder dass eine Vergrößerung der Wohnfläche erheblich preiswerter ausfällt als bei der üblichen Pauschalierungsmethode.

Folge: Beschränken Sie sich nicht in der Wohnfläche; daran können Sie pro Quadratmeter kaum mehr als 300 Euro einsparen.

Tabelle Kosten pro Quadratmeter Wohnfläche.

Wohnfläche in Quadratmeter	86	112	130	160
Kosten	154	164	175	184

Planung des Grundrisse; Kalkulation der Baukosten nach vorgegebenen Kalkulationsbeispielen

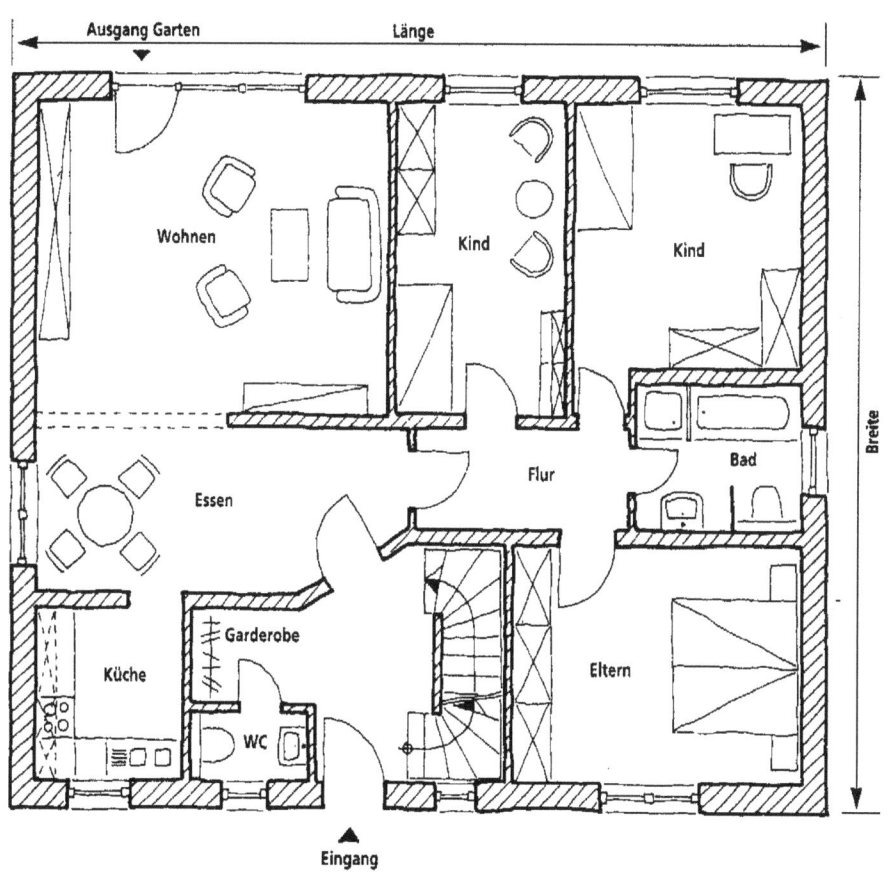

Planung der Raumgrößen

Die Raumgrößen ergeben sich normalerweise aus dem Bestand der Möbel, die man augenblicklich in seiner Wohnung stehen hat zuzüglich einiger 10 cm, um die sich die Räume meist vergrößern, wenn man neu baut.
Auch die Abmessungen von Treppenhaus, Badezimmer und Diele bestimmen die Größen von Wohn- und Schlafräumen.
Bei der Festlegung der Raumgrößen muss die Dicke des Innenputzes und des Wandbelages berücksichtigt werden.
Insbesondere im Badezimmer müssen zu den Abmessungen der Badewanne und Duschtasse ca. 3 cm für Innenputz und 2 cm für Fliesen berücksichtigt werden. Ansonsten kann es sein, dass die Anlagen nicht mehr eingesetzt werden können.
Wenn z. B. Schlafmöbel bis an die Türzarge heranreichen, muss man die Breite der Zarge und die Innenputzdicke berücksichtigen.
Bei der Festlegung der Raumhöhe muss die Möbelhöhe und deren notwendige Montagehöhe berücksichtigt werden.
Durch die Raumhöhe wird die Länge des Treppenhauses beeinflusst.
Denn je mehr Stufen unterzubringen sind, um so länger ist der Treppenlauf.
(Eine Stufe ist ca. 18,5 cm hoch und in der Mitte 27 cm tief.)

Ich empfehle ihnen, ihre Raumgrößen in einem Maßstab 1:100 aus Pappe auszuschneiden. Jetzt können die einzelnen Pappflächen zusammengelegt werden und ergeben ein Quadrat oder Rechteck.
Zwischen jedem Raum müssen ca. 20 cm für die Wand freigehalten werden.
Die Positionen der Türen und Fenster müssen festgelegt werden.

Eine andere, aber vermutlich endgültigere, Lösung ist, sich eine Excel-Datei zu schaffen, deren einzelne Zellen quadratisch sind und jeweils einem Raster von 10 cm entsprechen. Nun kann man mit schmalen Rechtecken die Wände simulieren, verschieben, vergrößern, verkleinern oder drehen. Eine farbliche Gestaltung der Wände aus unterschiedlichen Materialien macht den Grundrissplan noch anschaulicher.

Dieser Plan wird später auch verwendet, wenn es um die Bemaßung der einzelnen Räume geht.
Selbst die 1 zu 50 Bauausführungs-Zeichnung, auf die wir später noch kommen, ist daraus abzuleiten.

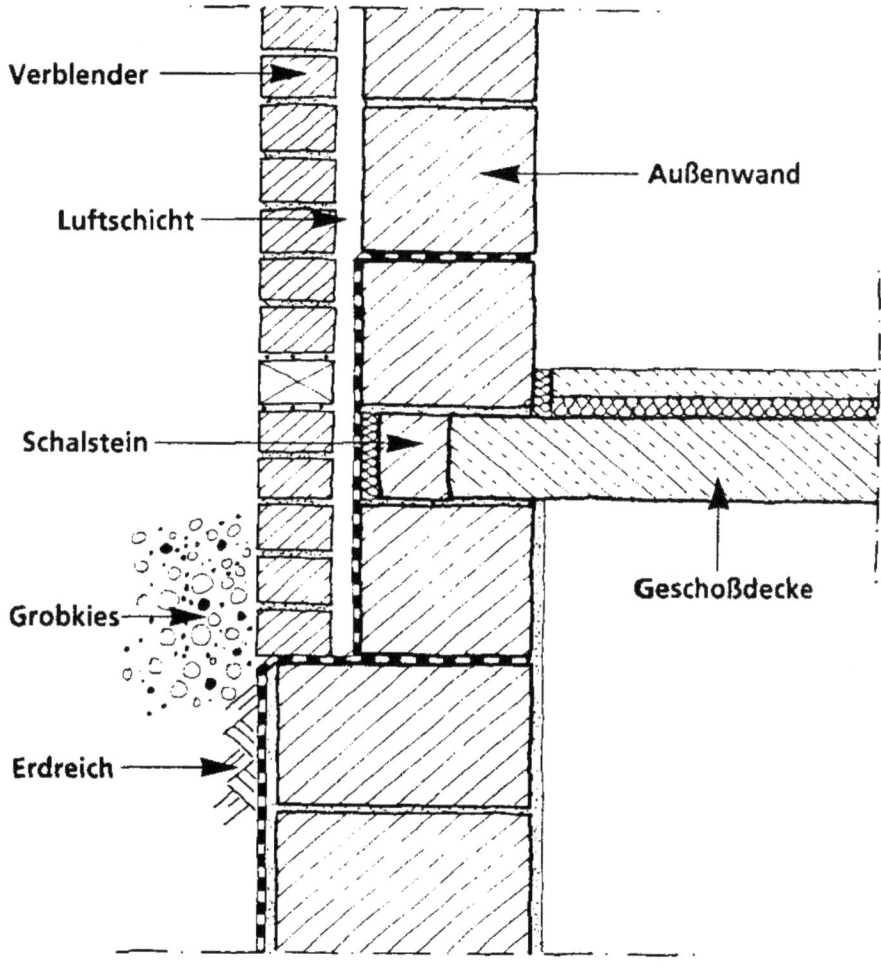

Berücksichtigen Sie, dass Räume mit Wasser- und Abwasseranschlüssen nicht zu weit auseinanderliegen. Jeder Meter Rohr kostet Geld und jedes

Stück Abwasserrohr, das später im Keller entlang der Wand gelegt werden muss stört.

Die Wände der einzelnen Geschosse sollten in der Sicht von oben etwa auf der gleichen Stelle stehen. Die Wandstärken im Keller betragen beim Außenmauerwerk ca. 37 cm.

Auf den Kellermauern muss außen der Klinker aufgesetzt werden können.

Die Kellerwände werden von außen mit einer Wärmedämmung versehen – Dicke ca. 8 cm.

Erdgeschoss und Obergeschoss werden an den Außenwänden mit 14 bis 20 cm dicker Wärmedämmung versehen, erst dann kommt der Klinker.

Im Erdgeschoß liegt die Mauerwerkdicke bei ca. 17,5 bis 25 cm zuzüglich Luftschicht, Dämmung und Klinkerdicke; also mehr als 40 cm. Der 10 cm dicke Klinker darf außen auf der Kellerwand ca. 3 cm überstehen.

Die Innenwände im Keller sind meist zwischen 15 und 25 cm dick.
Im Erdgeschoß sind die Innenwände zwischen 12,5 und 17,5 cm dick.
25 cm sind nur erforderlich, wenn ein Raum recht groß oder wenn eine Wand nicht vollständig durchgezogen ist. Über die Wahl eines tragfähigeren Mauerwerks kann der Statiker die Wanddicken reduzieren.

Bei der Festlegung der Raumgrößen sollte berücksichtigt werden, ob von den Baustoffhändlern ausreichend dimensionierte Deckenelemente angeboten werden. Man hat noch keine Probleme solange der Raum nicht breiter als 5 Meter ist. Die Länge des Raumes spielt keine Rolle, da die Deckenelemente immer über die schmale Seite gelegt werden. Bei mehr als 5 Metern muss man mit Aufpreisen rechnen.

Positionierung der Räume

Aus energietechnischen Gründen ist es sinnvoll, das Wohnzimmer in Südrichtung, das Schlafzimmer in Nordrichtung des Grundstückes zu

legen. Ein Kinderzimmer, in dem gespielt und später Schulaufgaben gemacht werden, sollte nach Süden oder Westen ausgerichtet werden.
Das Treppenhaus, die Diele und das Gäste-WC sollten an Außenwänden und in Nordrichtung liegen. Diese Räume brauchen nicht viel Licht und werden normalerweise kaum geheizt.

Die Küche - der Arbeitsraum der Hausfrau oder des Hausmanns – sollte in Richtung Straße angelegt werden. So können z. B. die Kinder auf der Straße beobachtet werden. Man hat den Briefträger, die Müllentleerung und andere Versorger im Blick. Wärmegewinnung durch Sonneneinstrahlung ist normalerweise nicht erwünscht.

Der Kanal- und der Wasseranschlussraum sollte unter oder neben den Nassräumen liegen. Liegt das Badezimmer im Dachgeschoß, so sollte es über der Küche liegen, damit gemeinsame Wasser- und Abwasserleitungen verwendet werden können.

Der Schornstein sollte von Keller bis Dach an einer wenig störenden Stelle, meist an einer Wand, stehen. Wenn man einen Kamin- oder Kachelofen einbauen will, sollten der Schornsteinzug neben dem der Gasheizung liegen, falls eine solche vorgesehen ist.

Das Steigrohr für die Kanalentlüftung sollte in einer Wand verschwinden.
Am besten kombiniert man das Kanalentlüftungsrohr mit dem Versorgungsschacht vom Keller bis zum Dach, durch den alle Abwasser-, Strom-, Wasser-, Heizungs-, Telefon- und Antennenkabel laufen.

Die Schlafräume sollten von den wärmeren Wohnräumen durch eine Tür getrennt sein, falls Sie auf derselben Etage liegen, damit Sie kühl bleiben und nicht die Wärme aus den Wohnräumen ‚ansaugt'.
Muss man die Garage an das Haus anbauen, muss man ausschließen, dass kein Raum angrenzt, der genau an dieser Stelle ein Fenster haben müsste.

Die Fenster der übereinanderliegenden Räume sollten an der gleichen Stelle liegen. Anderenfalls leidet der Gesamteindruck des Hauses.

Festlegen von Fenster- und Türgrößen sowie deren Positionen

Die Fenster sollen die Räume mit ausreichend Licht versorgen, Sie sollen auch Wärmestrahlen der Sonne in den Raum hineinlassen.
Aber bei der Fenstergröße ist zu berücksichtigen, dass Sie die Stellen sind, die den schlechtesten Wärmedämmwert besitzen. Trotz eines U-Wertes von unter 1 liegt dieser Wert um das zwei- bis fünffache höher als derjenige der Wände.
Für den Selbstbauer ist noch interessant, dass über den Fenstern immer ein Sturz einzuschalen ist, der durch zusätzliche Eisen seine Tragfähigkeit erhält. Der Sturz stellt keinen großen Kostenfaktor dar.

Wenn ein Fenster um einen Quadratmeter vergrößert wird, erhöhen sich die Kosten durch das größere Fenster um ca. 80 Euro und durch das größere Rollo um noch einmal ca. 50 Euro. Außerdem sind mehr Gardinenflächen einzurechnen.
Die Innen- und Außenfensterbank dürfte noch einmal um ca. 50 Euro teurer werden.
Gleichzeit spart man die Kosten für Innenmauerwerk, Dämmung, Verblendung, Putz und Tapeten. Das sind ca. 100 Euro.

Natürlich sollte man die größten Fenster auf der Südseite des Hauses finden. So wird die Wärmestrahlung der Sonne maximal genutzt. Ein ausreichender Dachüberstand hält die Sonne im Sommer aus den Räumen heraus.

Bei Dreh/Kipp-Fenstern muss man die Drehrichtung der Flügel so festlegen, dass man möglichst wenig gestört wird, d.h. das Fenster sollte geöffnet nicht mitten im Raum liegen.
In der Küche z. B. wird das Drehscharnier oft durch die Höhe der

Wasserhähne unbrauchbar gemacht. Man könnte Fenster mit einem unten feststehenden Teil ins Auge fassen.

Sind die Fenster von außen leicht zu erreichen und sind im Raum mehrere Fenster, so sollte hier und da auf ein feststehendes Fenster zurückgegriffen werden. Sie sind preisgünstiger und einbruchsicherer.

Bei den Türen wird man üblicherweise auf die Standardbreiten 62, 75 und 86 Zentimeter zurückgreifen.
Im Gäste-WC reichen meist 62 oder 75 cm. Aber Achtung: im Alter mit Stock oder Rollator reichen diese Breiten nicht aus!
Räume, in die größere Möbel getragen werden müssen und viel begangen werden, sollten mindestens eine 86er Tür erhalten. Altersgerechte Häuser greifen schon auf 99 cm breite Türen zurück.

Im Rohbau muss eine Zargenfutterbreite von ca. 7 cm berücksichtigt werden. Die Zargendeckung an der Wand ist meist 5 cm breit; außerdem muss der Putz auf der nebenliegenden Wand berücksichtigt werden. Wenn man hier nicht aufpasst muss man die Zarge in Längsrichtung abhobeln, um Sie noch einbauen zu können.

Wollen Sie z. B. eine Schrankwand in der Nähe einer Tür aufbauen, sollten Sie sich die Position und die Breite der Tür im Maßstab 1:10 aufzeichnen und bei geöffneter Tür die spätere Durchgangsbreite ausmessen.

Insbesondere bei sehr kleinen Räumen wie z. B. Gäste-WC und Bad sollten die Türen nicht in den Raum hinein zu öffnen sein.
Wenn Sie eine von der Küche getrennte Essecke vorsehen, prüfen Sie ruhig einmal, ob überhaupt eine Tür eingebaut werden sollte.
Meist steht Sie immer offen und stört. Man kann die Zarge allein einbauen und die Tür weglassen, oder man kann z. B. mit Klinkern oder Riemchen eine hübsche Einfassung der Türöffnung gestalten.

Bei der Haustür wird meist eine Größe von 110 x 214 cm gewählt.

Haben Sie schon einmal darüber nachgedacht, dass bei der immer größer werdenden Nachwuchsgeneration das Normmaß von 2 Metern nicht mehr reicht. Neuerdings gibt es auch Türen in einer Höhe von 2,12 m.
Da ein neues Haus ja sicherlich 50 Jahr halten soll, könnte man schon jetzt höhere Türen einbauen.

Wenn ein Raum wie z. B. ein Abstellraum kein Fenster besitzt, kann die Lichtversorgung durch eine verglaste Tür sichergestellt werden.

Sollte der Raum für eine normale Tür nicht vorhanden sein, kann man auch auf Falt- oder Schiebetüren zurückgreifen.
Die Schiebetür kann vor oder innerhalb der Wand liegen.

Festlegen eines Schachtes für Wasser, Abwasser, Strom, Telefon, Heizung, Abwasserentlüftung

Normalerweise liegt der Hausanschlussraum für Wasser, Strom und Telefon im Keller. Und zwar auf einer der Straße zugewandten Seite.
Ansonsten würde mindestens ein Raum ihres Kellers durch eine Menge Leitungen verunstaltet.
Der Raum sollte unter oder knapp neben den Nassräumen des Erd- und Dachgeschosses liegen, wenn Sie die Aufsichten der Geschosse betrachten.
Ein Schacht von ca. 12 x 20 cm sollte vom Anschlussraum bis in das Dach führen. Der Schacht sollte nicht durch einen gefliesten Raum führen, da der Verkleidungskasten eine Menge Arbeit und Verschnitt bei den Fliesenarbeiten verursacht.
Ein günstiger Platz ist z. B. eine Ecke der Diele neben dem Gäste-WC.
Durch diesen Schacht, der später mit Spanplatten verkleidet wird, laufen das Abwasserrohr, das ja gleichzeitig das Kanalentlüftungsrohr ist, die Kalt- und Warmwasserleitung, die Heizungsleitungen und die erforderlichen Strom- und Telefonkabel (-Leerrohre).

Ausrichten der Nassräume nach geringsten Leitungslängen. Kanalanschluss und Gasversorgung

Wenn man bedenkt, dass jeder Meter Wasser- und Abwasserleitung zwischen 10 und 50,- Euro kostet ist jedem sofort klar, warum man bei der Planung die Längen dieser Leitungen möglichst kurz halten sollte.

Wasser- und Abwasserleitungen, die waagerecht an einer Wand entlang laufen, stören zudem später erheblich, wenn z. B. die Wand gestrichen oder gefliest werden soll. Oder wenn man ein Möbelstück oder ein Regal aufstellen will. Die Rohre gehören also so hoch wie möglich an die Decke. (Bei Abwasserrohren muss ein Gefälle von ca. 0,5 cm je laufendem Meter berücksichtigt werden.)
Normalerweise wird man mit den Versorgungsunternehmen festlegen, wo Wasser- und Kanalanschluss in das Haus laufen. Man hat ja auch immer noch die Möglichkeit, z. B. das Kanalrohr schräg unter dem Vorgarten zu verlegen.

Man sollte also den Versorgungsraum direkt unter Küche, Gäste-WC oder Bad legen. Möglicherweise liegen die Anschlüsse alle im Waschkeller.
Ansonsten bietet sich der Vorratsraum an.

Der Raum im dem die Zentralheizung steht, sollte ebenfalls möglichst nahe an die Nassräume angrenzen. Es sei denn der Heizofen steht schon im Waschkeller.
Bei dieser Gelegenheit möchte ich auch auf die Wärmeverluste des Brauchwassers und der Heizung aufmerksam machen, wenn viele unnötige Meter Rohr verlegt werden.

Wo steht der Schornstein

Natürlich in der Nähe des Ofens. Aber falls man einen Kamin- oder Kachelofen im Wohnraum haben will, wird man schon massiv eingegrenzt.
Denn, wenn man sich überlegt, dass der Ofen z. B. im Waschkeller, dieser aber nicht in der Nähe des Wohnraums mit dem Kaminofen steht, ist man gezwungen, den Kellerraum mit dem Brenner zu verschieben.
Oder man setzt zwei getrennte Schornsteine. Das wird aber teuer. Denn nun kommen Zusatzkosten beim Putzer, beim Zimmermann, bei der Abdeckung des Schornsteins und der Schornsteinsicherung gegen eindringendes Wasser und zwei Schornsteineinfassungen über dem Dach hinzu. Man muss sicherlich mit mehr als 1000,- Euro Mehrkosten rechnen.

Übrigens: haben Sie schon einmal darüber nachgedacht, den Brenner in das Dachgeschoß zu stellen.
Wenn die Bauämter und der Schornsteinfeger es zulassen, könnte man sich ca. 6 Meter Schornstein und Platzprobleme in Erdgeschoß und Keller ersparen.
Die Gas-, Wasser- oder Ölzuführung verlängert sich natürlich entsprechend. Der geschlossene Kreislauf der Umwälzpumpe wird nicht beeinflusst. Der Statiker muss die Belastung der Erdgeschoßdecke berücksichtigen.

Wahl des Heizsystems

Ein Neubau mit einer Wohnfläche von ca. 100 Quadratmetern kommt mit einer Heizung von ca. 6 KW aus. Früher war das undenkbar! Aber greift man besser zu einer Gasheizung oder Wasser- oder Luft-Wasser-Wärmepumpe.

Bei den Investitionen sind bei der Gasheizung der Gasanschluss, der Schornstein, die laufenden Schornsteinfegerkosten und die Zählergebühren zu berücksichtigen.

Bei der Wärmepumpe ist die Erdwärmebohrung von ca. 100 Metern und einem Preis von ca. 4000 Euro zu berücksichtigen.

Die laufenden Heizkosten sind fast gleich, denn ein Kubikmeter Gas mit 10 Kilowattstunden Heizleistung kostet rund 60 Cent. Bei der Wärmepumpe (mit einer Arbeitszahl von etwa 5) werden die 10 KW Heizleistung durch 2 KW Strom erzeugt, die ebenfalls 60 Cent kosten.
Bei einer Luftwärmepumpe entfällt die Erdbohrung. Dafür liefert Sie aber bei sehr niedrigen Minustemperaturen kaum noch Wärme und eine Art Tauchsieder muss mit Strom betrieben für Warmwasser und Heizung sorgen. Das kann pro Jahr schon mal einige hundert Kilowattstunden Strom kosten…
Die Investitionen für Gasbrenner und Wärmepumpe liegen vermutlich um rund 2-3.000 Euro auseinander. Die Lebensdauer dürfte bei beiden Systemen etwa gleich sein.

Physikalische Berechnung des Heizbedarfs

Der Statiker berechnet den Wärmebedarf des Hauses. Wie macht er das? Rein physikalisch wird festgestellt, wie viel Wärme durch alle Bauteile nach außen abgegeben wird.
Bei einem K-Wert von 1 geht pro Quadratmeter Fläche ein Watt verloren, wenn auf der einen Seite eines Bauteils eine bestimmte Temperatur vorliegt und auf der anderen Seite eine um ein Grad niedrigere Temperatur.
Bei 20 Grad Unterschied sind es 20 Watt.
Nun sind unsere Bauteile inzwischen so gut, dass im Schnitt kaum ein K-Wert von 0,5 überschritten werden. Die Fenster bilden eine Ausnahme.

Also haben wir nur noch 10 Watt Verlust pro Stunde. In 24 Stunden sind es 240 Watt und in 200 Tagen, die unsere Heizperiode dauert rund 50 Kilowatt.

Nehmen wir an, dass unser Haus eine Oberfläche von 200 Quadratmetern hat, dann würden wir auf eine Summe von 10000 Kilowattstunden kommen. Das ist mehr als die heutigen Häuser verbrauchen. Woran liegt das?

Ganz einfach: Die Sonne liefert eine Menge Wärme. Unsere Körper, Waschmaschinen, Wäschetrockner, Föhne, Kaffeemaschinen, Elektroherde, Kerzen, Holzöfen, Warmwasserbereiter usw. liefern so ganz nebenbei ihren Beitrag zur Beheizung unseres Hauses. Tatsächlich müssen wir also nur für knapp die Hälfte des Wertes nachheizen.

Eine Wärmepumpe arbeitet normalerweise mit einer Arbeitszahl von 5. D.h., dass sie aus einem Kilowatt Strom und dem Wärmemedium Luft oder Wasser fünf Kilowatt Wärme erzeugt. Bei 5000 Kilowattstunden Heizbedarf muss sie also 1000 Stunden laufen. Verteilt auf die Heizperiode sind das pro Tag nur 5 Stunden.

Hat man eine Gasheizung sind 500 Kubikmeter Gas erforderlich, um diese Wärme zu erzeugen.

Je besser also unsere Wärmedämmung um das Haus herum ist, um so niedriger liegt der K-Wert der Bauteile und um so weniger Energie müssen wir für die Heizung einsetzen.

Stellen Sie sich vor, Sie haben ein Haus aus Pappe – gut wärmegedämmt. Sie machen vorn und hinten ein Fenster auf und erzeugen einen Luftzug. Die aufgewärmte Luft wird nach draußen transportiert und dann ist die Bude kalt. Warum ist das so?

Ganz einfach, weil keine Masse da ist, die die Wärme speichert. Wände aus schweren Stein halten die Wärme fest, aber sie erwärmen sich auch langsamer. Insofern sind Fertighäuser nicht so gut im Festhalten der Wärme und darum werden Holzöfen üblicherweise mit Stein ummantelt. Obwohl ein Material mit höherem spezifischen Gewicht – wie z.B. Eisen – eine sehr viel höhere Speicherfähigkeit hätte…

Berechnungen von Mengen an Beton, Mauerwerk usw. führen zur Grundlage der Kalkulation

Sobald der Grundriss für Sie feststeht, können Sie auf dieser Basis die Kalkulation ihrer Baukosten festlegen.
Sie finden in den Beispielkalkulationen viele Positionen, in denen z. B. der Betonpreis mit dem Volumen der Decken oder der Bodenplatte multipliziert werden.
Das Volumen aller Wände wird mit dem Preis für Porenbeton oder Kalksandstein multipliziert.
Die Öffnungen für Fenster und Türen sind abzuziehen. An Verschnitt oder Abfall sollten Sie kaum ein Prozent ansetzen, da auch kleine Teile von Steinen verwendet werden können.
Die Anzahl der Türen, der Fenster und Rollos, die Höhe des Schornsteins, die Klinker- oder Fassadenfläche, die Fläche des Innenputzes, des Estrichs, der Fliesen, Teppiche und Tapeten, der Holzdecken, des Daches können ausgemessen oder berechnet und mit den entsprechenden Einheitspreisen multipliziert werden.
Die Pauschalen für Heizung, Elektroinstallation, Wasser und Abwasser, Architekt und Statiker usw. entnehmen Sie als Überschlag erst einmal der nächstliegenden Kalkulation aus den Beispielen.
So erhalten Sie einen groben Überblick.
Um auch ins letzte Detail Sicherheit zu erhalten, sollten Sie mit Baustoffhändlern, Handwerkern, Architekt und Statiker sprechen.

Lassen Sie sich keine Pauschalpreise geben, sondern drängen Sie darauf, dass Sie Preise für eine entsprechende Einheit bekommen, so können Sie Preise vergleichen und die Anbieter speziell auf Einzelheiten ansprechen.

Z. B. lassen Sie sich vom Dachdecker die Quadratmeterpreise für Folie, Dachlatten und Dachziegel, die Meterpreise für Dachrinne und Fallrohre, für First- und Ortgangziegel (Giebelsteine) geben.
Auch die Meterpreise für Verschieferungen (Eternit) sollten Sie erfragen. Lassen Sie sich die Alternativen für einen Trockenfirst und

einen sogenannten Nassfirst geben.

Beim Klinkerer für Steine, Gerüst, Speiss, Abdichtfolien, das Verklinkern, Verfugen, Abdichten und Besonderheiten wie Fensterbänke oder -einfassungen.

Beim Elektriker für Steckdosen, Sicherungskasten, Schalter, Leitungen, Netzwerk, Satellitenantenne usw.

Den Dachstuhl kann man kalkulieren, indem man z. B. einen Sparrenquerschnitt von 6 x 20 cm annimmt, ihn mit der Länge der Sparren und ihrer Anzahl multipliziert, die Pfettenvolumina hinzuaddiert und von einem Kubikmeterpreis von ca. 400 Euro ausgeht, dazu kommen pro Meter laufenden Holzes für den Aufbau ca. 4 Euro hinzu. Kleineisenteile und das Windrispenband müssen eingerechnet werden.

Das Volumen des Deckenbetons wird mit dem Betonpreis multipliziert, pro Quadratmeter Fläche sollte man mit ca. 15 Euro an Eisen rechnen.
Der Kran, der den Beton auf der Decke verteilt oder die Betonpumpe schlagen mit etwa 350 Euro zu Buche. Das Schalholz muss berücksichtigt werden. Wenn man die Stützen für die Schalung mietet, fallen Kosten an.
Üblicherweise wird der Baustoffhändler die Stützen zur Verfügung stellen. Anderenfalls werden ca. 25 Cent pro Tag und Stütze als Mietgebühr verlangt.

Dies waren nur einige Beispiele. In den Kalkulationsbeispielen werden Sie an mindestens 95 % ihrer zu berücksichtigenden Kostenelemente erinnert, die natürlich durch den Bauherrn erheblich verändert werden können.
Z. B. kann man für eine Innentür 300 Euro kalkulieren, wenn man bei einfachen Ausführungen bleibt, es kann aber auch das Zehnfache möglich sein, wenn man edle Hölzer in hervorragender Verarbeitungsqualität ansetzt. Aber welcher Reiche baut schon selbst?

Vergabe des eigenen Grundriss-Plans an den Architekten

Absprache der Lage des Baukörpers

Ihr Architekt wird die Bauauflagen für ihr Grundstück kennen oder in Erfahrung bringen.

In ihrem Grundstückslageplan wird die für die Bebauung vorgesehene Fläche eingetragen sein (Baufenster). Innerhalb dieser Grenzen muss ihr Bau stehen.

Die Lage des Kanals muss erfragt werden, sind Gas, Wasser und Strom direkt am Grundstück oder muss ihr Grundstück erst erschlossen werden.
Je weiter entfernt Sie von den Leitungen bauen, um so teurer werden die Erdarbeiten und die Rohre sein.

Sind Lasten im Grundbuch eingetragen, die zu berücksichtigen sind?

Wie hoch liegt das Grundwasser, welche Art von Boden liegt unter dem Baukörper? Wenn z. B. mooriger Untergrund vorliegt, muss dieser ausgetauscht werden. (Dieser teure Posten ist nicht in den Kalkulationsbeispielen enthalten.)
Wenn das Grundwasser sehr hoch liegt, muss entweder der Bau höher gehoben werden, oder es muss eine teure Bodenwanne gebaut werden – allerdings während eine sogenannte Wasserhaltung das Grundwasser niedrig hält.

Liegt ein Teil ihres Grundstückes dauernd im Schatten eines anderen Gebäudes?

Verläuft direkt vor ihrem Grundstück eine Stromleitung über Masten? Diese kann die Tätigkeit eines Krans beeinträchtigen oder ausschließen.

In diesem Fall geht man mit dem Baukörper möglichst etwas weiter in die Grundstückstiefe hinein.

Alle diese Punkte müssen mit ihrem Architekten angesprochen werden, um die optimale Lage des Baukörpers festzulegen.

Vorgabe ihrer persönlichen Bauzeichnung an den Architekten und Abstimmung der Aufgabenverteilung

Architekten sind kreative Leute, die gerne eigene Ideen verwirklichen.
Diese Ideen decken sich nicht unbedingt mit ihren Vorstellungen.
Außerdem bedenken Sie bitte, dass jeder Entwurf Zeit und Geld des Architekten kostet. (Weiter hinten im Buch können Sie die Prozente nachlesen, zu denen der Architekt seine verschiedenen Arbeitsteile bewertet.)
Wenn Sie selbst ihre Vorstellungen weitgehend zu Papier gebracht haben, kann der Architekt nach dieser Grundlage die Bauzeichnung für den Bauantrag anfertigen. So werden Kosten gespart.
Das heißt natürlich nicht, dass Sie sich nicht der Fachkenntnisse ihres Architekten bedienen sollten. Er hat eine Menge Erfahrung, die Geld sparen kann. Aber er muss natürlich auch an sein eigenes Portemonnaie denken.

Ein Architekt wird nach bestimmten Regeln in Abhängigkeit von ihren geschätzten Baukosten bezahlt. Er rechnet mit ca. 260 Euro je Kubikmeter umbautem Raum. Darin enthalten sind die Aufwendungen für Antragsstellung und Korrespondenz, für das Einholen von Angeboten und die Vergabe von Aufträgen an Handwerker.
Und natürlich darf man die Bauaufsicht und die Haftung nicht vergessen, die sich der Architekt bezahlen lässt.

Wenn Sie aber die Angebote selbst einholen, die Aufträge vergeben und die meisten Arbeiten selbst durchführen, brauchen Sie diese Positionen

natürlich nicht zu bezahlen. Selbst die Bauausführungszeichnung (1:50) kann man selbst erstellen, wenn man die Absicht hat, selbst zu bauen.
Machen Sie einen Pauschalpreis mit ihrem Architekten aus. Legen Sie aber auch die Leistungen fest, die er zu erfüllen hat.
Insbesondere werden Sie ihn einige Male auf der Baustelle sehen wollen, um Probleme zu klären. Wobei der Autor die Erfahrung gemacht hat, dass der Statiker für technische Dinge der bessere Ansprechpartner ist.

Legen Sie auch die Zahlungszeitpunkte fest. In ihrer Finanzierung muss ja auch dieser Posten berücksichtigt werden.

Erstellen der 1:50 Zeichnung

Für den Bauantrag wird der Architekt nur eine 1:100 Zeichnung anfertigen. Nach dieser Zeichnung können Sie nicht arbeiten. Denn es sind z. B. die Positionen der Fenster, der Türen, der Wandstärken usw. nur grob vorgegeben.

Sie benötigen als Selbstbauer eine 1:50-Zeichnung, auf der Sie auf den halben Zentimeter genau jede Position vorgegeben bekommen.
Diese Zeichnung kann erst erstellt werden, wenn vom Statiker z. B. Materialien und die Wandstärken festgelegt sind. Da auch die Statik für den Bauantrag fertig sein muss, sollten Sie an dem Gespräch der beiden Fachleute teilnehmen, denn hier können Sie noch eine Menge Einfluss auf die Bauausführung nehmen.
Hinterfragen Sie jedes Detail, denn manchmal werden an Handwerksbetriebe Vorgaben gemacht, die in der Historie entstanden sind oder nur mit speziellen Werkzeugen ausgeführt werden können, die Sie allein aber nicht leisten können.

Tun Sie sich den Gefallen und rechnen Sie vor Baubeginn die Bemaßung (in der 1:50-Zeichnung) der Wandstärken und Zimmerabmessungen, der Fenster- und Türbreiten und ihrer Abstände zur nächsten Wand nach. Wenn sich hier Fehler einschleichen, müssen

Sie sie später während der Bauphase ausbügeln. Das kann teuer werden und nervt.

Als Hilfe hat sich die im Excel erstellte Zeichnung erwiesen.
Man nimmt über jede Längs- und Tiefenrichtung des Grundrisses jede Wanddicke und jede Raumbreite und summiert sie. Es muss immer das gleiche Ergebnis herauskommen, sonst hat man sich irgendwo vertan.
Also z.B. Außenwanddicke plus Wohnzimmerlänge plus Wandstärke zum Kinderzimmer plus Außenwanddicke gleich Gesamtlänge des Hauses.

Türöffnungen oder Fensterbreiten machen die Sache ein wenig komplizierter, aber alle Maße müssen immer wieder zu denselben Ergebnisse führen.

Durchsprache der problematischen Gebäudeteile mit dem Statiker

Sparrenquerschnitte und –abstände

Ein Statiker fängt beim Dach an, weil er die Lasten, die später von den darunter liegenden Wände zu tragen sind, zuerst feststellen muss.
Der Statiker kann, wenn er faul ist, die Sparren sehr stark machen.
So halten Sie große Lasten aus. Aber beachten Sie bitte, dass Sie das alles zu bezahlen haben.
Ein Querschnitt von z. B. 6 x 20 cm bei einem Abstand von 59 cm ist bei rund 7 Metern Sparrenlänge ein Anhaltspunkt.
Diese Sparren liegen nur oben auf der Firstpfette und unten auf der Fußpfette auf. Zur Aussteifung ist eine sogenannte Zange oder Knagge eingesetzt, die später die Decke des Raumes bilden wird.

Ich habe schon gleich dimensionierte Dachstühle gesehen, die mit der doppelten Menge an Holz ausgestattet waren und das in der gleichen klimatischen Gegend.

Eine Unterstützung durch eine Wand oder eine Holzstütze kann helfen, die Last zu tragen und die Querschnitte zu reduzieren.

Bei der Höhe des Sparrens muss die Dicke der Dachdämmung und der Luftschicht berücksichtigt werden.
Die Sparrenabstände sollen so gemessen sein, dass die Dämmung ohne Zuschnitt eingepasst werden kann.
Wenn Sie z. B. 60 cm breite alu-kaschierte Dämmmatten auftackern wollen, sollte der Abstand der Sparren 59 cm betragen. Bei Klemmfilzen ist das Maß nicht ganz so wichtig!
Die Knaggen werden waagerecht in das obere Dreieck genagelt.
Ihr Querschnitt ist üblicherweise 4 x 10 cm. Sie werden mit einigen 100 Millimeter langen Nägeln oder Nagelblechen festgenagelt.
Da die Knaggen die Decke des Dachgeschoßes bilden sollen, muss im

Rohbau die Höhe des Fußbodenaufbaus und einige Zentimeter für den Deckenaufbau berücksichtigt werden (Holzvertäfelung oder Gipsplatten).
Natürlich darf die Decke nicht von oben in ein Fenster hineinreichen.
Auch die Rollokästen sollten noch von innen zu öffnen sein, denn spätestens nach 10 Jahren werden die ersten Gurtbänder reißen.

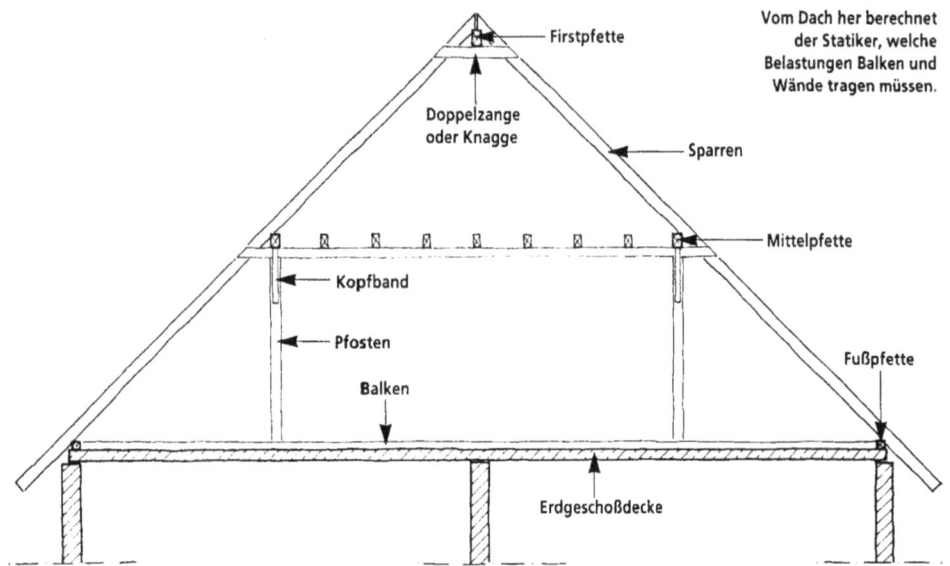

Festlegen Fuß-, Mittel- und Firstpfette, Auflagepolster

Die Fuß-, Mittel- und Firstpfetten nehmen später das komplette Gewicht des Daches und der aufliegenden Wind- und Schneelasten auf.
Manche Statiker sehen für die Fußpfette einen kompliziert ausgebildeten Betonkörper vor, der mit der Deckenplatte verbunden ist.

Für einen Laien ist dieser Betonkörper nur sehr schwer einzuschalen und er ist durch den Statiker auch leicht zu ersetzen.

Wenn in der Decke des Obergeschosses Aussparungen vorgesehen werden, in die später sogenannten Steinschrauben gehängt und mit Beton vergossen werden, ist der Aufwand für den Laien ohne Probleme gering zu halten.
Eine andere Alternative sind durch die Fußpfette gebohrte Löcher, die in die Decke hineinreichen. Mit Schrauben wird direkt in den Beton geschraubt. Die Schrauben halten bombenfest!

Die Fußpfette dient zum befestigen der Sparren. Hier werden die Nägel seitlich in den Sparren eingeschlagen.
Ein Querschnitt von 12 x 12 cm reicht für die Fußpfette.

Der Querschnitt einer Mittelpfette muss vom Statiker festgelegt werden. Diese Mittelpfetten werden, wenn mit leichtem Porenbeton gearbeitet wird, auf ein eingebautes Betonpolster gelegt. Die Mittelpfetten liegen über der Dachgeschoßdecke und den Knaggen.

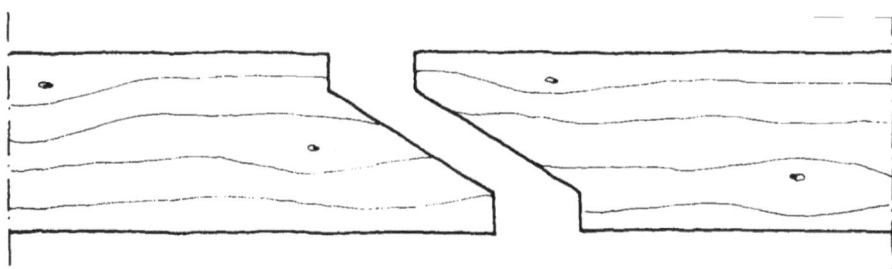

Wenn Mittelpfetten gelegt werden, kann der Querschnitt der Sparren reduziert werden. Natürlich muss die Höhe weiterhin die Dämmung und die Luftschicht aufnehmen. Aber bei sehr langen Sparren bieten sich Mittelpfetten an, da Sie die Last gleichmäßiger verteilen.
Wird eine Firstpfette aufgelegt, wird dies meist mit Hilfe eines Kranes getan. Sie liegt auf einem Betonpolster in den Giebelspitzen.

Mittel- und Firstpfetten haben z. B. Querschnitte von 16 x 24 cm.
Sie werden z. B. in Stücken von 6 oder 8 Metern geliefert. Es muss ein Schnitt in Z-Form angebracht werden.

Die beiden Pfettenteile werden mit einer dicken Schraube oder einem entsprechenden Gewindestab verbunden.
Bis zur Fertigstellung des Dachstuhles werden provisorische Stützen unter First- und Mittelpfetten gestellt, es sei denn, Sie liegen schon auf einer Wand auf.

Übrigens wird vom Statiker üblicherweise eine Holzklasse II verlangt. Sollten Sie den Wunsch haben, die Sparren sichtbar zu lassen, müssen Sie Schnittklasse 'S' anfordern, damit die Kanten ungebrochen sind.

Deckenart und Deckendicke, Art der Fensterstürze, Haustürsturz

Der Statiker wird in Abhängigkeit von der späteren Belastung der Decke den Abstand zwischen der oberen und unteren Bewehrung (Eisenmatte und Stahlstäbe) festlegen. Daraus ergibt sich die Deckendicke. (Mit mehr Eisen kann man einige Zentimeter Deckendicke sparen.)

Sie müssen sich schon an dieser Stelle für die Art des Deckensystems entscheiden, damit der Statiker die Belastung der darunter liegenden Wände ermitteln kann.

Ich möchte ihnen an dieser Stelle 5 Deckensysteme vorstellen, von denen ich die Filigrandecke von vornherein vorziehe und empfehle. Darauf bauen später auch alle Erklärungen auf.

Hohlkörperdecke (Kaiserdecke)

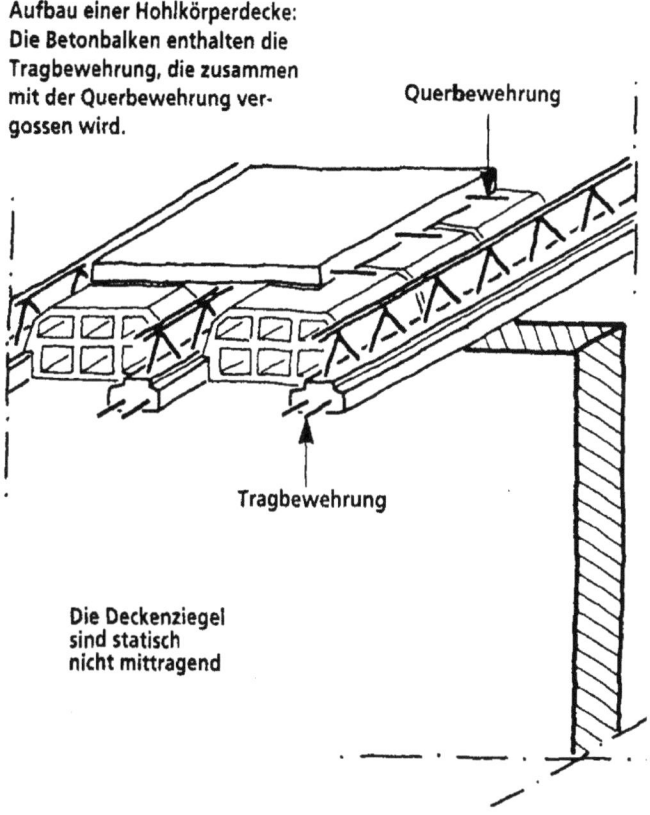

Aufbau einer Hohlkörperdecke:
Die Betonbalken enthalten die Tragbewehrung, die zusammen mit der Querbewehrung vergossen wird.

Querbewehrung

Tragbewehrung

Die Deckenziegel sind statisch nicht mittragend

Bei dieser Decke werden eisenverstärkte Betonbalken von ca. 8 x 14 cm Querschnitt parallel zu einer Wand auf gegenüberliegende Wände gelegt. Es muss ein vorgegebener Abstand eingehalten werden, damit die Hohlkörpersteine eingelegt werden können.
Die Betonbalken müssen ca. alle 2 Meter unterstützt werden bis die gesamte Decke vergossen ist.
Beim Stützen muss man sehr sorgfältig vorgehen, damit Unebenheiten ausgeschlossen werden.

Wenn diese Balken 5 oder 6 Meter lang sind wiegen Sie schon ca. 3

Zentner. Man muss Sie also auf jeden Fall bei der Anlieferung mit dem Kran auf die Wände auflegen lassen. Das Ausrichten der Betonbalken auf den Wänden bleibt einem natürlich selbst.
Die Hohlkörpersteine wiegen zwischen 20 und 30 kg. Jeder Stein muss hochgewuchtet und eingelegt werden - eine sehr schwere Arbeit.

Sobald die Decke vollständig geschlossen ist, wird ein sogenannter Ringanker eingeschalt. Ein Ringanker ist ein Ring aus Beton, verstärkt durch einige Stahlstangen. Durch den Stahlring werden alle Deckenelemente daran gehindert auseinander zu driften. Auf die Hohlkörpersteine werden die oberen Stahlmatten aufgelegt und können gemeinsam mit dem Ringanker mit Beton vergossen werden.

Der Vorteil dieses Deckensystems liegt im günstigen Preis von ca. 50 Euro pro Quadratmeter inkl. Oberbewehrung, Ringanker und Beton.
Es ist möglich, sich in die Betonbalken Holzleisten eingießen zu lassen, an denen man später eine Paneeldecke befestigen kann.

Filigrandecke

Bei diesem Deckensystem werden ca. 5 cm dicke Betonplatten mit einem Kran auf die Wände aufgelegt. In diese Betonplatten ist die von der Statik vorgegebene untere Bewehrung (Eisenmatten) eingebettet. Die Platten werden bis zu 2,5 Meter breit angeliefert. Die Länge wird aus der Bauzeichnung entnommen. Diese Platten sind von unten tapezierfertig geglättet.
Ausschnitte z. B. für den Schornstein werden gegen Aufpreis gefertigt.

Bevor man diese Platten auflegen kann, müssen im Abstand von 1,50 Metern Stützen mit Querbalken aus Holz aufgestellt werden. Diese Stützen bleiben bis nach dem Auflegen der oberen Bewehrung und dem Betonguss stehen und schützen die dünnen Betonplatten vor dem Durchbrechen.
Man benötigt zum Auflegen der Betonfertigteile einen Kran und für ca. 2 Stunden 3 Helfer.

Die Platten liegen nur ca. 2 cm auf den Wänden auf, denn Sie sollen insbesondere als Schalung dienen. Man kann Sie aber auch etwas größer bestellen. Da außen aber Stahlstäbe herausschauen sollte man schon sehr genau wissen, wie weit die Platten reichen dürfen.

In den 5 cm dicken Deckenplatten sind sogenannten A-Böcke aus Eisen eingearbeitet. Diese A-Böcke müssen die obere Bewehrung tragen. Also sind genaue Vorgaben vor der Bestellung wichtig. Zu bedenken ist, dass die oberen Stahlmatten an den Überlappungen mindestens doppelt liegen und noch ca. 1,5 cm im Beton liegen sollen.

Die Fensterstürze werden wie bei allen anderen Deckensystemen getrennt verschalt.
Nach der Schalung und dem Auflegen der Stahlmatten kann die Decke mit Beton vergossen und damit fertiggestellt werden.

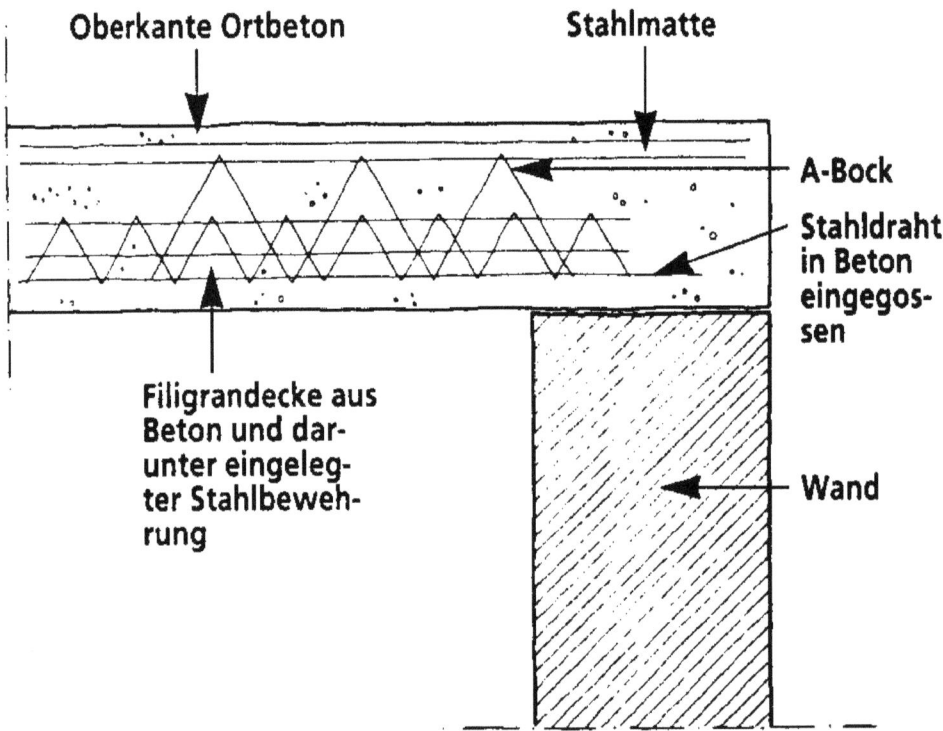

Der Vorteil dieses Deckensystems ist die saubere untere Schicht, auf die man entweder direkt tapezieren oder streichen kann oder an der ohne Ausrichten die Dachlatten für die Holzdecke befestigt werden können.
Außerdem entfallen sehr schwere Arbeiten, die ein Laie meist nicht gewohnt ist.
Der Preis liegt bei ca. 70,- Euro je qm. 20 Euro für die Filigrandecke, 3 Euro für den Kran, 20 Euro für die oberen Stahlmatten und die sogenannten Zulageeisen und noch einmal 20 Euro für Beton, Kran oder Betonpumpe. Schalung, Stützen und Balken kommen auch noch dazu.

Normal geschalte Decke

Wenn man Balken auf Stützen legt und oben Schaltafeln oder Schalbretter auflegt, kann man ca. 1,5 cm hohe Abstandhalter auf die Bretter und darauf die untere Bewehrung legen.
Für die obere Bewehrung müssen A-Böcke oder sogenannte Schlangen aus Stahl aufgestellt werden.
Nach dem vollständigen Verschalen und Auflegen der oberen Bewehrungs-Eisen kann der Beton gegossen werden.

Wenn man günstig an das Schalholz kommt, ist diese Deckenart sicher die preisgünstigste.
Der Nachteil ist der hohe Arbeitsaufwand, wenn man allein arbeitet.
Die Decke muss für das Abhängen einer Holzdecke erst ausgerichtet werden, denn es wird viele Betonnasen geben.

Porenbetondecke

Von den Porenbeton-Herstellern werden 62,5 cm breite Deckenelemente angeboten. Je nach Belastung liegt die Decke bei ca. 20 cm Dicke. Die Elemente werden per Kran auf die Wände aufgelegt. Die erforderliche Auflagetiefe auf der Wand beträgt ca. 7 cm. Die Decke liegt in ca. 2 Stunden komplett auf den Wänden auf. Auch hier muss ein Ringanker gegossen werden.
Die Stoßkanten der einzelnen Plattenelemente müssen mit Beton verfüllt werden.
Preis pro Quadratmeter ca. 120 Euro.

Echo-Fertigteildecke

Die Fertigteildecke besteht aus Beton. Die einzelnen Elemente werden wie bei der Porenbetondecke mit dem Kran aufgelegt und mit einem Ringanker umgeben. Der Preis pro Quadratmeter liegt bei ca. 100 Euro.
Vorteil: größerer Schallschutz durch schwerere Ausführung.

Für mich ist die Filigrandecke das richtige System für einen Laien, da es die geringsten Anforderungen an Körperkraft und Kenntnissen erfordert und spätere Arbeiten erleichtert. Außerdem ist es eins der preiswertesten Systeme.

Früher wurden Fensterstürze so geschalt, dass Sie unterhalb der Decke hingen.
Von der Tragfähigkeit ist diese Art von Stürzen sicher besser, aber wo fallen in einem Einfamilienhaus schon große Lasten an.
Der Statiker kann durch das Einlegen einiger zusätzlicher Eisenstäbe sogenannte 'Deckengleiche Stürze' vorsehen.
Auf diese Weise wird für Sie das Einschalen der Fenster-, Haustür- und Terrassentürstürze einfacher. Man macht auch die Räume etwas heller, da der Rollokasten direkt unter der Decke angebracht werden kann.

Sollten das Wohnzimmer und die Essecke L-förmig zueinander liegen und eine Wand wird nicht komplett durchgezogen, sollten Sie es nicht zulassen, dass ein tragender Sturz unter die Decke gehängt wird. Bestehen Sie darauf, dass in die Decke z. B. ein Doppel-T-Träger oder mehr Eisen eingesetzt wird, der die Wand ersetzt.

Wenn Sie mit dem Statiker über die Ausführung der Decken sprechen, sollte ihnen gedanklich schon klar sein, wie Sie später als Handwerker arbeiten müssen.
Probleme lassen sich oft durch eine Alternative vereinfachen, die der Statiker anbietet. Er muss sich natürlich bereit erklären, Sie als Laien-Bauherrn zu akzeptieren und Sie zu unterstützen.

Wandstärken und Wandmaterial, evtl. Zusatzstützen

Die Wanddicke ergibt sich grundsätzlich aus der Last, die zu tragen ist, der Tragfähigkeit des Mauermaterials und dem Gesamt-Querschnitt aller Wände, die die Last von oben aufnehmen sollen.

Bei Porenbeton gibt es drei Festigkeitsstufen. Grob kann man sagen, dass pro Quadratzentimeter 2, 4 oder 6 kg getragen werden können.
Kalksandstein hat eine Tragfähigkeit von über 10 kg je Quadratzentimeter.
Bei Beton liegt die Tragfähigkeit zwischen 80 und 200 kg je Quadratzentimeter.
Bei besonderen Qualitäten sogar noch höher.
Stahl kann noch höhere Lasten aufnehmen.

Einem Laien empfehle ich, auf Porenbeton zurückzugreifen. Die Steine sind groß und leicht, der Stein kann mit einer Säge zugeschnitten werden, die Werte der Wärmedämmung sind gut. Schlitze und Rundlöcher für die Elektroinstallation sind relativ leicht herzustellen.
Weniger gut ist der Schallschutz bei den leichteren Porenbetonsteinen.

Sollte eine Wand zu dick sein, kann Sie durch eine eingegossene Betonstütze oder ein zusätzliches Vierkantrohr oder einen Doppel-T-Träger dünner gemacht werden, da die Last auf Beton oder Stahl verlagert wird.

Das außenliegende Mauerwerk soll Lasten tragen und Wärmedämmung sein. Hier gibt es zwei Alternativen: eine 17,5 cm dicke Wand mit einer dicken Wärmedämmung oder eine 36 cm dicke Wand, die gleichzeitig die Wärmedämmung ist. Die dicken Wände werden meist verputzt, die dünnen Wände verklinkert.

Das Innenmauerwerk ist meist mit 15 cm Wanddicke anzusetzen.

Wenn eine erhöhte Geräuschdämmung gewünscht wird, sollte man auf die festere Porenbetonqualität zurückgreifen, während das Außenmauerwerk doch besser gute Wärmedämmwerte besitzen sollte.

Treppenart

Es gibt folgende Möglichkeiten, eine Treppe zu bauen:
eine Betontreppe
eine Holztreppe auf einem Stahlrohrgestell
eine Treppe aus Porenbeton

Wenn eine Stufenanlage nicht gewendelt ist, kann auch ein Laie Sie einschalen und gießen. Er sollte in diesem Fall schon einmal auf einer Baustelle gesehen haben, wie man die Schalung befestigt und abstützt.

Beim Stahlrohrgestell mit Holzstufen hat er selbst kaum eine Möglichkeit einzugreifen. Ich möchte an dieser Stelle auf die schlechten Schall- und Wärmedämmwerte hinweisen, denn die Warmluft des angrenzenden Raumes kann ungehindert nach oben steigen. Außerdem nutzen sich Holzstufen schneller ab, als zum Beispiel Marmor oder Fliesenbelag.

Eine Treppe aus Porenbeton hat den Vorteil, dass der Laie Sie beim Hochmauern der Wände direkt einsetzt und schon in der Bauzeit eine Treppe vorhanden ist. Außerdem ist diese Alternative recht preisgünstig. Man muss mit ca. 1300 Euro je Geschoßverbindung rechnen. (Rohbaupreis). Aber Achtung: die Stufen kann man wegen des Gewichts nicht allein versetzen.
Der Nachteil ist, dass man sich an die Treppenhausformate der Anbieter anpassen muss. Ich glaube allerdings, dass man auch kleinere Veränderungen an den Formaten vornehmen kann. Denn, wenn ein Stück einer Stufe abgeschnitten wird oder die Stufe nicht 15, sondern nur 12 cm aufliegt, sollte das der Statik keinen Abbruch tun. Muss mit dem Hersteller und Statiker besprochen werden.

Wo liegen die Kanalrohre

Wenn Sie die Kanalrohre unterhalb der Bodenplatte in ein Sandbett legen wollen, beachten Sie bitte, dass an diesen Stellen die Bodenplatte dünner wird als anderswo, wenn die Kanalrohre in den Beton hineinragen.
Es ergibt sich der Effekt, dass an diesen Stellen eine sogenannte Sollbruchstelle eingebaut wird.
Sollten Sie mit Grundwasser oder sehr feuchtem Erdreich Probleme haben, könnte gerade an den Durchtrittsstellen der Rohre durch den Fußboden Wasser eindringen.
Es ist zu empfehlen, die Rohre in einen entsprechend hohen Estrich zu legen oder unter der Kellerdecke entlang zu führen.
Bei diesen Überlegungen müssen Sie natürlich wissen, wie hoch bzw. tief der Kanal vor ihrem Haus liegt.
Liegt er höher als die Bodenplatte, können Sie die Kanalrohre nicht unter ihrem Haus verlegen, sondern müssen das Rohr aus einer Kellerwand herausführen.
Klären Sie, ob das Regenwasser und das Abwasser in einen Kanal zusammengeführt werden. In vielen Baugebieten muss das Regenwasser auf dem Grundstück versickern.

Stellen Sie sich z. B. vor, dass die Garage direkt am Haus steht.
Sie können das Regenwasser vom Dach durch ein getrenntes Abwasserrohr zum Kanal führen, oder es zuerst einmal auf die Garage führen.
Von dort fließt es durch das Dachgefälle zur Straßenseite und wird dort entsorgt. Sie ersparen sich ein Fallrohr.
In diesem Fall müssen Sie auf die Höhe der Garage achten, dass Sie inklusive ihrer wannenartigen Ummauerung und Abdichtung unter ihre Hausdachrinne passt. Bei größeren Dachüberständen liegt die Traufe oft recht tief.
Man muss mit der Gemeinde noch klären, ob jeder Quadratmeter überbaute Fläche, von der das Regenwasser in den Kanal geführt wird, eine gesonderte Regenwassergebühr ausmacht. In einem solchen Fall ist es überlegenswert, ein mit Kies gefülltes Betonrohr im Garten zu

vergraben, in das man das Regenwasser führt, von wo es dann langsam im Grundwasser versickern kann. Hierbei ist die Kapazität des Betonrohres mit der maximalen Regenwassermenge zu vergleichen; ist die Kapazität zu gering, hebt das Wasser den Betondeckel hoch und man hat für kurze Zeit einen künstlichen Berg im Garten.

Muss ein Bodenaustausch vorgenommen werden

Sollte der Boden, auf dem Sie bauen wollen, weich und wenig tragfähig sein, wird ihnen der Statiker erklären, dass Sie rund um den Baukörper je nach Austauschtiefe entsprechend weit in das Gelände gehen müssen.
Der Grund dafür ist, dass der Druck ihres Baukörpers in einem Winkel von 60 Grad seitlich wirkt. Sollte von der Außenseite der Bodenplatte das Bodenmaterial bei dem vorgegebenen Winkel nicht vollständig ausgetauscht und verfestigt worden sein, kann es sein, dass Risse in Bodenplatte, Decken und Wänden entstehen.
Übrigens muss das aufgefüllte Material (Kies- oder sandartiger Boden) ca. alle 30 cm mit einer Rüttelplatte verfestigt werden.
Mit einer Druckprobe wird die Tragfähigkeit des Bodens festgestellt.

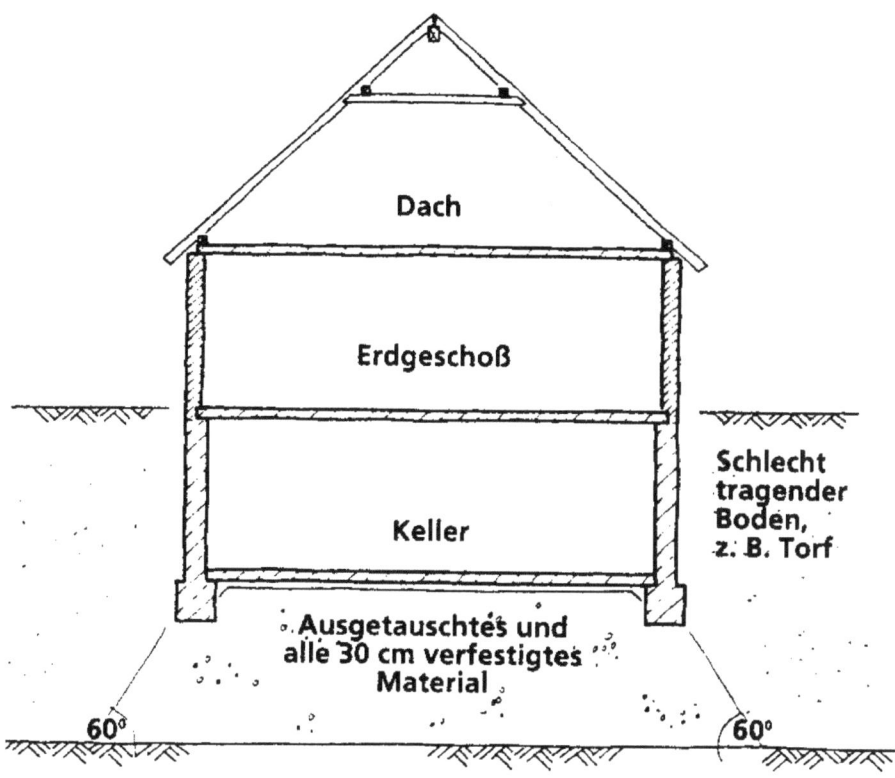

Kies oder anderer fester Boden

Eine Austauschaktion kann sehr teuer werden, wenn das alte Material abgefahren und das neue Material gekauft werden muss. Das alte Erdmaterial sollte man möglichst unter dem Mutterboden verteilen und nutzen.

Das neue Material sollte man sich von anderen Baustellen, seien Sie nun privat oder öffentlich, holen. Die Eigentümer dieser Materialmengen sind häufig froh, wenn Sie es kostengünstig los werden.

Verhandlungen mit Lieferanten zur vorherigen Absicherung der Kalkulation und Zeitplanung

Vergleich von Preisen für Beton, Steine, Eisen, Fenster usw.

Lassen Sie sich am besten die ersten Angebotspreise von Baustoffhändlern geben, bei denen Sie sehr wahrscheinlich nicht bestellen werden. Denn nun haben Sie eine Grundlage, die Ihre heimischen Lieferanten unterschreiten müssen, wenn Sie mit Ihnen ins Geschäft kommen wollen.
Glauben Sie nie, das der erste Preis, der Ihnen genannt wird, der günstigste ist. Versetzen Sie sich an die Stelle des Lieferanten. Er wird versuchen, möglichst viel Geld zu verdienen. Wenn Sie ihm aber sagen, dass Sie möglicherweise ein ganzes Bauprojekt - also ca. 50.000 Euro - mit ihm abschließen wollen, wird er auch über mengenbezogene Preisnachlässe oder sonstige Vergünstigungen mit sich reden lassen.
Und nennen Sie ihm als Basis ruhig einen Preis, der um einige Prozent unter dem besten Angebot eines Konkurrenten liegt. In den meisten Fällen wird er auch auf diesen Preis eingehen.

Bedenken Sie, dass der Händler bei jedem Angebot auf ihre gewünschte Menge seine Fahrtkosten und Arbeitslöhne umlegen muss.
Bei einer vollen LKW-Ladung muss der Preis pro Einheit also niedriger liegen als bei einer kleinen Lieferung.
Sollte der Händler also z. B. bei 5 Kubikmeter Steinen einen Preis von 500 Euro angeben und bei 8 Kubikmetern 800 Euro, so hat er Sie benachteiligt, denn im Preis von 500 Euro stecken ja seine Fixkostenanteile. Der Preis pro Kubikmeter beträgt also nicht 100 Euro, sondern vielleicht 75 Euro und der Rest von 125 Euro entspricht seinen Fixkosten. Bei 8 Kubikmetern darf er also nur 725 Euro von Ihnen verlangen.

Berücksichtigen Sie, wie die Steine abgeladen werden. Ein guter

Lieferant muss über einen LKW mit Kraneinrichtung verfügen. Dieser Kran hebt Ihnen die Steine direkt auf die Bodenplatte oder Decke, auf der Sie sie verarbeiten wollen. Wenn Sie die Steine ins Haus tragen müssen, handeln Sie sich Frust und unnötig schwere Arbeit ein.
Der Baustoffhändler sollte auch einen Hubwagen zur Verfügung stellen, mit dem Sie die Paletten auf der Bodenplatte oder Decke an die Stelle fahren können, wo Sie gebraucht werden. Meist werden dafür einige Euro verlangt. Aufgrund der erheblichen Zeit- und Kraftersparnis lohnt sich diese Investition sicherlich.

Nennen Sie bei den Verhandlungen grundsätzlich nicht sofort Ihre vollständige Liefermenge. So haben Sie immer noch ein Argument, vom Händler ein weiteres Entgegenkommen zu verlangen und seine Ehrlichkeit zu überprüfen.

Ein Baustoffhändler ist in der Planungsphase ein sehr guter Ansprechpartner für Detailfragen. Nutzen Sie seine langjährigen Kenntnisse und Erfahrungen. Er wird zwar häufig Alternativen anbieten, die nicht immer ganz billig sind, aber nach und nach sind Sie selbst Fachmann genug, um abschätzen zu können, welchen Baustoff Sie wählen sollten.

Wie oben schon erwähnt: erfragen Sie Preise pro Einheit, damit Sie Vergleiche anstellen können.
Weisen Sie immer auf weitere Materialien hin, die Sie später noch kaufen wollen. Der Händler muss Sie als Kunden gewinnen wollen.
Fragen Sie nach dem Skonto, der ihnen bei Zahlung innerhalb von 2 Wochen gewährt wird. Zwei bis drei Prozent müssen drin sein.
Oder fragen Sie, ob die Zahlungsfristen verlängert werden können.

Stellen Sie Bedingungen, unter denen Sie bei ihm kaufen wollen. Z. B. dass er Ihnen die schraubbaren Metallstützen für die Decken-Herstellung kostenlos stellt, oder dass er Ihnen einen Betonmischer kostenlos bereitstellt. Fordern Sie, dass z. B. Verpackungsmaterialien wieder mitgenommen werden oder bei ihm in den Container werfen dürfen. Es werden Riesenmengen an Pappe, Folien, Blech und Holz bei Ihnen landen. Das Holz sollte man aber vielleicht lieber später im eigenen Ofen verbrennen. Allerdings benötigt man einen guten Lagerplatz, denn sonst lagert man es häufig um…

Falls Sie die Wände aus Porenbeton bauen wollen, benötigen Sie Werkzeug, um es zu bearbeiten. Dieses Werkzeug kann von den Herstellern kostenlos beigelegt werden. Die Baustoffhändler bieten diesen Service nur selten von sich aus an. Vielleicht können Sie sogar die elektrische Bandsäge für das maßgenaue Teilen der Porenbetonsteine kostengünstig für ihre Rohbauzeit bekommen.

Festlegen der Preisbindungsdauer

Die Kalkulation erstellen Sie in der Planungs- oder Antragsphase.
Der Baufortschritt muss aber nicht immer reibungslos klappen.
Lassen Sie sich Angebote schriftlich und mit der Zusicherung geben, dass der Preis mindestens bis zu Ihrer normal terminierten Baufertigstellung Geltung behält. Einige Monate sollten Sie sich als Sicherheitspuffer vorbehalten.

Auf diese Art und Weise können Sie übrigens auch noch Geld sparen.
Wenn Sie recht früh beginnen, sich mit den Lieferanten und Handwerkern zu unterhalten und diese geben Ihnen ein Angebot, so halten Sie sich meist auch noch daran, wenn einige Monate mehr vergangen sind, als Sie ursprünglich angegeben haben.

Vor Ort über Anlieferungswege und Abladung sprechen

Sobald Sie sich für einen Lieferanten entschieden haben, sollten Sie mit ihm gemeinsam an ihr Grundstück fahren und klären, ob die Abladung der Baustoffe problemlos ablaufen kann.
Es kann z. B. ein Überland-Stromkabel bei der Kranentladung ihrer Steine, der Deckenplatten oder des Betons stören.

Ein Kran oder der LKW muss sich seitlich (ca. 2 m) abstützen können, um ausreichende Stabilität zu erlangen.
Die Zufahrtswege zu ihrem Grundstück müssen ausreichend breit sein, um Rangiermöglichkeit zu geben. Der Weg muss befestigt sein.

Wenn Ihnen die Reichweite eines Krans oder des LKW-Abladekrans genannt wird, müssen Sie berücksichtigen, dass immer von der Drehachse der Hebevorrichtung ausgegangen wird. Außerdem geht für die seitliche Abstützung mindestens ein Meter und fünfzig Zentimeter verloren. Und es muss die halbe Breite der Palette abgezogen werden.
Die Differenz zu der Gesamtreichweite ist der eigentlich nutzbare Hebeweg. Wenn der Kran auch noch eine Last in den Keller heben soll, wird der überbrückte Weg wegen des schrägen Winkels noch kürzer.

Lieferfristen

Fragen Sie den Baustoffhändler oder Handwerker nach den Lieferfristen z. B. für Fenster, Türen und Dachziegel.
Sie sollten durch lange Lieferfristen nicht zur Passivität auf Ihrer Baustelle gezwungen werden. Sprechen Sie mit dem Lieferanten die Bestelltermine ab, so dass das benötigte Material zeitgerecht vorliegt.

Schauen Sie sich den Erfahrungsbericht bezüglich der Fertiggaragen an. Er enthält enorme Risiken…

Verhandlungen mit den Handwerkern und Terminabsprache

Festlegen des Leistungsumfangs: Angebotspreise anfordern, Preisbindungsdauer, Termine, Gewährleistung

Bevor Sie sich mit einem Handwerker unterhalten, machen Sie sich Gedanken, welche Arbeiten von ihm und welche von Ihnen selbst durchgeführt werden sollen.

Wenn Sie z. B. den Dachstuhl von einem Zimmermann aufstellen lassen, und hören, dass pro Meter Sparren, Knaggen oder Pfetten ein Arbeitspreis von über 4 Euro verlangt wird, so sollten Sie sich überlegen, ob Sie die Knaggen selbst vernageln. So haben Sie in zwei bis drei Stunden mehr als 250 Euro verdient. Möglicherweise müssen Sie sich an die Arbeitszeiten des Zimmermanns anpassen, aber bei dieser Ersparnis sollten Sie sich dazu überreden lassen.

Legen Sie gemeinsam schriftlich fest, welche Arbeiten der Handwerker erfüllt. Sprechen Sie mit jemandem, der schon ein Haus gebaut hat über diese Arbeiten. Sie werden immer von den Erfahrungen anderer profitieren.

Ich habe einmal mit einem Verputzer folgende Erfahrung gemacht:
Wir haben seine Leistungen besprochen, den Preis und den Zeitpunkt festgelegt. Nur das schriftliche Angebot fehlte. Nachdem er das Haus verputzt hatte, bekam ich die Rechnung. Sie enthielt Positionen, die mir vorher nicht bekannt waren. Er wollte für einen Grundierungsanstrich pro Quadratmeter einen Euro haben. Diese Grundierung ist erforderlich, damit der Untergrund die Feuchtigkeit nicht so schnell aus dem Putz ziehen kann.
Anderenfalls könnte der Putz reißen oder sogar von der Wand fallen. Ich hatte den Putzer aber schon vorher auf den Baustoff hingewiesen und war mit ihm durch das Haus gegangen. Er als Fachmann hätte also schon vorher auf diesen Mehraufwand hinweisen müssen.
Diese Position wurde also von mir gestrichen.

Noch ein anderer Preisaufschlag überraschte mich: an den Fensterwangen und den in den Raum weisenden Wandecken wurde zur Sicherung eine Winkelschiene eingeputzt. Diese Schienen werden pro laufenden Meter verrechnet. Wahrscheinlich war in einem Nebensatz über diese erforderlichen Schienen gesprochen worden. Ich konnte also nichts gegen diese Position sagen.

Schließlich wurde für Wandflächen, die nicht vollständig gefüllt waren, wie z. B. ein Schlitz für das Kanalentlüftungsrohr oder beim Ausgleich

der beiden unterschiedlich breiten Schornsteinzüge (Auffütterung mit Styropor und einem Stoffvlies) je Quadratmeter ein Aufpreis verlangt.
Gegen diese Position hätte ich wahrscheinlich auch nichts sagen können, selbst wenn der Leistungsumfang schriftlich erfolgt wäre. Denn auf diese Positionen hätte ich ihn nicht aufmerksam machen können, da mir die nötige Fachkenntnis gefehlt hat.
Beim nächsten Haus habe ich mit dem Putzer von vornherein einen Festpreis vereinbart – der von mir natürlich nach unten korrigiert worden war – und damit entfiel jede spätere Diskussion.

Eine Terminzusicherung wird ein Handwerker nur in den seltensten Fällen schriftlich machen. Durch die unterschiedlichsten Problemfälle in seiner Berufsausübung wird es bei ihm auf fast jeder Baustelle zu Verzögerungen kommen.
Sie sollten mit ihm einen ungefähren Termin ausmachen.
Später in der Bauphase sollten Sie schon ca. 3 Wochen vor seiner Tätigkeit bei ihm anrufen und einen Starttermin absprechen, der einige Tage vor dem tatsächlich notwendigen Start liegt.

Bei Verspätungen seinerseits kommen Sie trotzdem einigermaßen auf Ihren Wunschtermin.
Bei pünktlichem Start des Handwerkers ist es durch Improvisation fast immer möglich, dass er seine Arbeiten schon beginnt. Zur Not verlaufen einige Gewerke parallel zueinander.
Z. B. können die Heizungs- und Elektroinstallation, Wasser- und Abwasserrohre und die Fenster parallel eingebaut werden. Der Putzer kann schon im Kellergeschoß arbeiten, wenn der Elektriker noch im Dachgeschoß Leitungen verlegt.
Der Putzer kann schon die Flächen putzen, obwohl Fenster und Rollokästen noch nicht eingebaut sind. Er muss nach diesen Gewerken noch einmal zum sogenannten Nachputzen kommen.
Sollten Sie mit einem Handwerker eine Gewährleistungsdauer festlegen, die oberhalb der VOB-Frist liegt, das sind 2 Jahre, müssen Sie sich diese Frist unbedingt schriftlich bestätigen lassen. Ein Hinweis auf das BGB reicht aus, um die Garantiefrist auf 5 Jahre zu verlängern.
Übrigens gelten für Teile der Heizungsanlage, die mit Flammen in

Berührung kommen nur 12 Monate Gewährleistungsdauer.

Wenn Sie von einem Handwerker einen Angebotspreis genannt bekommen haben, runden Sie den Betrag grundsätzlich nach unten ab und bieten Sie ihm ein Akzeptieren Ihrerseits zu diesem Preis an.
D.h. wenn der Elektriker seine Leistungen zu 5.800 Euro anbietet, so sagen Sie ihm, dass Sie sein Angebot zu einem Preis von 5.500 Euro akzeptieren.
Ich habe häufig die Erfahrung gemacht, dass die Lieferanten und Handwerker angesichts dieser großen Geldbeträge nicht mehr 'nein' sagen wollten, oder schon einen überhöhten Gewinnanteil einkalkuliert hatten.
Aus taktischen Gründen sollten Sie dieses Gegenangebot nicht sofort, sondern erst nach einer Bedenkzeit von mindestens einem Tag machen. Sie müssen in der Lage sein, zu sagen, dass Sie ein mündliches Angebot bekommen haben, das bei diesem niedrigeren Betrag liegt; Sie warten jetzt nur noch auf die schriftliche Bestätigung.

Sollte der Lieferant oder Handwerker von Ihnen verlangen, dass er zuerst dieses Angebot sehen wolle, so bleibt ihnen das Argument, dass Sie einer Preisabsprache keinen Vorschub leisten wollen.

Erklärung der Statikelemente

Verlegeplan der Eisenmatten

Warum muss man eigentlich Stahldrähte und -Matten in den Beton legen?
Wenn man weiß, dass Beton zwar in der Lage ist, sehr hohen Druck auszuhalten, aber kaum Dehnungsspannungen verträgt und wenn man weiß, dass in Decken und Bodenplatte auch Zugspannungen entstehen, ist einem klar, dass noch irgend etwas in die Decken hinein muss, das diese Zugspannungen kompensiert. Und zwar die maximal zu erwartenden Zugspannungen plus Sicherheitsmargen.

Stellen Sie sich einmal vor, Sie legen ein Buch auf einen Bleistift und drücken die seitlich überhängenden Seiten hinunter. Der mittlere obere Karton muss sich ausdehnen, vielleicht reißt er. Wenn dieser Karton nun verstärkt wird und die Innenseiten des Buches (sie sind in einer Decke der Beton) sich nicht durch den Druck verformen, kann man das Buch nicht mehr nach unten biegen.

Die Eisenmatten sollen also die Funktion erfüllen, Dehnungsspannungen aufzunehmen und keine Dehnung mehr zuzulassen.

Stellen Sie sich nun vor, dass die Zugspannungen insbesondere in einer Richtung der Decke auftreten. Außerdem stellen Sie sich vor, dass die Spannungen sich gleichmäßig verteilen.
Man versteht nun, dass Eisenstäbe gleichmäßig in Richtung dieser Spannungen zu verlegen sind.
Um dem Handwerker die Arbeiten zu erleichtern, werden Stahlmatten gefertigt. Es werden sogenannte Spanndrähte auf Verteilerdrähte aufgeschweißt. Die Spanndrähte verlaufen in Längsrichtung der Stahlmatte. Die Matten haben ein Format von 5 bis 6 m Länge und 2,10 m Breite.
Ihr Gewicht beträgt zwischen 20 und 40 kg.

Da vom Statiker unterschiedlich belastete Deckenteile festgestellt werden, muss es unterschiedliche Stahlmatten geben.
Die Stahlmatten werden z. B. mit Q131 oder R252 benannt.
Durch ein kleines geprägtes Blechschildchen an jeder Matte ist ihre Bezeichnung und Belastungsfähigkeit feststellbar.

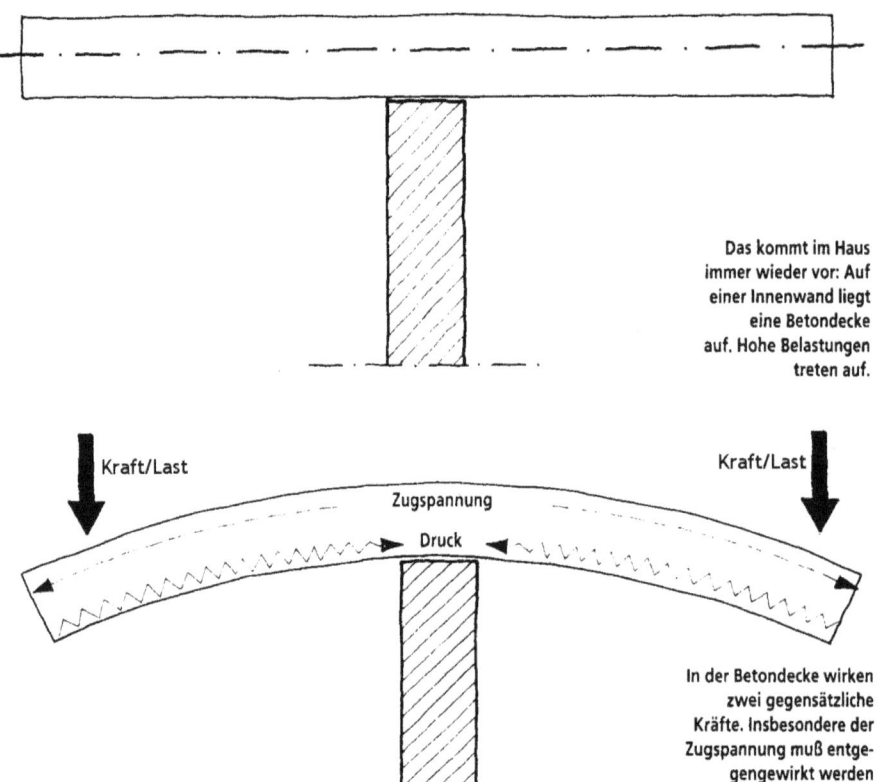

Das kommt im Haus immer wieder vor: Auf einer Innenwand liegt eine Betondecke auf. Hohe Belastungen treten auf.

In der Betondecke wirken zwei gegensätzliche Kräfte. Insbesondere der Zugspannung muß entgegengewirkt werden

Nun müssen wir noch einmal zu unserem Beispiel mit dem Buch zurückkehren.
Es wird ihnen sofort klar sein, dass das Buch höhere Belastungen tragen kann, je dicker es ist. Oder anders ausgedrückt, je höher die starke Kartonseite liegt.
Je dünner das Buch ist, um so geringere Belastungen kann es aushalten bis es sich bei Belastungen verbiegt.

Nun wollen wir unsere Etagendecke ja nicht dicker machen als unbedingt erforderlich, denn jeder Kubikmeter Beton kostet Geld und jeder Zentimeter wirkt sich die Größe der Außenflächen des Hauses aus und erhöht die Kosten. Daraus ergibt sich aber, dass die Stahldrähte möglichst weit oben liegen müssen, wenn oben eine Dehnungskraft einwirkt.

Ein Statiker sagt, der Spanndraht muss ca. 1,5 cm im Beton eingebettet sein. In dieser Tiefe geht er eine ausreichende Verbindung mit dem Beton ein und, da er maximal nach oben gelegt wurde, kann er die maximale Zugbelastung bei der vorgegebenen Deckendicke aufnehmen.

Bis jetzt ist nur von einer Dehnung an der oberen Seite der Decke gesprochen worden. Sie tritt immer über den Wänden auf. Denn auf beiden Seiten der Wände will das Gewicht die Decke ja herunterhängen lassen.

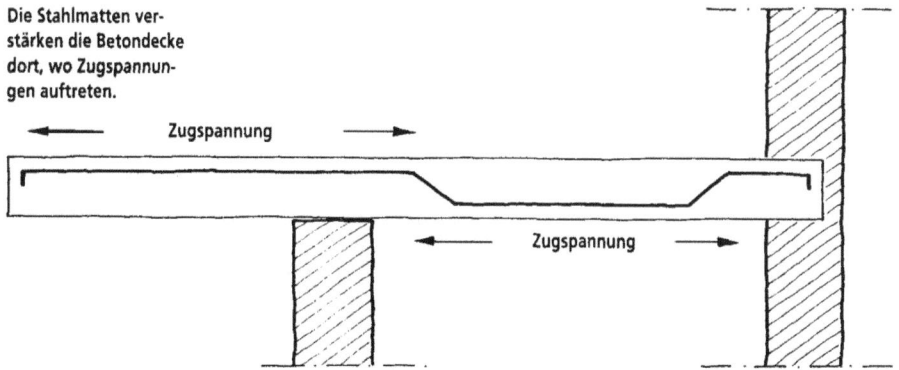

In der Mitte zwischen zwei Wänden (Zimmermitte) treten Dehnungen an der unteren Seite der Deckenplatte auf.

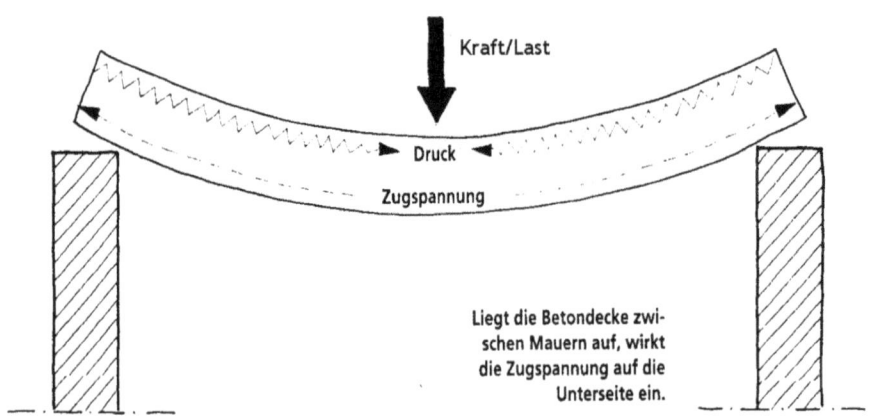

Diese Dehnungen werden durch unten eingelegte Stahlmatten aufgefangen. Diesmal müssen die Spanndrähte unten liegen!!!, im Gegensatz zu den Stahlmatten auf der Oberseite der Decke.

Stellen Sie sich wieder das Beispiel mit dem Buch vor. Das Buch liegt diesmal auf zwei Bleistiften, die jeweils unter einem Buchrand liegen. Die Bleistifte liegen parallel zueinander. Wenn Sie in der Mitte auf das Buch drücken, hängt es durch. Diesmal muss der untere Karton verstärkt werden.

Sie kennen nun die Funktionsweise der oberen und unteren Bewehrung. Der Statiker stellt die Dehnungsbelastungen der einzelnen Deckenabschnitte fest. Er sucht sich aus Tabellen die Stahlmatte heraus, die diese Belastung aufnehmen kann und zeichnet Sie in eine Vogelperspektive-Zeichnung ein. Er erstellt eine Zeichnung für die untere und eine für die obere Bewehrung und schreibt dazu, welche Matte er ausgewählt hat.

Wenn er alle Stahlmatten ermittelt hat, stellt er einen Eisenplan mit den notwendigen Stahlmatten und Stahlstäben zusammen. Mit diesem Plan können Sie zu ihrem Lieferanten gehen und das Material bestellen.

Übrigens: ein guter Statiker ist daran zu erkennen, dass er nur gerade soviel Eisen in die Decken legt wie man tatsächlich für die üblichen Verkehrslasten benötigt. Ein schlechter Statiker legt einfach überall überdimensionierte Matten ein und braucht nicht viel zu rechnen. Das kann aber auch Ihre Arbeit erleichtern, denn nun müssen Sie sich kaum mehr Gedanken über die korrekte Matte machen.

Wenn Sie den Verlegeplan der Eisenmatten zum ersten mal sehen, glauben Sie ein Schnittmuster vor sich zu haben. So verwirrend ist er.
Beschäftigen Sie sich einige Zeit mit diesem Plan. Oder lassen Sie ihn sich von ihrem Statiker erklären. Nach kurzer Zeit ist er nicht mehr so kompliziert wie man auf den ersten Blick glaubte.
Aber Sie müssen ihn komplett verstanden haben, um die Eisen legen zu können. Zur Sicherheit wird der Statiker bei der ersten Decke kontrollieren kommen.

Stürze über den Türen

Die Stürze über den Türen sollen das darüber liegende Mauerwerk tragen. Von der eigentlichen Last des Hauses kriegen Sie aber meist nicht viel ab. Zumindest nicht bei Türen von 62, 75 oder 86 cm Breite. Darum wird häufig von tragenden und nicht tragenden Stürzen gesprochen. Fragen Sie ihren Statiker, an welche Stelle ein tragender Sturz gehört.

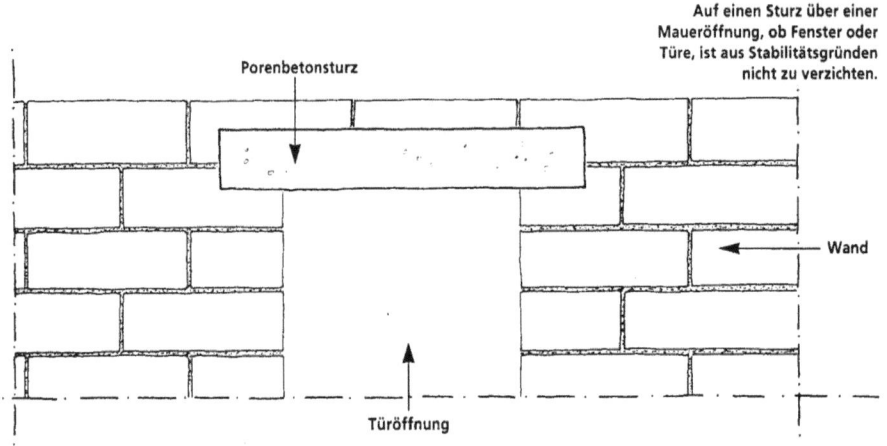

Nun gibt es viele unterschiedliche Stürze im Baustoffhandel. Wenn Sie mit Porenbeton bauen, werden Sie meist auf die Stürze aus Porenbeton mit eingelegten Eisen hingewiesen. Als Verkaufsargument nennt man ihnen dann, dass der Sturz dieselbe Breite und Höhe hat wie die Steine. Toll, denkt man zuerst. Dann passt er ja genau und ich kann die nächste Steinlage wieder gleichmäßig durchlegen.
Aber genau das stimmt nicht. Denn die Öffnungshöhe für ihre Tür richtet sich nach der Höhe der Tür und der Höhe des Fußbodenaufbaus. Man lässt z. B. eine Rohbauhöhe für die Türen von 2,15m, wenn der Fußbodenaufbau aus der Trittschalldämmung und dem Estrich 14 cm entspricht. Und daraus ergibt sich, dass der Sturz nicht genau auf eine bestehende Steinlage aufgelegt wird, sondern, dass er genau mitten in einer Steinlage liegt und entsprechend weit in die nächste hineinragt.

Außerdem ist der Porenbetonsturz die teuerste Alternative.
Zwischen 25 und 70 Euro sind schon bei kurzen Längen möglich.

Die nächste Alternative ist der Betonsturz. Er wird ganz normal wie ein Mauerstein in die Wand (natürlich auf der geforderten Höhe) eingesetzt. Der normale Betonsturz ist für einen Laien, der nicht gerade Bodybuilding betrieben hat, zu schwer. Der 11,5 cm breite Sturz mit einer Länge von ca. 1,20 m ist gerade noch zu stemmen,
Aber alles was breiter oder länger ist ist zu schwer. Diese normalen

Betonstürze sind ca. 12 cm hoch. Sie sind sehr preisgünstig: ca. 6 Euro pro Meter.

Die beste Alternative ist der Spannbetonsturz. Er hat nur eine Höhe von ca. 8 cm. Dadurch ist er leichter. Der Preis je Meter liegt ebenfalls bei ca. 6 Euro bei einer Breite von 11 cm. Seine Tragfähigkeit bekommt er dadurch, dass Stahldrähte eingearbeitet sind, die unter Spannung eingegossen wurden.

Falls Sie eine Mauerdicke von z. B. 25 oder 36 cm haben, benutzen Sie nicht einen ebenso dicken Sturz, sondern aus Erleichterungsgründen zwei oder drei 11 cm breite Stürze. Die Stürze sollen bei einer Tür ca. 20 bis 25 cm seitlich auf den Wänden aufliegen.
Es gibt noch eine andere Alternative, die aber nur in Ausnahmefällen benutzt werden sollte. Ihr Nachteil ist der hohe Zeitaufwand.
Es ist die Rede vom selbst eingeschalten und gegossen Sturz. Es müssen Eisen nach Statik eingelegt werden.
Diese Lösung ist z. B. bei einem sehr breiten Sturz über einer Doppeltür die sinnvollste, es sei denn, Sie können mit einem Kran arbeiten, der ihnen den Sturz auflegt.

Stürze über Fenstern und Haustüröffnung

Wie schon oben gesagt, sollten Sie über den Fenstern und den Haustüren die Stürze vermeiden, indem Sie mit dem Statiker einen deckengleichen Sturz vorsehen.
Sollte er nicht bereit sein, ohne diese Stürze zu arbeiten, ist es Ihnen überlassen, ob Sie einen gekauften Fertigsturz oder einen gegossen Sturz einbauen. Beim Gießen müssen die Stahleinlagen der Statik berücksichtigt werden.

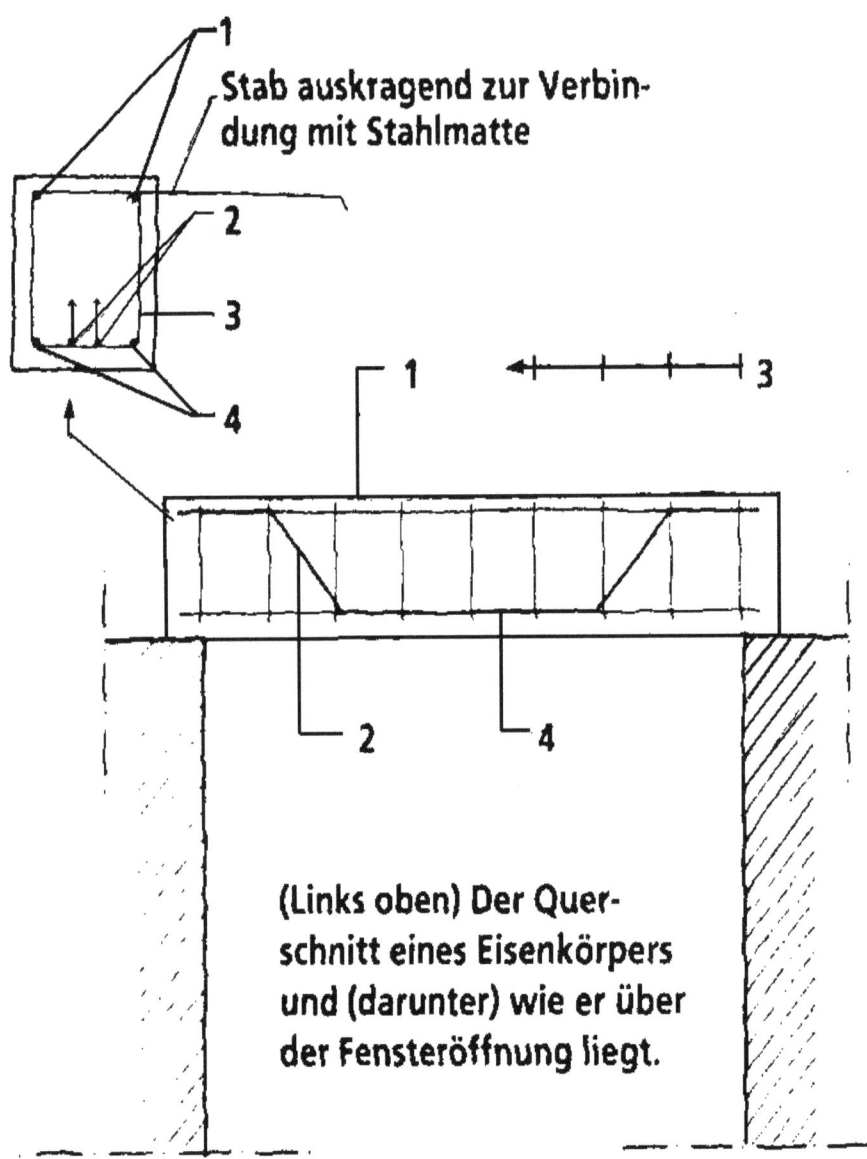

Stab auskragend zur Verbindung mit Stahlmatte

(Links oben) Der Querschnitt eines Eisenkörpers und (darunter) wie er über der Fensteröffnung liegt.

Wenn über der Haustür ein deckengleicher Sturz erstellt wird, müssen Sie die Öffnung zwischen Decke und Haustüroberkante schließen: Von außen wird der Verblender/Klinker entsprechend tief heruntergezogen.

Von innen wird eine Verkleidung aus Dämmungsmaterial und Holz oder Gips eingebaut.
Die Haustür erhält ihren oberen Haltepunkt z. B. durch eine quer gelegte Holzschiene, die rechts und links an der Wand verankert wird.

Doppel-T-Träger in die Decke einlegen, wenn darunter Wände fehlen

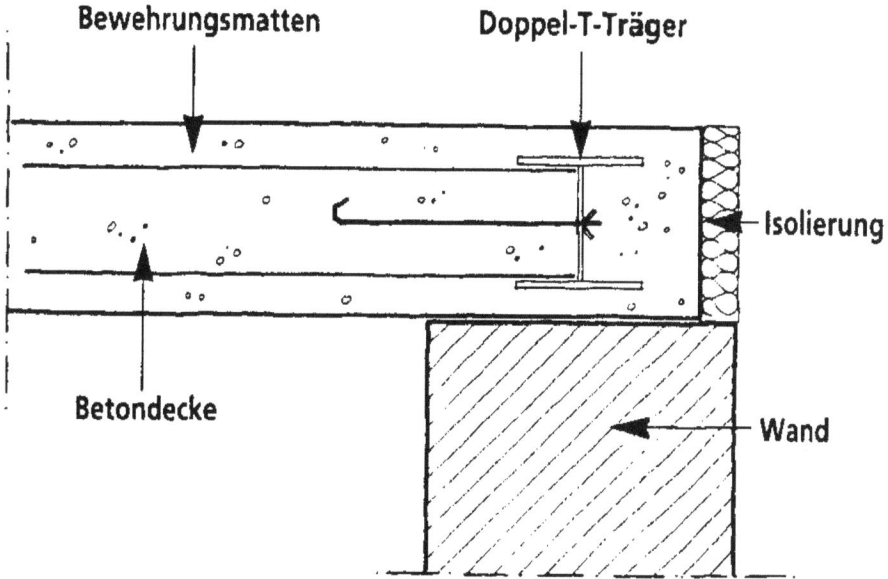

Muss eine größere Deckenfläche getragen werden, ohne dass darunter eine Wand steht, kann man die Deckentragfähigkeit erhöhen, indem man einen Doppel-T-Träger aus Stahl in die Decke einbaut.
Dieser Doppel-T-Träger wird an seinen Enden auf die entsprechenden Wände aufgelegt. Falls leichter Porenbeton als Wandmaterial verwendet wurde, muss ein sogenanntes Betonpolster eingebaut werden. D.h. es wird an der Auflagestelle des Trägers ein Polster von ca. 50 x 50 cm in Wandstärke eingeschalt und mit Beton gegossen. Auf diese Weise wird der zusätzliche Druck auf eine größere Fläche der Wand verteilt.

Sollte der notwendige Doppel-T-Träger höher sein als die vorgesehene Decke, sollte man zwei Träger von geringerer Höhe wählen. Diese beiden werden mit Schrauben und Distanzhülsen miteinander verbunden und gemeinsam eingegossen.

Solche Träger sind mehrere Zentner schwer. Wenn Sie den Kran vor ihrer Baustelle haben, der die Deckenplatten auflegen soll, muss er Sie zwischendurch ebenfalls auflegen.
Vorher sollten Sie die Kranvermietung informieren, dass Sie Ketten mit Haken zum Auflegen der Träger benötigen.

Sparrenquerschnitte und –abstände

Die Tragfähigkeit wird nicht so sehr von der Gesamtquerschnittsfläche des Sparrens beeinflusst wie von dem Verhältnis von Höhe zu Dicke. Ein Sparren von 16 x 6 cm trägt mehr als einer von 10 x 10 cm.
Wie schon weiter oben erwähnt, muss die Höhe des Sparrens ihre Dämmung und die darüber liegende Luftschicht aufnehmen. Die Dachdämmung sollte mindestens 200 mm dick sein, eine Luftschicht von 2 cm sollte erreicht werden. Also muss der Sparren mindestens 22 cm hoch sein. Bei der Wahl der Wärmedämmung und ihrer Dicke muss man sich nach der aktuellen Energie-Einspar-Verordnung richten.
Sprechen Sie mit ihrem Statiker, dass er die Sparren nicht überdimensioniert. Jeder Kubikmeter Holz kostet rund 400 Euro.
Setzen Sie lieber eine Mittelpfette ein, um die freitragende Sparrenlänge zu reduzieren; so können die Sparren-Querschnitte reduziert werden.
Die Abstände der Sparren sollten so gewählt werden, dass die Dämmmatten dicht zwischen den Hölzern einzusetzen sind, also ca. 1 cm enger als die Dämmungsbreite.

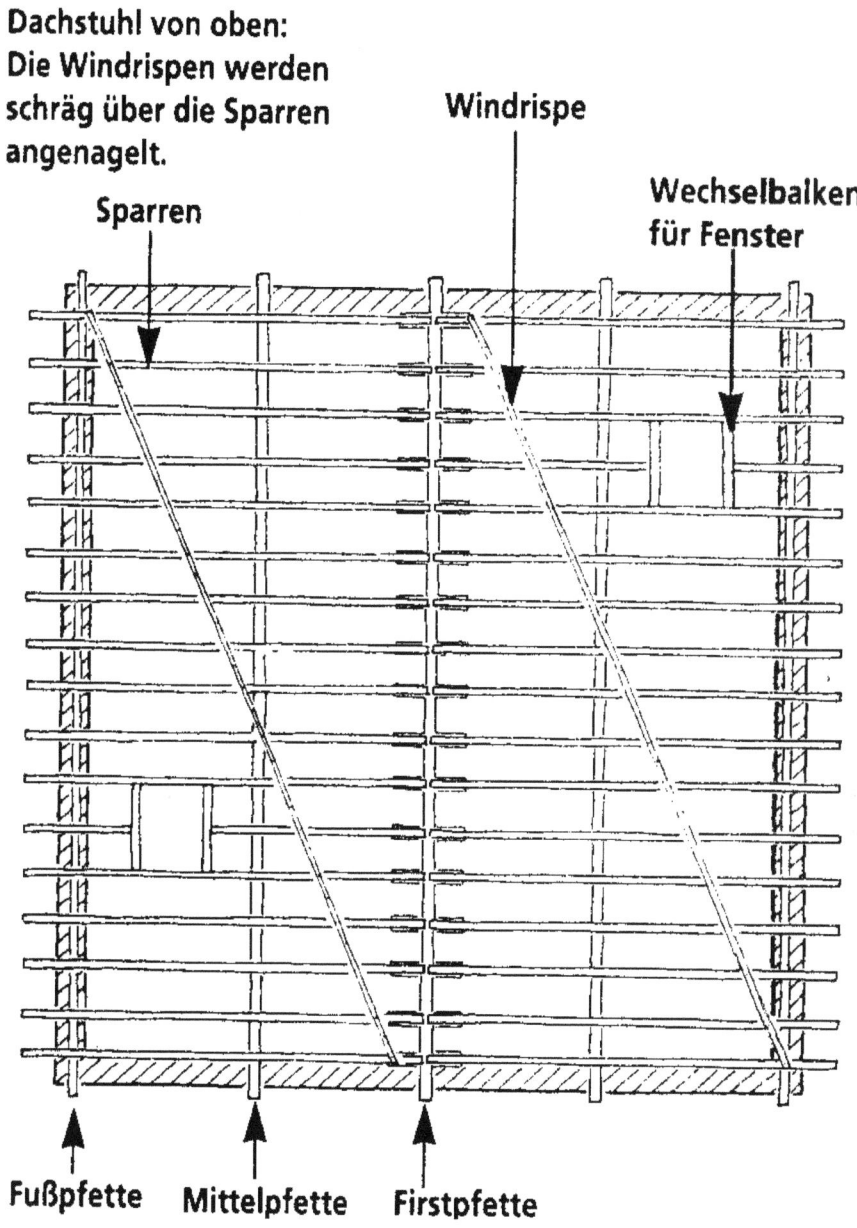

Windrispen

Haben Sie sich schon einmal eine Holztür auf einem Bauernhof angesehen?
Diese Türen bestehen aus einzelnen Nut- und Federbrettern. Diese Bretter sind mit zwei waagerechten Brettern zusammengenagelt. Dadurch entsteht aber noch keine ausreichende Seitenstabilität.
Es muss noch ein diagonal verlaufendes Brett aufgenagelt werden.
Erst dann ist die Tür stabil.
Das Prinzip der Dachstuhlstabilisierung ist dasselbe. Die Sparren sind an Fuß- und First- oder Mittelpfette genagelt. Diagonal verläuft ein verzinkter Blechstreifen, genannt Windrispe. Jeder Sparren wird mit dieser Windrispe verbunden.

Bögen über Klinkeröffnungen

Brücken oder Kuppeldächer tragen sich selbst, weil Sie in kunstvoller Weise bogenartig gebaut sind. Die Endpunkte der Brücke müssen z. B. den gesamten seitlichen Druck auffangen. Das Fundament muss auch seitlich stabil liegen.

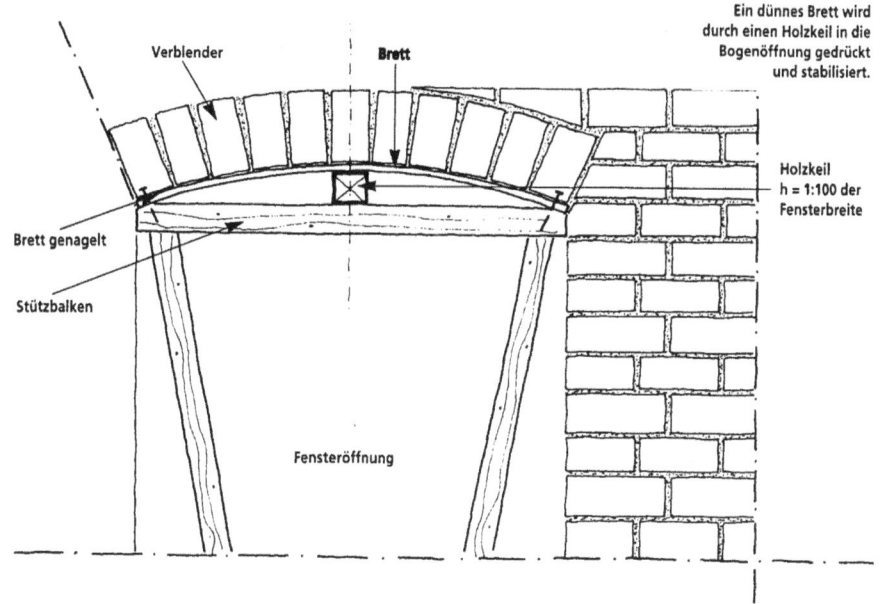

Wenn ein Sturz über einem Fenster oder über einer Tür waagerecht vermauert wird, hält er für einige Zeit. Dann aber Stellen sich Risse ein. Schlimmstenfalls wird der Sturz anfangen herunter zu bröckeln.

Um dieses Problem zu umgehen, wird ein Brett auf den tragenden Balken gelegt, der den Sturz so lange tragen soll bis der Speiß abgebunden hat. Das Brett wird durch einen Keil um ca. 1 cm je Meter Spannweite nach oben gedrückt. Dieser leichte Bogen macht nun den Sturz zu einem sich selbst tragenden Bauteil.
Allerdings funktioniert dies nur, wenn der seitliche Druck von der benachbarten Mauer aufgenommen werden kann.
Sollte ein solcher Sturz z. B. nur einen halben Meter neben dem Ende einer Wand liegen, könnten sich Risse in dieser Wand einstellen. In diesem Fall muss mit Eisenstäben verstärkt werden.

Stahlwinkel als Träger von Klinkerstürzen

In den Fällen, wo kein Stichbogen gewünscht ist oder er sich seitlich nicht abstützen kann, hilft man sich mit einem verzinkten Stahlwinkel. Der Winkel wird rechts und links auf die Klinker gelegt. Ein breiter Träger muss in der Mitte durch eine Lasche an der darüber liegenden Betondecke befestigt werden.

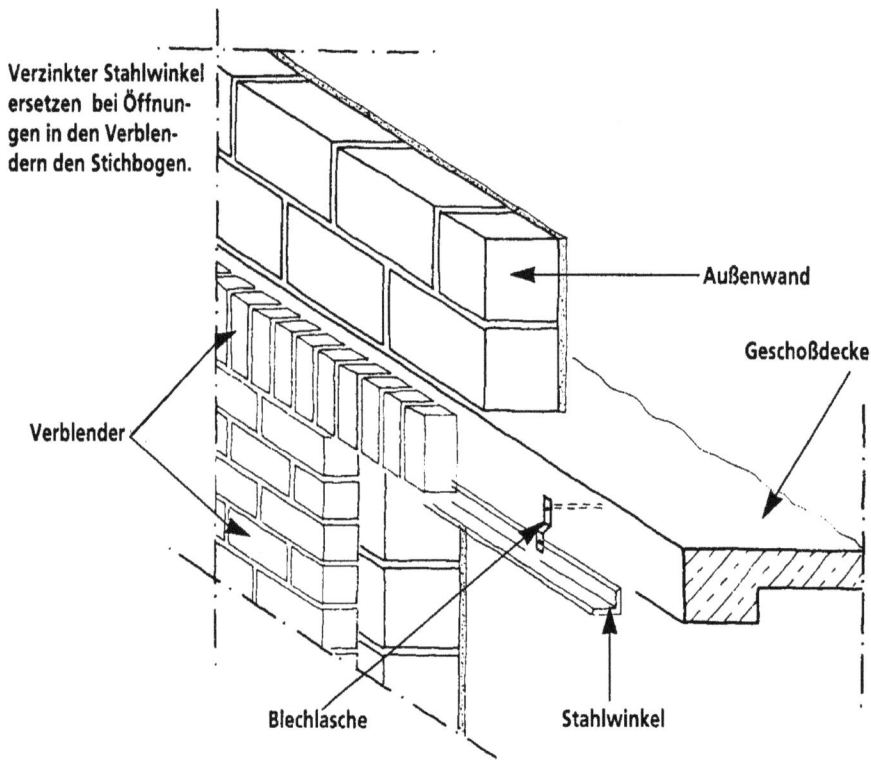

Welche Versicherungen sind erforderlich

Bauherrenhaftpflicht

Die Bauherrenhaftpflicht-Versicherung schützt vor Ansprüchen, die im Zusammenhang mit einem Bauvorhaben gestellt werden.
Nicht der Architekt oder Statiker ist für diese Schäden gegenüber Dritten verantwortlich, sondern der Bauherr. Er kann sich natürlich die Schäden, die er selbst durch die Fachleute erleidet, erstatten lassen.

Feuer- und Sturm-Versicherung

Sollten Sie schon eine Feuer- und Sturm-Versicherung für ihre alte Wohnung besitzen, müssen Sie diese Versicherung von ihrem Bauvorhaben informieren.
Die schon bestehende Versicherung deckt für die Rohbauzeit kostenlos auch den neuen Bau ab.

Lebens-/Invaliditätsversicherung

Man darf die Menge der Risiken während der Bauzeit für die eigene Gesundheit nicht unterschätzen. Man arbeitet ja dauernd mit schweren Werkstoffen, die nicht immer komplett sicher stehen. Als Laie nimmt man sich auch nicht immer die nötige Zeit für jedes Gewerk. Denn jede Stunde kostet Geld und soll sich durch den eigenen Einsatz lohnen.

Die drei obengenannten Versicherungen kosten z. B. für ein Haus mit einem Wert von ca. 250.000 Euro und einer entsprechenden Lebens- und Gesundheitsabsicherung rund 1000 Euro für die Zeit von einem Jahr. In dieser Zeit sollten Sie übrigens eingezogen sein.

Werkzeuge

Eimer, Mörteltonnen
Die Metallbügel der Eimer sollten mit einem Schlauch umgeben werden. Wenn man Beton oder Speiß trägt, schneidet der ca. 6 mm dicke Bügel sonst stark in die Finger ein. Man sollte zu den schwarzen Eimern und Mörteltonnen greifen. Die Eimer sollten 8 bis 12 Liter, die Mörteltonnen ca. 60 bis 90 Liter Inhalt haben. Man benötigt ca. 5 Eimer und 4 Mörteltonnen.

Alu-Leiter
Wenn Sie mit Porenbeton arbeiten, würden Sie gleichviel Zeit benötigen ein Gerüst zu bauen, wie Sie für das Mauern selbst brauchen. Mit einer Alu-Leiter, die mit einer Hand dahin gestellt werden kann, wo Sie gebraucht wird, geht es schneller. Die Leiter sollte 5 bis 6 Stufen besitzen und mindesten 150 kg tragen können. Ich empfehle ihnen eine Leiter zu kaufen, die oben am Bügel ein Ablegefach für Werkzeug besitzt. Insbesondere beim Befestigen der Holzdecke ist dieses Fach Gold wert.

Kelle
Eine einfache Maurerkelle reicht. Nehmen Sie nicht die Billigste.

Hammer / Nägel
Ein 300-Gramm-Hammer ist für Laien nicht zu leicht und nicht zu schwer. Die Nägel sind nötig, um z. B. die Maurerschnur an den Porenbetonssteinen zu befestigen. (65 mm lange Nägel sind sinnvoll.)

Zollstock, Bleistift, Bandmaß
Lassen Sie sich den Zollstock und die Bleistifte von ihrem Baustoffhändler als Werbegeschenke geben. Besser gleich je zwei. So laufen Sie nicht so oft ihrem Werkzeug nach, denn es bleibt oft an der

Stelle liegen, wo es zuletzt benutzt wurde. Ein normaler Bleistift nutzt sich zu schnell ab, es muss ein Maurerbleistift sein.

Schlauchwaage
Die Schlauchwaage muss länger sein, als die Diagonale ihres Hauses. Mit ihr werden unterschiedliche Punkte in die gleiche Höhe gebracht, auch wenn Sie auf unterschiedlichen Seiten des Hauses liegen wie z. B. der Klinker.

Wasserwaage
Sie sollte mindestens 100 cm lang sein. Je länger desto genauer. Mit ihr werden zuerst die Steine in eine waagerechte Lage gebracht. Die Wände können geprüft werden, ob Sie senkrecht stehen.

Maurer-Schnur, Fliesenleger-Gummischnur, Anschlagwinkel
Für die Maurerarbeiten empfehle ich eine starke Maurerschnur von ca. 1 bis 1,5 mm Dicke. Sobald die Arbeiten genauer werden, wie beim Fliesen oder bei den Holzdecken ist die Gummischnur das bessere Richtwerkzeug.

Handschuhe
Porenbetonsteine sind sehr scharfkantig. Sollten Sie keine Handschuhe verwenden, werden die Fingerkuppen bald durchgescheuert sein. Ich empfehle ihnen Leinenhandschuhe, die mit einer dicken Gummischicht eingefasst werden. Preis ca. 6 Euro. Diese Handschuhe sind von innen sehr weich und von außen griffig. Da Sie durch Schweiß schnell stinken, sollten Sie gleich mehrere Paare kaufen, um immer wieder einem Paar die Zeit zum Lüften geben zu können.

Schubkarre
Die Schubkarre ist insbesondere für die Erd- und Schotterarbeiten

unerlässlich. Eine einfache verzinkte Mulde mit 50 bis 60 Litern Volumen reicht. Man sollte darauf achten, dass vor dem Rad ein Rohrbügel liegt. Der hilft beim Kippen. Das Rad darf nicht zu weit vorn liegen, um Ihnen die Tragearbeit weitgehend abzunehmen.

Schaufel
Die Schaufel werden Sie sehr häufig für Erdarbeiten benötigen. Eine sogenannte Sandschaufel (abgerundetes Blatt) ist für unsere Zwecke die beste. Sie ist für ca. 15 Euro im Landhandel zu bekommen.

Bohrmaschine mit Quirl
Wenn Sie den Kleber für Porenbeton anmischen wollen, ist eine Bohr- oder starke Akkumaschine mit einem großen Quirl unerlässlich, wenn eine gleichmäßige Maße erstellt werden soll. Der Quirl wird auch benötigt, wenn die Kellerwände von außen mit einer sogenannten Elefantenhaut Wasserdicht gemacht werden sollen.
Die schwarze Elefantenhaut ist eine teuere, elastische Maße, die man anstelle des Bitumenanstrichs benutzt, wenn auch kleine Risse des Mauerwerks sicher abgedichtet werden sollen.
Der Quirl sollte mindestens einen Durchmesser von 10 cm besitzen.

Porenbeton-Werkzeug (Säge, Winkel, Zahnkelle, Schleifbrett), Akkuschrauber
Wenn Sie mit Porenbeton arbeiten, benötigen Sie das entsprechende Werkzeug. Dieses Werkzeug sollte Ihr Baustofflieferant kostenlos bereitstellen. Die Säge sollte unbedingt Widia-Zähne besitzen, damit Sie sich nicht bald mit einer stumpfen Säge plagen.
Der Winkel ist ein dreidimensionaler rechter Winkel, der auf eine Kante des zu sägenden Steins gelegt wird. Sie sägen direkt an diesem Winkel entlang. Er ist unerlässlich, wenn man nicht eine elektrische Bandsäge auf der Baustelle nutzt.
Es gibt für jede Steindicke eine passende Zahnkelle. Die Zahnkelle ist geformt wie ein Löffel. Mit ihr wird der Kleber gleichmäßig auf die

Steine aufgetragen. Ich empfehle ihnen, nur mit einer 12 cm breiten Kelle zu arbeiten. Mit den größeren kommt man nicht in den Eimer mit dem Kleber. Das Schleifbrett ist ein ca. 50 x 30 cm großes Brett mit Griff und 16er Schleifpapier. Es wird gebraucht, um Unebenheiten vom Stein herunter zu schleifen.

Handkreissäge
Die Handkreißäge ist ein teueres, aber doch sehr hilfreiches Werkzeug. Ich habe Sie zum Schneiden von Porenbetonssteinen und von Holz verwendet. Solange Sie ein Widia-Blatt besitzt, ist die Standzeit auch bei den Steinen und bei verschmutzten Brettern ausreichend. Eine Säge mit 46 mm Schnitttiefe ist für ca. 150 Euro zu haben.
Eine größere Schnitttiefe ist besser.

Flex für Schornstein / evtl. für Stahlmatten und Eisen und später für die Fliesenarbeiten
Wenn Sie den Schornstein bauen oder Stahldrähte zerschneiden wollen, benötigen Sie eine Schleifhexe mit 178 mm Schleifscheiben. Dieses Werkzeug sollten Sie sich nur ausleihen. Es wird zu selten benötigt und ist recht teuer. Eine kleine Einhandflex ist für die Fliesenarbeiten aber unerlässlich.

Holzbalken und Schalholz
Zum Mauern, für die Decken, für den Dachstuhl usw. werden Balken benötigt. Rechnen Sie genau aus, was Sie brauchen und bestellen es bei Bedarf.
Sprechen Sie mit den Handwerkern auf anderen Baustellen, ob Sie einige Balken ausleihen können. Es gibt Firmen, die sich auf den Verleih der Stützbalken spezialisiert haben.
Wenn Sie eine Filigrandecke bauen sollten, benötigen Sie schnell 100 m 8 x 10 cm dicke Balken. Der Preis je Meter liegt bei ca. 5 bis 6 Euro.
Schalbretter müssen in der Breite bestellt werden, wie Sie z. B. zum seitlichen Einschalen der Decken benötigen.

Wenn Ihnen schmale Bretter angeboten werden, müssen Sie bereit sein, diese später miteinander zu verbinden. Viel Arbeit und die Ergebnisse an den Betondecken werden nicht ganz so gut. Wenn Sie sie in Quadratmetern bestellen, werden ihnen unterschiedliche Breiten angeliefert. Also müssen Mindestbreiten genannt werden. Der Preis je Quadratmeter liegt bei ca. 11 Euro.

Bohrer lang
Wenn Sie Schalbretter für eine Decke befestigen wollen, ist eine Möglichkeit, Sie von außen mit einem Balken festzuklemmen. In diesem Fall muss die Außenmauer durchbohrt werden; so kann der Balken mit einem zugeschnittenen Gewindestab und großen Unterlegescheiben befestigt werden. Später wird er für Mauerdurchbrüche benötigt.

Gewindestäbe
Mit den Gewindestäben werden die Balken befestigt, die die Schalung für die Decke festhalten. Sie werden als Meterware verkauft. Schneiden Sie sich die Stücke wie Sie sie brauchen. Der Schnitt muss etwas aufgearbeitet werden, damit die Mutter wieder aufgedreht werden kann.

Alternativ empfehle ich bei den härteren Porenbetonsteinen aber eine andere Lösung: Ein Brett von etwa 1 Meter Länge wird mit zwei Dübeln mit ca. 2 cm Abstand senkrecht befestigt. Mit einer kleinen Schraube wird das Schalbrett festgeschraubt und zur zusätzlichen Absicherung wird oben auf dem Schalbrett noch eine Schraube eingedreht, die mit etwas Draht an der oberen Bewehrung oder einem A-Bock angebunden wird, damit das Schalbrett sich nicht nach außen legt.

Bohrhammer mit Bohrern
Wenn Sie eine Holzdecke anbringen wollen und viele Dübel im Beton untergebracht werden müssen, empfiehlt sich ein pneumatischer Bohrhammer. Bei einer Filigrandecke muss die Unterkonstruktion der Holzverkleidung nicht ausgeglichen werden. In diesem Fall können

sogenannte Schlagdübel verwendet werden. Dafür benötigen Sie Bohrer in einer Länge, die die Unterkonstruktion gleich mit durchbohren.

Fliesenschneider, Zahnspachtel, Papageienzange
Beim Fliesenschneider sollten Sie einiges Geld anlegen, denn wenn mehrere teure Fliesen durch schlechten Schnitt unbrauchbar werden, geht das gleich ins Geld. Ca. 150 Euro kostet ein Fliesenschneider in einer Länge von 60 cm im Fachhandel. Kaufen Sie auch ein Ersatzschneiderädchen.
Der Zahnspachtel soll den Fliesenkleber gleichmäßig verteilen. Eine Zahnhöhe von 6 bis 8 mm ist angebracht.
Die Papageienzange wird für runde Ausschnitte an den Fliesen gebraucht. Z. B. für Steckdosen. Preis ca. 8 Euro.

Tapezierwerkzeug
Gute Schere, Moosgummirolle, Randrolle, Lot, Tapeziertisch, Quast.

Spreiz-Hölzer für Türeinbau / Holzkeile
Wenn Sie die Innentüren selbst einbauen, benötigen Sie Spreizen. Bei der Beschreibung des Türeneinbaus gehe ich noch genauer auf ihre Abmessungen ein.

Probleme der Errichtung des Hauses

Körperliche Vorbereitung

Bevor ein Laie am Bau beginnt, sich mit schweren Steinen oder Eimern voller Speiß herumzuschlagen, sollte er sich auf die körperliche Belastung vorbereiten.
Der beste Ort ist ein Bodybuilding-Studio. Dort werden alle Muskeln trainiert und Sie können sich mit Fachleuten z. B. über Hebetechniken unterhalten.
Zu leicht macht man sich die Wirbelsäule durch Tragen mit rundem Rücken kaputt oder ermüdet mehr als nötig.
Sie sollten ja auf Ihrer Baustelle versuchen, so wenig wie möglich zu arbeiten. Dafür ist die Planungsphase da. Aber auch die Kenntnis der Technik, wie der Körper am wenigsten belastet wird ist unerlässlich.

Einige Beispiele: wenn Sie mit rundem Rücken schwere Teile aufheben, werden nur ganz bestimmte Wirbel belastet und die dazu gehörenden Bandscheiben gequetscht. Diese drücken dann gegen Nervenstränge und verursachen Schmerzen.
Also drücken Sie das Kreuz durch, wenn Sie etwas hochheben. Der Po zeigt spitz nach hinten. Schauen Sie sich einmal die Haltung eines Gewichthebers an…

Wenn Sie etwas hochheben, sollten Sie es möglichst nah am Körper tun. So wird die ganze Wirbelsäule gleichmäßig belastet.

Trainieren Sie ihre Beinmuskeln, denn Sie werden für jeden einzelnen Stein die Leiter hochsteigen. Treppensteigen ist eine gute Übung.

Psychologische Erfahrungen

Zuerst werden Sie Zweifel haben, ob Sie ein solches Projekt überhaupt anfassen sollen, denn es geht immer um eine finanzielle Größenordnung, die eine Familie ruinieren kann, wenn das Abenteuer scheitert und man sich unter Zeit- und finanziellem Druck einem Unternehmen anvertrauen muss, das die weiterführenden Arbeiten übernimmt.

Wenn man sich dann durchgerungen hat, selbst zu bauen, wird man vor dem großen Berg an unbekannten, unsicheren Arbeiten erschrecken und sich fragen, ob man diese ganzen Arbeiten wirklich selbst durchführen kann. In der Planungsphase klären sich aber die meisten dunklen Wolken, denn nach Gesprächen mit Architekt, Statiker, Baustoffhändler und den vielen Bekannten, die ihre Erfahrungen mit dem Bauen gemacht haben, lassen einen immer mehr zu einem Fachmann werden. Der Berg wird überschaubarer.

Abgeschlossene Hypothekenverträge, verbindliche Bestellungen von Materialien fordern bald, dass man sich mehr Gedanken zu dem Zeitplan, in dem die Arbeiten durchzuführen sind, machen muss, als dass man sich noch um größere Ängste kümmern könnte.

In der Zeit der ersten handwerklichen Arbeiten geht es darum, sich nicht vor der großen Anzahl der Arbeiten ängstigen zu lassen, denn die Arbeiten werden eine nach der anderen angefasst und meist kümmert man sich nur noch um die nächsten ein oder zwei Gewerke, die zu bewältigen sind und man hat bereits wieder eine Arbeit geschafft und freut sich über den Erfolg, den man erarbeitet hat.

Dann entsteht ein Gefühl der Befriedigung, denn man hat immer mehr Gewerke geschafft und weiß, dass auch die folgenden Arbeiten zu bewältigen sind.

Der Frust kommt aber dennoch, denn sobald man Handwerker beauftragt und es werden die Arbeiten nicht genau so durchgeführt, wie man es sich insgeheim vorgestellt hat, ärgert man sich. Der Grund dafür ist, dass man so in seiner eigenen Gedankenwelt, die sich mit den noch selbst durchzuführenden Arbeiten befasst, verschossen hält, dass die Kommunikation mit den Handwerkern zu kurz kommt.

Man wird sich auch manchmal über die Ignoranz des material-anliefernden Personal ärgern, denn es hat so überhaupt keinen Blick für die Notwendigkeit, bestimmte Dinge eben nur an einer bestimmten Stelle des Bauplatzes abzuladen. Es wird auch immer wieder Material in Ihrer Abwesenheit abgeladen, das nichts taugt und das Sie schnellsten reklamieren und wieder abholen werden. Dadurch entsteht Ärger,

Zeitverlust und Kosten, auf die Sie vorbereitet sein sollten, indem Sie andere Arbeiten in der Wartezeit erledigen können.

Schließlich empfinden Sie nur noch Stolz auf alles, was Sie recht gut gemacht haben. Sie haben das Gefühl, dass die Nachbarn und Freunde Sie bewundern, ihre körperliche Verfassung wird in einem guten Trainingszustand sein und Sie freuen sich darauf, bald Ihre Arbeiten ohne lange Anfahrtzeit machen zu können und sich wieder um weniger wichtige Dinge kümmern zu können. Aber Achtung: nach dem Einzug folgt häufig eine Phase der Unlust, in der Sie sich kaum noch in die Gänge bringen, den Garten, die Terasse und die vielen kleinen Dinge in ihrem Haus zu erledigen, die Ihre Frau sofort erledigt haben möchte. Plötzlich sind Sie nicht mehr der Chef an der Baustelle, sondern ‚Befehlsempfänger'. Versuchen Sie das zu Verhindern, indem ihre Frau zeitweise auf der Baustelle mithilft. So wird Sie viel mehr Verständnis für die Prioritäten und Ihr Erholungsbedürfnis bekommen. Fahren Sie nach der Bauzeit möglichst bald in einen Urlaub, um Abstand zu gewinnen und sich zu erholen.

Wasserversorgung

Für Speiß, Beton oder Porenbetonkleber benötigen Sie Wasser. Man kann sich eine Zapfgelegenheit vom Versorgungsunternehmen erstellen lassen. Diese Alternative kostet allerdings einige Hunderter. Man kann das Wasser auch in Kanistern mit zur Baustelle nehmen, einige zig Liter sind völlig ausreichend.

Der bessere Weg ist, dass man sich beim Ausschachten der Baugrube vom Bagger eine Rammspitze in den Boden hineindrücken lassen sollte. Die Rammspitze sollte direkt neben der Garage im Boden stecken, so dass man später die Gartenbewässerungspumpe in die Garage stellen kann. Man verbindet die Rammspitze mit einem Schlauch und sobald die erste Kellerwand steht, wird eine Schwengelpumpe (Preis ca. 60 Euro) fest verdübelt.

Liegt das Grundwasser so tief, dass der Bagger Sie nicht hinunterdrücken kann, muss man selbst mit entsprechendem Werkzeug

bohren.
In Geschäften für Gartenpumpen und Brunnen ist entsprechendes Werkzeug auszuleihen. Da Sie wahrscheinlich im Frühjahr mit Ihrem Bau beginnen, wird die Nachfrage noch nicht zu groß sein.

Eine dritte Alternative sind zukünftige Nachbarn oder eine andere Baustelle.
Die Wassermengen, die Sie in der Rohbauzeit benötigen sind sehr gering. Man könnte Sie schon fast mit einem Kanister von zu Hause mitbringen.
Es sei denn, Sie stellen den Beton für eine Deckenplatte oder die Bodenplatte selbst her.

Stromversorgung

Wenn Sie sich von ihrem Stromversorger einen Baustromkasten anschließen lassen, werden Sie mit einer Belastung von fast 1000 Euro rechnen können.
Der Baustromkasten kann gebraucht gekauft werden. Der Anschluss durch den Stromversorger kostet einige hundert Euro. Der Baustrom selbst ist etwa doppelt so teuer wie der normale Haushaltsstrom.

Ich möchte Ihnen wieder empfehlen, sich mit anderen Baustellen zusammen zu tun oder Nachbarn anzusprechen. Dieses Verfahren ist für beide Seiten preisgünstiger.
Dazu kommt, dass die Strommengen während der Rohbauzeit ausgesprochen gering sind. Man muss z. B. um den Porenbetonkleber anzurühren für einige Minuten eine Bohrmaschine antreiben können, oder, falls man einen eigenen Betonmischer auf der Baustelle haben wird, braucht man pro Stunde ca. 400 Watt. Das entspricht kaum mehr als 10 Cent. Sie könnten dem Nachbarn seine ganze Stromrechnung bezahlen und trotzdem kämen Sie günstiger dabei weg als würden Sie sich einen Baustromkasten einrichten lassen.

Es könnte höchstens zur Zeit des Innenputzes Starkstrom erforderlich werden. Vielleicht kann ihr Nachbar auch den bereitstellen. Wenn nein, sprechen Sie mit ihrem Putzer. Meist kann er eine Alternative anbieten, die mit normalem Haushaltsstrom auskommt. Oder der Elektriker hat vor dem Putzer bereits einen Starkstromanschluß installiert.

Die Kabel, die Sie benötigen, um zum Nachbarn oder zu einem anderen Baustromkasten zu kommen, benötigen Sie später für den Garten oder wenn die Innenarbeiten beginnen. Meist ist zu Anfang nur eine Steckdose provisorisch eingerichtet und Sie müssen das Kabel durchs ganze Haus führen.

Abschieben des Mutterbodens

Bevor die Baugrube ausgehoben wird, sollten Sie den Mutterboden abschieben lassen. Er wird nach Fertigstellung des Hauses zur Einrichtung des Vorgartens und der Terrassennahen Beete, von Hanganlagen oder eines kleinen Hügels im Garten gebraucht. Wenn Sie einen Kubikmeter Mutterboden kaufen müssen zahlen Sie dafür schnell 30 bis 40 Euro. Achtung der Preis wird häufig pro Tonne genannt und ein Kubikmeter wiegt locker zwei Tonnen.

Aushub der Baugrube, evtl. Abtransport des Grubenaushubs

Nun können Sie die Baugrube durch einen Bagger ausheben lassen. Mit Ihrem Vermesser gemeinsam sollten Sie Tiefe und die Außenabmessungen festlegen.
Die Außenabmessungen sind von der Bodenbeschaffenheit abhängig. Je sandiger oder weicher das Material ist, um so geringer muss der Böschungswinkel sind. Sie müssen verhindern, dass das Erdmaterial in ihre Baugrube rutscht und möglicherweise die gerade gegossene Bodenplatte beschädigt.
Außerdem benötigen Sie rund um die Bodenplatte ca. 80 cm Platz, um den Bitumenanstrich einigermaßen bequem auftragen zu können.

Einen Teil des Aushubs müssen Sie zum auffüllen nach dem Errichten des Kellers festhalten; Einfahrt und Terrasse müssen auf das notwendige Niveau angehoben werden können. Denken Sie schon darüber nach, wie Ihr Garten einmal aussehen soll. Jeder Kubikmeter Füllboden kostet eine Menge Geld und Schweiß. Wenn Aushubmaterial übrig bleibt, sprechen Sie zuerst andere Bauherren oder Landwirte der Umgebung an. So könnten die Abtransportkosten niedrig gehalten werden. Häufig sind auch Lieferanten von Sand, Kies oder Schotter bereit, sich das Material kostenlos abzuholen.
Anderenfalls müssen Sie mit ca. 5-10 Euro je Kubikmeter an Transportkosten rechnen.

Sicherung der Baugrube

Wenn eine Baugrube mit steilen Böschungswinkeln ausgehoben ist und es fällt jemand hinein, ist erstens der Sturz schwerer als würde er einen flachen Hang runterrutschen und zweitens ist es kaum möglich aus eigener Kraft wieder herauszuklettern. Denken Sie an Kinder oder z. B. betrunkene Leute. Lassen Sie am besten einen Ausgang aus der Baugrube vom Bagger anlegen,
Der nicht so steil ist oder legen Sie eine Leiter an einen Hang. Unfälle absolut ausschließen zu wollen, ist nur mit einem teuren Bauzaun möglich.

Einmessen, Schalen und Gießen der Bodenplatte

Grenzsteine als Basispunkte suchen

Als Sie das Grundstück gekauft haben, sind Sie mit dem Vermessungsingenieur an den Grenzen entlanggelaufen und Sie bekamen die Grenzsteine gezeigt. Wahrscheinlich sind Sie wieder zugewachsen und nicht so leicht zu finden.

Wenn Sie die Einmessung ihres Baukörpers dem Vermesser überlassen, haben Sie nichts mit den Grenzsteinen zu tun.

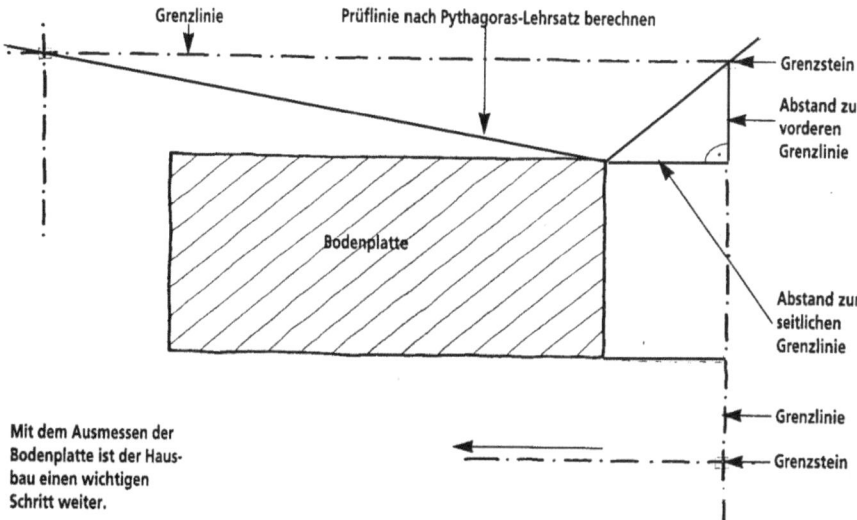

Mit dem Ausmessen der Bodenplatte ist der Hausbau einen wichtigen Schritt weiter.

Wenn Sie aber nicht direkt an der Grundstücksgrenze bauen - und diese dürfen Sie ja auf keinen Fall mit ihrem Baukörper überschreiten - so können Sie die Eckpunkte ihres Baues auch selbst festlegen. Auf einige Zentimeter kommt es dem Katasteramt nicht an. Wenn Sie bereit sind, einige Zentimeter ihres Grundstückes zu verschenken, könnte man ja auch die Garage (ich setze voraus, dass Sie an der Grenze steht) um einige Zentimeter ins Grundstück hineinsetzen und sich so die Einmessung des Baukörpers durch ein Ingenieurbüro ersparen. Aber sprechen Sie lieber erst mit ihrem Architekten.

Mit rechtwinkligen Dreiecken (Pythagoras) die Eckpunkte des Baukörpers festlegen; Zugaben berücksichtigen

Zeichnen Sie sich den Grundriss ihres Grundstückes und den Ihres Baukörpers auf ein Blatt Papier und richten Sie sich nach einer zu Ihrem Bau parallel laufenden Linie und einem darauf liegenden Grenzpunkt.
Die Tiefe ihres Vorgartens steht im Bauantrag; daran richten Sie den Abstand zum Gehweg aus.

Nun können Sie mit rechtwinkligen Dreiecken zu jedem Punkt Ihres Hauses zwei Linien ziehen und die Entfernungen nach dem Lehrsatz des Pythagoras berechnen.
Mit einem Bandmaß von 20 Metern Länge müssten Sie jeden Punkt erreichen können.
Wenn Sie die Eckpunkte festgelegt haben, müssen Sie die Zugaben für den Überstand ihrer Bodenplatte berücksichtigen.

Da Sie nicht direkt in Ihrer Baugrube vermessen können, denn die liegt ja nun tiefer als der Grundstein, müssen Sie sich Hilfsgerüste aufstellen.

Von den Kreuzungspunkten der Verbindungsschnüre zwischen den Hilfsgerüsten müssen Sie eine Senkrechte nach unten ziehen. Entweder mit einem Lot oder mit einem Balken und einer guten Wasserwaage.

Höhen mit Schlauchwaage ausnivellieren

Die Funktion einer Schlauchwaage kennen Sie vielleicht schon aus dem Physikunterricht. Erinnern Sie sich an die korrespondierenden Röhren:
der Wasserspiegel steigt in miteinander verbundenen Gefäßen immer auf die gleiche Höhe. Natürlich nur, wenn in der Schlauchwaage die Verschlussstopfen entfernt wurden; ansonsten würde die feststehende Luftblase die Ergebnisse verfälschen.
Wenn nun mit zwei Leuten an den festgelegten Eckpunkten des

Baukörpers die Schlauchwaage an einen Zollstock gehalten wird und z. B. der eine die Wasseroberfläche bei 60 cm und der andere bei 70 cm findet, so liegt das Erdniveau bei dem mit 70 cm um 10 cm tiefer als beim anderen.

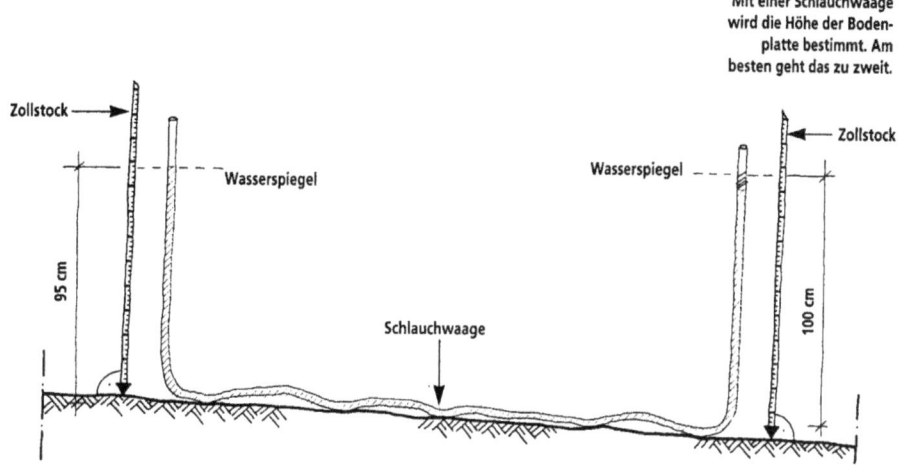

Mit einer Schlauchwaage wird die Höhe der Bodenplatte bestimmt. Am besten geht das zu zweit.

Hier muss also die Verschalung um 10 cm höher sein, als auf der anderen Seite, oder man muss vor dem Gießen von Beton das Erdreich um 10 cm anfüllen, was natürlich preislich günstiger wäre.

Um dieses Problem aber auszuschließen, sollte man während des Ausbaggerns die Höhen ausnivellieren und eine Schnur spannen, nach der sich der Baggerführer richten kann.

Schalung aufbauen

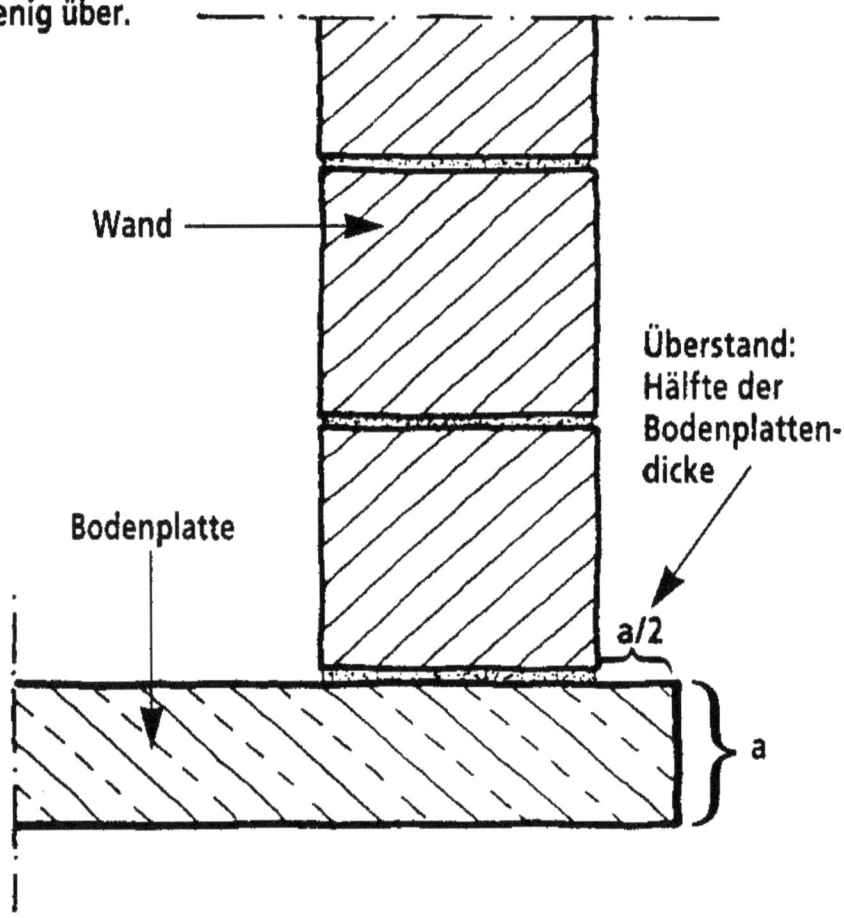

Die Bodenplatte schließt nicht mit den Außenmauern ab, sondern steht ein wenig über.

Wand

Bodenplatte

Überstand: Hälfte der Bodenplattendicke

Beim Aufbau der Schalung muss der Überstand der Bodenplatte über den Baukörper berücksichtigt werden.
Es ist ca. die Hälfte der Bodenplattendicke als Überstand vorzusehen.

Die Schalbretteroberkante muss in Höhe der Oberkante der Bodenplatte liegen. Sie werden je nach Bretterdicke ca. alle ein bis zwei Meter durch einen in den Boden geschlagenen oder eingelassenen Balken gestützt. Man kann der Schalung von außen durch Anschütten von Erdreich oder durch diagonale Stützen zusätzlichen Halt geben.

Für die Schalung der Bodenplatte können Sie auch z. B. alte Spanplatten verwenden, um die Kosten für die Schalbretter einzusparen. Da Spanplatten aber im feuchten Zustand schnell vergammeln, sollte deren Nutzung zeitlich sehr begrenzt sein.

Abwasserrohre in Sandbett legen

Wollen Sie die Kanalrohre unterhalb der Bodenplatte verlegen, müssen Sie die Positionen nach ihrem Bauplan ausrechnen und abstecken.
Es wird mit einer Schaufel ein Graben von ca. 20 cm Breite angelegt. Die Tiefe richtet sich nach der Länge der Kanalrohre. Sie müssen je Meter Rohr ein Gefälle von 0,5 bis 1 cm berücksichtigen. Also, bei ca. 6 Metern Länge müssen Sie 3 bis 6 cm Gefälle einbauen. Machen Sie das Gefälle größer fließt das Abwasser schneller ab als die 'Dicken Brocken' und diese werden sehr bald ihr Rohr verstopfen.

Die Rohre werden in ein Sandbett gelegt. Am besten schlagen Sie sich an den Enden der Kanalrohre kleine Holzstücke in den Boden, die mit einer Schnur verbunden werden. Die Schnur wird mit Hilfe der Schlauchwaage in eine Waagerechte gebracht. Nun können Sie den Höhenunterschied zwischen Kanalrohr und Schnur abmessen. Je nach Korrektur sollten Sie Sand wegnehmen oder das Sandbett erhöhen. Sobald das Rohr die richtige Lage hat, füllen Sie den Graben vorsichtig rundherum mit Sand auf. Wenn Sie mehrere Rohre zusammenstecken müssen, erleichtert ein Gleitmittel, z. B. Vaseline oder ein Spülmittel das Zusammenschieben der Rohre. Es müssen nur die Dichtungsgummis gut eingerieben werden.

Übrigens haben Sie schon einmal ein zwanzig bis dreißig Jahre altes Kanalrohr gesehen? Der noch verbleibende Querschnitt ist auf weniger als die Hälfte verschlossen worden. Man kann anstelle von einem Durchmesser von 100 mm auch 150 mm verwenden. In vielen Gemeinden wird dieser größere Durchmesser sogar schon verlangt.

Sauberkeitsschicht einbringen

Nun könnten die unteren Eisenmatten auf Abstandhalter gesetzt werden.
Da die Abstandhalter aber leicht in den Boden eingedrückt werden und damit eine korrekte Lage der unteren Bewehrung nicht mehr gesichert ist, gießt man meist eine dünne Betonschicht auf den Boden.
Sie nimmt einen Tag später die Abstandhalter auf und gleicht Unebenheiten des Bodens aus.
Die Sauberkeitsschicht ist ca. 5 cm dick. Wenn man z. B. 100 Quadratmeter Fläche auszufüllen hat, macht das 5 Kubikmeter. Diese geringe Menge mit einem Kran oder einer Betonpumpe zu verteilen lohnt nicht, denn die Kosten dieser Baumaschinen machen fast 30 % der Gesamtkosten aus.
Es ist sinnvoll, entweder diese Menge selbst zu mischen und mit der Schubkarre zu verteilen oder mit einigen Helfern und mehreren Karren den Beton direkt vom Betonwagen aufzunehmen und zu verteilen.
In diesem Fall müssen Sie allerdings berücksichtigen, dass auch ein Betonwagen nicht mehr als 20-30 Minuten kostenlos vor ihrer Baustelle stehen bleibt und je angefangener halben Stunde bezahlt wird.
Fünf Kubikmeter Beton wiegen ca. 10 Tonnen. Diese in kürzester Zeit zu verteilen ist eine Wahnsinnsarbeit.

Eisen verlegen

Sie haben sich ausreichend mit der Statikzeichnung befasst und verstehen alle gezeichneten Elemente. Außerdem haben Sie die Kunststoffabstandhalter, A-Böcke oder Schlangen und die Matten und Beilageeisen bereitliegen.
Die Abstandhalter werden auf die Sauberkeitsschicht gelegt.
Die Eisenmatten werden in korrekter Richtung und mit den

untenliegenden Zugdrähten auf die Abstandhalter gelegt. Die Matten sollen ca. 1,5 cm vom Beton umspült werden können.

Die Beilageeisen werden entsprechend der Zeichnung gelegt und an den Matten mit Draht befestigt, so dass Sie sich nicht beim Gießen des Betons oder beim Begehen der Matten verschieben können.

Nun werden die A-Böcke/Schlangen über der unteren Bewehrung auf die Sauberkeitsschicht gestellt. Möglicherweise müssen Sie ein wenig nachgebogen werden, damit die oberen Matten in der richtigen Höhe liegen.

Bei den oberen Bewehrungsmatten müssen die Zugdrähte oben liegen.

Während Sie die Eisen legen, werden Sie feststellen, dass einige etwas verbogen sind und aus der Betondecke heraus zeigen würden oder dass Sie in die Betonplatte hinein gebogen sind. Versuchen sie, die Matten durch Bindedraht waagerecht auszurichten.

Man trägt eine Stahlmatte übrigens senkrecht. Zwei Mann heben eine Seite der Matte an, tragen mit der unteren Hand und richten die Matte mit der oberen Hand aus. Die Matte wird dann vorsichtig unten angelegt und langsam abgelegt. Achtung die Matten verhakeln sich gerne, aber mit einiger Übung klappt es schon.

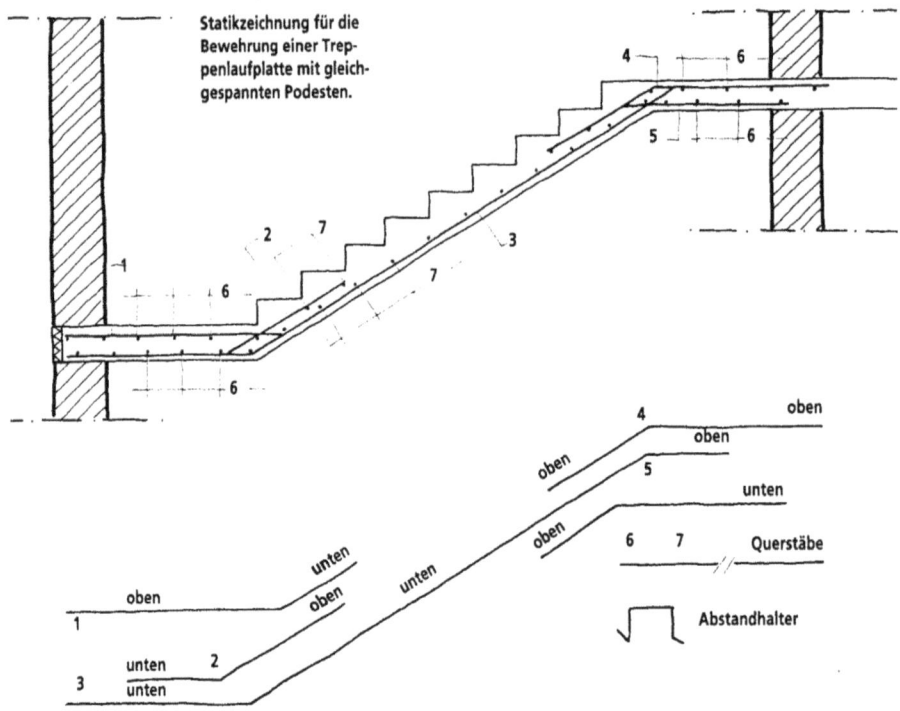

Übrigens können Sie später beim Einbringen des Betons auf die herausragenden Teile einfach einen dicken Stein legen, um Sie herunterzudrücken und sobald der Beton fest ist kann der Stein weggeschlagen werden.

Erdungsschiene einbringen

In die Bodenplatte muss die Erdungsschiene eingearbeitet werden. Sie wird nach Vorgabe ihres Statikers verlegt.
Es handelt sich um einen ca. 5 cm breiten verzinkten Blechstreifen. Er sollte im Versorgungs- und Anschlussraum in der Nähe ihres Sicherungskastens und der Wasserleitung aus der Bodenplatte ca. 1,5 m herausragen.

Treppenanschluß bei Betontreppe anbringen

Wollen Sie eine Betontreppe gießen lassen, muss diese Treppe mit Eisendrähten oder einem Stück einer Eisenmatte mit dem Beton der Bodenplatte verbunden werden. Ihre Statikzeichnung zeigt Ihnen, wo diese Drähte zu positionieren sind und wie Sie befestigt werden.

Beton gießen

Bevor Sie die erste Betonplatte gießen, müssen Sie sich gut vorbereitet haben, denn der Kran mit der Betonbombe oder die Betonpumpe und auch die Betonwagen kosten Geld, wenn Sie zwischenzeitlich eine andere Arbeit erledigen müssen.
Sie benötigen gute Gummistiefel. Achten Sie darauf, dass Sie sie nicht an einem herausstehenden Draht zerreißen.
Zum Glätten des Betons sollten Schaufeln, ein Brett von ca. 2 m Länge und eine sogenannte Betonpatsche bereitliegen.
Die Betonpatsche ist eine Art vergrößerter Straßenbesen. Es fehlen ihr aber die Borsten. Das schräggestellte Brett ermöglicht Ihnen, den Beton hin und her zu schieben und an der Oberfläche weitgehend zu glätten. Die Patsche ist ca. 70 cm lang und 15 cm breit. Man kann Sie sich selbst bauen oder ausleihen.
Der angelieferte Beton besitzt eine gute Fließfähigkeit. Es ist also nicht allzu schwer, ihn einigermaßen glatt zu ziehen. Wenn auch Höhenunterschiede von 2 cm entstehen, macht das nichts. Durch Speiß oder Estrich werden die Unebenheiten ausgeglichen.
Falls in Ihrer Nachbarschaft andere Baustellen aktiv sind, fragen Sie nach einem Beton-Vibrator, dann können Sie sich das Glätten der Betonoberfläche sparen, denn der Vibrator verdichtet den Beton und sorgt für eine absolut glatte Oberfläche. Achtung: es wird ein Stromanschluss oder ein Generator notwendig.

Allerdings, je unebener der Beton, um so mehr Arbeit müssen Sie in das Vermessen der Sturzeinsatzhöhe für die Türen stecken. Denn stellen Sie sich vor, das Sie Erhebungen von 5 cm haben.

Die Einsatzhöhe eines Türsturzes ergibt sich aus der Türhöhe und der Höhe des Fußbodenaufbaus. Z. B. 2 Meter Türhöhe und 14 cm Estrichaufbau inklusive Dämmung. Der Sturz müsste in einer Höhe von 2,15 m eingesetzt werden. Aber wenn der Beton nicht in einer Ebene liegt, und Sie legen an der tiefsten Stelle des Betons die Höhe des Sturzes fest, so ergibt sich an der höchsten Stelle des Betons nur noch eine Estrichdicke von kaum mehr als einem Zentimeter.
Die Estrichleger sind gezwungen überall mindestens eine Estrichdicke von ca. 6 cm einzubauen. Daraus ergibt sich wiederum, dass in den Betontälern der Estrich ca. 11 cm dick wird.
Außerdem macht jeder Zentimeter mehr Beton auf einer Fläche von 100 m² einen Kubikmeter aus. Es lohnt sich also einige Höhenmaße auf die Sauberkeitsschicht der Bodenplatte oder auf die Filigrandecke aufzusetzen an denen Sie die Dicke des Betons feststellen können.

Wenn Sie beim Betonieren erkennen, dass der letzte Betonwagen nicht mehr vollständig gefüllt sein muss, sagen Sie das dem Fahrer des vorletzten Fahrers. Er wird per Funk z. B. nur noch 3 Kubikmeter anfordern. Wenn Sie den Betonwagen mit kompletter Füllung also 5-6 Kubikmetern kommen lassen, werden Sie diesen Beton auch bezahlen müssen, selbst wenn Sie ihn nicht vollständig abnehmen.

Sollten Sie andere Betonteile gießen müssen, z. B. Fundamente für einen auf Stelzen stehenden Balkon oder das Garagenfundament, haben Sie jetzt noch ausreichend Platz mit der Betonbombe oder dem Pumpenrüssel zu hantieren. Ist die Erdgeschoßdecke erst gegossen, sind hinter dem Haus liegende Fundamentteile nicht mehr oder nur sehr schwer zu erreichen.

An einer Betonbombe, die per Kran immer wieder vom Betonwagen zu ihnen hingeschwenkt wird, ist ein Hebel, den Sie vorsichtig aufziehen müssen. Er öffnet eine Klappe am unteren Teil der Bombe und lässt den Beton ausfließen. Wenn Sie in der Nähe einer Schalung sind und den Hebel zu schnell aufziehen, kann der heraus fließende Beton die Schalung 'wegpusten'.

Die Betonpumpe schickt den kompletten Inhalt des Betonwagens in einem Rutsch durch den Rüssel. Wenn die Pumpe sehr schnell eingestellt ist, werden Sie allein kaum in der Lage sein, den Rüssel zu halten.

Außerdem zahlen Sie für die Betonpumpe meist einen Pauschalpreis, der mindestens so hoch ist, wie der des Krans mit der Bombe.

Und als weiteren Nachteil ist zu sagen, dass Sie meist vor Ort gereinigt wird und Ihnen vor ihrer Baustelle einen nur schwer zu entfernenden Betonkleks zurücklässt.

Zur Sicherheit sollten Sie eine Folie unter die Betonbombe legen. Beim Auffüllen der Bombe mit Beton, läuft schon einmal eine kleine Menge über. Beton ist ein 'Sauzeug', wenn man es im harten Zustand entfernen muss.

Einmessen und Legen der ersten Steinlage

Eckpunkte festlegen

Das Ausmessen der Eckpunkte sollte diesmal nicht so schwer sein, da Sie durch die Außenkanten ihrer Bodenplatte schon alle Maße festgelegt haben. Prüfen Sie dennoch durch Ausmessen der Diagonalen, ob Sie sich nicht vermessen haben. Eine Differenz von einem Zentimeter im Vergleich zum errechneten Wert können Sie tolerieren.
Auch Bauhandwerker tolerieren bis zu einem Prozent Abweichung.
Stellen Sie an jeden Eckpunkt einen Stein und schlagen Sie einen Nagel ein, spannen Sie Schnüre zwischen den Nägeln. Messen Sie die Abstände zwischen den Nägeln und verschieben Sie gegebenenfalls die Steine.
Messen Sie immer alle Maße noch einmal nach. Ein Fehler begleitet Sie nicht nur während der Bauzeit, sondern ein Leben lang: die Maße für Fliesen, Parkett, Holzdecken könnten falsch sein, die Möbel stehen nicht mehr rechtwinklig usw.
Wenn Sie nur die Außeneckpunkte festlegen, reicht das an dieser Stelle, denn die Innenwände können Sie später an der ersten Steinlage der Außenwand anzeichnen. Aber Achtung: das geht nur, wenn die Paletten mit den Steinen nicht im Weg stehen. Vielleicht wäre es doch besser, die komplette Vermessung der Wandpositionen vor der Lieferung der Steine zu machen!!

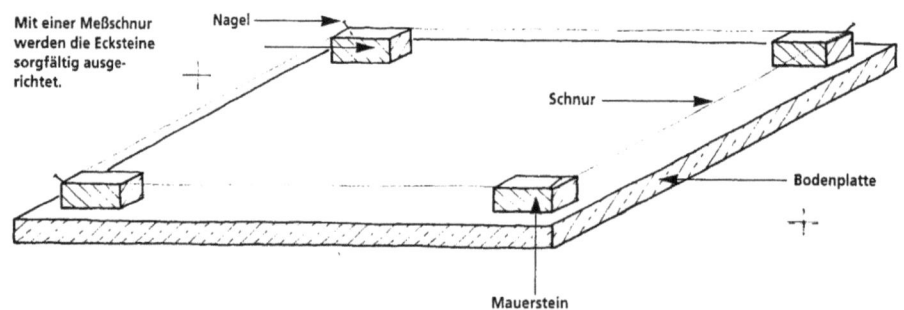

Höhen ausnivellieren

Die gespannten Schnüre, die über die Nägel laufen, werden mit der Schlauchwaage auf gleiche Höhe überprüft.
Bei Höhendifferenzen wird entweder die Schnur auf dem Nagel nach oben oder unten verschoben, oder die Steine, die tiefer liegen werden angehoben.
Die Höhen der Schnüre müssen so ausgerichtet sein, dass unter den Schnüren immer eine Steinhöhe und ca. 2 cm Speiß untergebracht werden können.
Denken Sie auch daran, dass die Innenwände ebenfalls in Speiß gelegt werden müssen. Es muss also auch eine ausreichende Höhe vorhanden sein, wenn Sie an den Stellen, wo später die Innenwände stehen, eine Schnur spannen. Das kann man in diesem Stadium prüfen, indem man mit zwei Helfern diagonal über die gespannten Schnüre eine weitere Schnur zieht und die dritte Person überall prüft, ob der Abstand zum Beton ausreicht.
Wenn nicht, wird die Schnur an allen Nägeln gleichmäßig nach oben verschoben.
Anderenfalls müssten Sie die Steine der Länge nach etwas flacher schneiden. Eine mühsame Arbeit.

Erste Steinlage in Mörtel setzen (Außenwände)

Nun kommt der schwierigste Teil für die Maurertätigkeit.
Bei Porenbeton gibt es nach der ersten Lage praktisch keine Möglichkeit mehr, etwas auszugleichen, da mit einem Kleberbett von ca. 1 mm Dicke gearbeitet wird.
Die erste Steinlage muss also absolut gerade liegen.
Legen Sie den ersten Stein in einer Steinlänge Abstand vom ersten Nagel in ein Mörtelbett. Der Eckstein wird als letzter gesetzt.
Der Mörtel gehört am besten zur sogenannten Mörtelgruppe 3. Das heißt, er ist sehr flexibel.

Es wird mit der Kelle oder dem Eimer eine überdimensionierte Menge

Speiß auf die Stelle gelegt, wo der Stein eingesetzt werden soll.
Man richtet den Stein nach der Schnur in Längsrichtung aus, legt die Wasserwaage auf und drückt den Stein langsam und vorsichtig bis fast auf Schnurhöhe herunter. Nun prüft man in Längs- und Querrichtung, wo noch nachzudrücken ist. Mit einem Gummihammer kann man jetzt langsam den Stein auf absolut waagerechte Lage herunterschlagen.

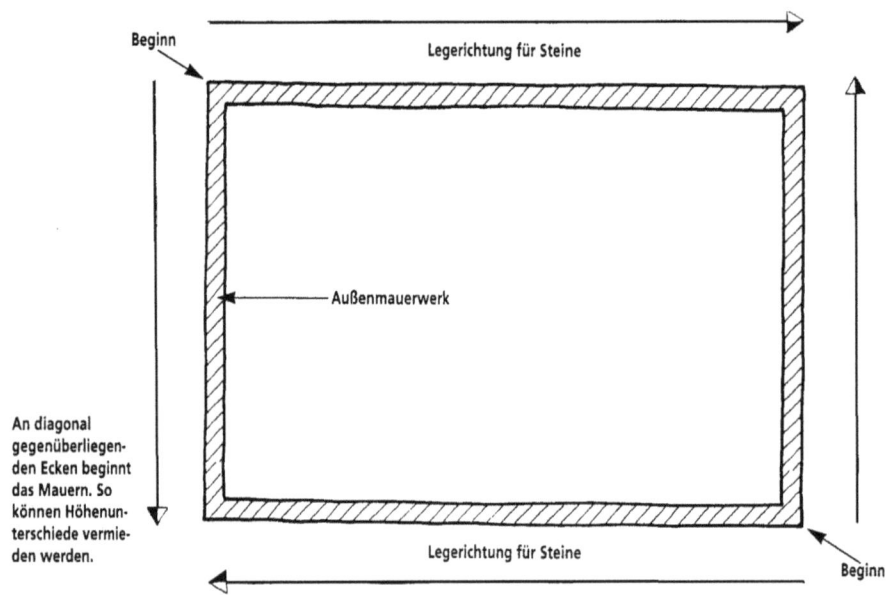

Man sollte mit dem Gummihammer nicht direkt auf den Stein, sondern besser auf ein Brett, das auf dem Stein liegt, schlagen.

Falls Sie an einem sehr warmen Tag arbeiten und der Beton ist trocken, feuchten Sie den Boden an der Stelle, an der die Wand stehen soll etwas an, damit die Feuchtigkeit nicht zu schnell aus dem Mörtel gesogen wird. Er könnte sonst schon vor seiner Abbindezeit ausgetrocknet sein.

Aus eigener Erfahrung muss ich Sie noch auf ein Problem aufmerksam machen. Wenn Sie an einer Stelle beginnen und von da aus einen Stein nach dem anderen ins Mörtelbett setzen, werden Sie trotz der Nutzung der Wasserwaage ein leichtes Gefälle oder eine Steigung erzeugen.

Daraus ergibt sich: wenn der 'Kreis' komplett geschlossen werden soll, haben die beiden letzten Steine eine unterschiedliche Höhe.
Um diesem Problem weitgehend aus dem Weg zu gehen, empfehle ich ihnen, dass Sie in zwei diagonal gegenüberliegenden Ecken beginnen und jeweils in beide Richtungen bis zur nächsten Ecke arbeiten.
So müsste der Fehler unsichtbar werden, wenn das Haus einigermaßen quadratisch ist.

Ich schlage vor, dass Sie sich Fertigmörtel kommen lassen. Er wird in 200 Liter Kübeln vor ihrem Haus abgestellt, hat eine Verarbeitungsdauer von ca. 36 Stunden und kostet pro Kubikmeter etwa 120 Euro. Allerdings müssen Sie auf die Mindermengenzuschläge achten, wenn Sie nur einen oder zwei Kübel bestellen. Evtl. mit Nachbarn gemeinsam bestellen.
Berechnen Sie die Gesamtfläche ihrer Wände und multiplizieren Sie sie mit der durchschnittlich benötigten Mörtelhöhe. Jetzt runden Sie das errechnete Volumen um ca. 100 Liter auf und bestellen entsprechend viele Kübel. Jede 100 Liter unterhalb eines Kubikmeters kosten rund 10 Euro Mindermengenzuschlag.
Also nachdenken, ob man den Mörtel nicht noch an anderer Stelle benötigt und somit mindestens einen Kubikmeter bestellen kann.
Sie benötigen für das Legen der ersten Steinlage einen bis zwei Tage. Man kann also die komplette Menge in einer Lieferung kommen lassen. Wenn es warm ist oder der Fertigmörtel über Nacht stehen soll, gießen Sie ein wenig Wasser darauf und decken den Kübel ab.
Vor dem nächsten Gebrauch wird er mit einer Schaufel oder einem Spaten etwas durchgerührt und kann weiter benutzt werden.

Der Mörtel wird mit Eimern auf die Bodenplatte getragen, wenn man die Schubkarre nicht verwenden kann. Hier werden sich die Schlauchstücke über den Eimerbügeln bewähren, die das Einschneiden in die Finger verhindern.

Abstechen überstehenden Mörtels

Sobald Sie einige Steine liegen haben, können Sie von den anderen Steinen den überstehenden Mörtel mit einer Kelle wegnehmen, so dass eine senkrechte Kante an den Steinrändern entsteht. Hohlräume werden mit Mörtel ausgefüllt, indem man ihn mit der Kelle hineinwirft.
Die abgestochenen Mörtelreste können Sie weiterverwenden, solange er noch flexibel ist.
Vergessen Sie das Abstechen nicht, denn sobald der Mörtel fest ist, kann er nur noch mit Mühen entfernt werden.
Sie werden fragen: Warum muss ich ihn abstechen, er verschwindet doch unter dem Estrich?
Das ist zwar korrekt, aber wenn Sie einen schwimmenden Estrich legen lassen wollen, wird zur Trennung des Estrichs von der Wand ein Schaumstoffband an die Wand gelegt. So werden Schallbrücken verhindert.
Ist die Kante unter dem Stein nicht gerade, kann das Schaumstoffband nur sehr schwer aufgestellt werden und die Schallbrücken sind nicht komplett zu vermeiden.

Ausbilden der runden Außenkante

An der Kelleraußenseite wird üblicherweise eine runde Kante ausgebildet. Man kann die Bitumen- oder Elefantenhaut-Abdichtung leichter auftragen, ohne in die eine oder andere Richtung in Sie hineinzustechen.
Man zieht am besten eine Bierflasche über den Speiß. Sie hinterlässt eine runde Kante.

Ausmessen und Verlegen der ersten Lage der Innenwände.

Sobald die Außenwandsteine im Mörtelbett liegen, können Sie die Innenwandpositionen direkt auf der Außenwand mit Bleistift und Nägeln

markieren.
Es werden wieder Schnüre in Richtung der Wände gezogen. Vermessen Sie wieder die Diagonalen. Ein Meßfehler würde Sie das ganze Leben lang begleiten. Und leider passiert er immer wieder. Da überall die Paletten mit Steinen herum stehen, ist das Vermessen der Diagonalen nicht ganz einfach. Daher doch lieber schon vor der Steinlieferung Meßpunkte anlegen.
Nun werden die Innenwände in Speiß verlegt.
Diesmal kommt eine zusätzliche Schwierigkeit auf Sie zu, denn Sie müssen die Türen vorsehen. Neben den Türen sollte mindestens ein Steinstück von 25 cm Länge liegen.
Die 1:50-Zeichnung sagt ihnen alle Maße.
Lassen Sie die Türöffnung lieber einen Zentimeter größer als zu klein, denn zu enge Türöffnungen müssen Sie später abschleifen oder abstemmen. Der Klebeschaum für die Türbefestigung hält auch auf einer Dicke von mehreren Zentimetern.

Errichten der Kellerwände, Außenanstrich mit Bitumen

Ausrichten der senkrechten Balken zum Anlegen der Richtschnur

Die Maurer stellen nach dem Ausmessen an den Eckpunkten Balken senkrecht auf. An diesen Balken befestigt man die Richtschnur. Sie werden senkrecht aufgestellt, indem das Balkenende am Boden befestigt wird und im rechten Winkel zwei schräggestellte Bretter den Rest des Balkens senkrecht halten. Am Boden werden mit Stahlnägeln einige kleine Holzbrettchen befestigt. An diesen Holzbrettchen kann man den Balken festnageln.

Ich bin allerdings der Meinung, dass diese senkrechten Balken beim Aufbau von Porenbetonwänden überflüssig sind.
Alle Ecksteine einer Steinlage müssen mit der Wasserwaage genau senkrecht aufgeklebt werden.
An der Kante der Ecksteine wird ein Nagel eingeschlagen und die Richtschnur befestigt. Auf diese Weise muss man maximal einige Millimeter Abweichung von der Senkrechten in Kauf nehmen, wenn man nicht ganz sorgfältig arbeitet, aber das für einen einzelnen Laien schwierige Aufstellen der Balken kann entfallen.

Hochziehen der Außen- und Innenmauern. (Berücksichtigen der Öffnungen für Versorgungsleitungen, Klinkerauflage)

Das Hochziehen der Porenbetonmauern macht richtig Spaß.
Es ist enorm, wie schnell die Wände schon bei kurzen Arbeitszeiten wachsen.
Vor jeder Steinlage müssen Sie mit dem Schleifbrett die Unebenheiten von den Wandoberseiten abschleifen. Sie entstehen durch unterschiedlich dick aufgetragenen Kleber, kleine Steinkrümel oder

maßliche Differenzen bei den Steinhöhen. Der Schleifstaub wird mit einem Handfeger entfernt.

Falls die Wand sehr trocken ist, gießen Sie mit einem Eimer etwas Wasser auf die Oberfläche, damit später der Kleber nicht 'verbrennt'.

Auf ein Problem möchte ich an dieser Stelle aufmerksam machen: Wenn sich zwischen zwei Steinen ein Höhenunterschied von nur einem Millimeter ergibt und Sie diesen nicht abschleifen, baut sich schon bei der nächsten Steinlage, die ja um eine halbe Steinlänge verschoben sein sollte, eine Abweichung von zwei Millimetern auf usw.
Die Verdoppelung ergibt sich aus einer einfachen Ableitung eines Strahlensatzes aus ihrem Geometrieunterricht:
(bei zwei nicht parallel verlaufenden Geraden erhöht sich der Abstand der beiden Geraden bei einer Verdoppelung der betrachteten Strecke um das Doppelte.)

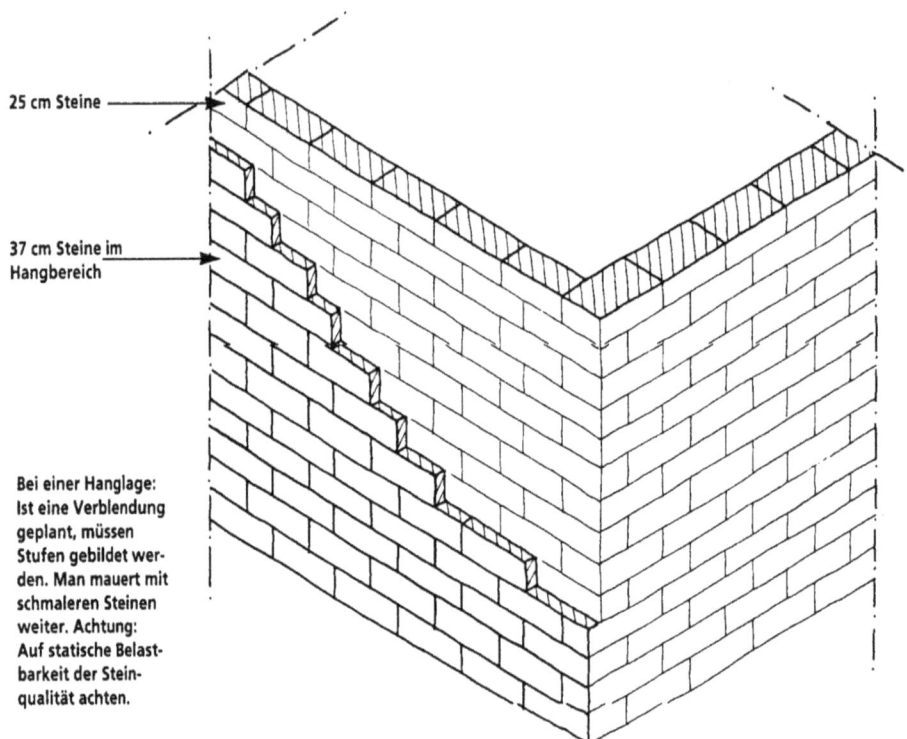

25 cm Steine

37 cm Steine im Hangbereich

Bei einer Hanglage: Ist eine Verblendung geplant, müssen Stufen gebildet werden. Man mauert mit schmaleren Steinen weiter. Achtung: Auf statische Belastbarkeit der Steinqualität achten.

Der Kleber wird in einem Eimer nach der Vorgabe des Herstellers mit dem Quirl vor der Bohrmaschine gemischt. Zuerst das Wasser, dann gleichmäßig den Kleber in den Eimer schütten. Es ergibt sich eine wässrige Klebemasse.

Der Kleber wird mit der Zahnkelle aufgetragen und gleichmäßig verteilt. Läuft an den Steinen seitlich Kleber herunter, kann man ihn mit dem Handschuh wegwischen oder mit der Kelle abziehen. So kann man auch die kleinen Schlitze zwischen den Steinen verschließen.

Die an warmen Tagen leicht angefeuchteten Steine werden von oben auf den Stein gesetzt und möglichst nicht zu viel hin und hergeschoben. Mit einem Gummihammer schlägt man von oben mehrfach auf den Stein, um ihm richtig festen Sitz zu geben.

Jede Steinreihe muss zur unteren Lage im Verbund gesetzt werden. Denken Sie an Lego-Steine. Sie bekommen nur Stabilität, wenn nicht zwei Steine genau übereinander liegen, sondern der obere Stein zwei darunter liegende Steine verbindet.

Liegt Ihr Haus an einem Hang und muss der Klinker bereits in die Kelleraußenwand eingebaut werden, müssen Sie eine Stufe auf den 37 cm dicken Kelleraußenwänden bilden, indem Sie irgendwann nur noch mit 25 cm dicken Steinen weiterarbeiten.
Sollten Sie mit schweren 37 cm dicken Steinen bauen, werden die Steine ab eine Höhe von 1,75 Metern nur noch sehr schwer aufzusetzen sein. Schneiden Sie die Steine lieber halb durch als dass Sie sich überanstrengen und das ganze Bauvorhaben in Gefahr kommt. Leider ist es so, dass man am Anfang seiner Bauarbeit die dicksten Steine im Keller verarbeiten muss.

Wenn Sie eine Wand hochziehen, vor die eine Verklinkerung gesetzt wird, müssen Sie die Luftschichtanker berücksichtigen. Da bei Porenbeton pro Quadratmeter ca. 6 Steine gesetzt werden (Abmessungen 25 x 62 cm) sollte in jeden Stein ein Luftschichtanker gesetzt werden. Luftschichtanker sind ca. 20-35 cm lange 4 Millimeter Dicke Edelstahldrähte, die später in den Mauermörtel des Klinkers gelegt wird. Die Drähte sind zu einem 'L' gebogen. Der kurze Teil kann mit einem Hammer ca. 5 cm vom Steinrand in den Stein hineingeschlagen. Evtl. bohrt man mit einem Akkuschrauber kleine Löcher in den Stein, so dass sich die L-Anker leichter einschlagen lassen.
Der Draht muss komplett unter der Steinoberkante liegen, sonst führt er zu Unebenheiten. Sobald der nächste Stein aufgelegt ist, biegen Sie ihn dicht an der Wand nach unten, damit sich niemand verletzen kann.

Achten Sie immer darauf, dass die Richtschnur in korrekter Position liegt. Sie kann z. B. durch abgestellte Gegenstände oder durch Einklemmen zwischen zwei Steinen verschoben werden. Auch der Wind kann die gerade Richtung verderben, wenn die Schnur nicht ausreichend fest gespannt ist.
Dennoch werden Sie insbesondere bei dünneren Mauern einen ärgerlichen Effekt erleben. Dadurch dass die Steine geringfügig von der Senkrechten abweichen, werden Sie feststellen, dass die Steine entweder nicht mehr vollständig auf der unteren Steinreihe stehen oder sich von

der Richtschnur wegbewegen.

In diesen Fällen hat natürlich das Einhalten der Senkrechten erste Priorität. Leichte Abweichungen zur darunter liegenden Steinlage werden ja vom Putzer verdeckt oder von außen durch die Verklinkerung unsichtbar.

Wenn Sie Steine zuschneiden müssen, brauchen Sie als erstes eine Unterlage, auf die die Steine zu legen sind. Das beste ist eine Palette mit Steinen, die Sie bis auf die passende Höhe abtragen.

Den Sägestaub müssen Sie immer wieder abkehren, damit der zu sägende Stein nicht rutscht.

Das sägen der Steine von Hand erfordert ca. 40 % ihrer Maurerzeit. Es gibt die Möglichkeit, sich eine Bandsäge für ca. 300 Euro für die Rohbauzeit zu mieten. Diese Bandsägen sind allerdings ein beliebtes Diebesgut…

Die Sägezeiten von Hand sind von der Festigkeit der Steine abhängig. Bei den festen Steinen müssen Sie mit einer Sägezeit für einen 25 cm dicken Stein von gut 5 Minuten rechnen. Bei einem weichen Stein ist es in weniger als einer Minute zu machen. Bei 36 cm dicken Steinen erhöht sich die Zeit natürlich entsprechend.

Man kann sich den Sägeaufwand auch mit der Handkreißsäge (mit Widia-Blatt) verkürzen. Das Sägeblatt wird kaum stumpf und hält bestimmt für die Rohbauzeit. Von allen vier Seiten wird der Stein eingesägt und der verbleibende Kern wird von Hand geschnitten.

Zu Anfang werden Sie die Steine noch nicht ganz senkrecht sägen können. In diesem Fall müssen Sie mit dem Schleifbrett nacharbeiten.

Die Reststücke des Steines sollten Sie sofort in der nächsten Steinlage verarbeiten. Man muss nur darauf achten, dass der Verbund der einzelnen Lagen nicht zu stark gestört wird.

Besonderes Augenmerk muss den Wandunterbrechungen für Türen oder Fenster gegeben werden. Je höher die Steinlagen steigen, um so leichter driften die getrennten Lagen auseinander. D.h. die linke Seite eines Fensters geht z. B. nach außen und die rechte nach innen. Dadurch können Fenster- und Rolloeinbau oder, wenn der Putzer keine senkrechten Innenwände herstellt, der Fliesenleger Schwierigkeiten bekommen.

Die Wasser- und Elektro-Versorgungs-Unternehmen geben dem Bauherrn meist Kunststoffrohre, die in die Außenwände einzusetzen sind.
Auch Gas-, Wasser- und Elektrorohre sollten berücksichtigt werden. Es ist leichter, die entsprechenden Schlitze vor dem Einbauen der Steine einzuschneiden, als Sie später auszustemmen.

Vor dem Einsatz des ersten Türsturzes sollten Sie die höchste Stelle im Betonboden suchen. Ein Regenguss zeigt deutlich, von wo das Wasser wegläuft... Von dieser Stelle aus messen Sie die Sturzeinsatzhöhe aus. Denn der Estrich muss ja überall seine Mindestdicke erreichen, um tragfähig zu sein.
Setzen Sie den Sturz lieber einen Zentimeter höher als zu tief ein.
Falls er zu tief ist, müssen Sie die Tür und die Zarge abschneiden, denn von einem Betonsturz kann man kaum etwas abschlagen.
Die Stürze werden alle mit der Schlauchwaage auf die gleiche Höhe gebracht.
Der Türsturz liegt auf beiden Seiten ca. 20-25 cm auf der Wand auf. Man schneidet ein entsprechendes Stück aus dem letzten Stein vor der Türöffnung aus und verklebt den Sturz mit Porenbetonkleber oder legt ihn in Speiß.
Um über dem Sturz normal weiterkleben zu können, muss man meist einen entsprechend zugeschnittenen Passstein aufsetzen, der wieder an der Oberkante der Steinlage liegt, in die der Sturz eingesetzt wurde.

Achten Sie unbedingt auf die Festigkeit der vom Statiker geforderten Steine.
Insbesondere an den Wangen breiter Fenster sind festere Steine erforderlich. Normalerweise sind diese Steine genauso zu verarbeiten wie die leichteren Qualitäten.
Ich habe allerdings die Erfahrung gemacht, dass es kleine Höhenunterschiede zwischen weichen und harten Steinen gab. Ich vermute, dass die Differenzen auf das unterschiedliche Schrumpfungsverhalten bei der Austrocknung zurückzuführen sind. Mit

einer etwas größeren Menge Kleber, der möglichst auch etwas zähflüssiger sein sollte, ist dieses Problem aus der Welt zu schaffen. Nichtsdestoweniger sollte man solche Mehrarbeit als Grund für eine Reklamation nutzen und einen Preisnachlass aushandeln.

Es kommt vor, dass sich im Stein kleine Kieselsteine befinden, die den Schneidedraht des Herstellers ablenkten. Der Stein ist dann etwas wellenförmig und nicht mehr passgenau. Legen Sie diese Steine zur Seite und verarbeiten Sie sie erst in der obersten Steinlage der Mauer. So können Sie am wenigsten Probleme schaffen.

Manchmal kleben mehrere Steine zusammen. Schlagen Sie seitlich mit dem Gummihammer gegen die Steine. Sie brechen üblicherweise an den ebenen Schnittflächen auseinander. Klappt das nicht, setzen Sie einen Spachtel oder ein Beil in die Schnittlinie und schlagen mit einem Hammer drauf.
Hilft auch das nicht, stellen Sie den Stein zur Seite und reklamieren Sie ihn sofort bei ihrem Baustoffhändler. Er wird Ersatz liefern. Der verklebte Stein bleibt meist auf ihrer Baustelle und kann später doch noch irgendwo verwendet werden.

Sind Teile von Steinen abgebrochen, sollten Sie die Bruchstellen nicht abschneiden, sondern an Stellen verarbeiten, die später verputzt werden, oder an solche Stellen verlagern, die hinter dem Klinker verschwinden. Natürlich muss man an die Dämmung denken. Man sollte keinen Stein benutzen, der an bestimmten Stellen nur noch wenige cm dick ist und an einer Außenwand eine Kältebrücke schafft.

Da Sie die Steine mit dem Hubwagen genau in den Raum gebracht haben, an dessen Wänden Sie sie verarbeiten, werden nach und nach alle Kunststoffverpackungen aufgeschnitten sein und alle Paletten werden benutzt.
Laufen Sie keinen Schritt mehr als nötig. Die Zeitersparnis ist enorm.

Die Paletten werden vom Lieferanten wieder abgeholt. Sonst ist Pfand zu bezahlen. Legen Sie immer zwei Paletten versetzt mit ihrem Rücken zusammen. So nehmen Sie den geringsten Platz weg. Die Paletten können gut als Arbeitsebene benutzt werden, wenn man die Stürze auflegen will oder wenn man vor der Herstellung der Treppe in die nächste Ebene klettern will.

Übrigens, wenn Sie die Paletten mit den Steinen angeliefert bekommen und es wird der Hubwagen zum rangieren gestellt, benötigen Sie einige Balken oder Steinreste. Die Palettenhöhe beträgt ca. 7 cm, während der Hubwagen ca. 10 cm benötigt, um herausfahren zu können. Sie müssen die Paletten also quer auf den Hubwagen stellen und Sie auf 10 cm dicke Balken abstellen, um den Wagen absenken und wieder wegfahren zu können.

Falls der Lieferant nicht alle Paletten in einer Lieferung mitbringt, Sie aber schon mit den Mauerarbeiten beginnen, lassen Sie sich in einer Wand eine Öffnung von mindestens einem Meter, damit Sie die Paletten noch dahin fahren können, wo Sie gebraucht werden. Anderenfalls tragen Sie die Steine durch ihren Rohbau.

Neuerdings sind die Paletten doch so gebaut, dass man den Hubwagen herausfahren kann. Also sollte man kurz mit dem Lieferanten sprechen, damit es bei der Abladung nicht zu Schwierigkeiten kommt.

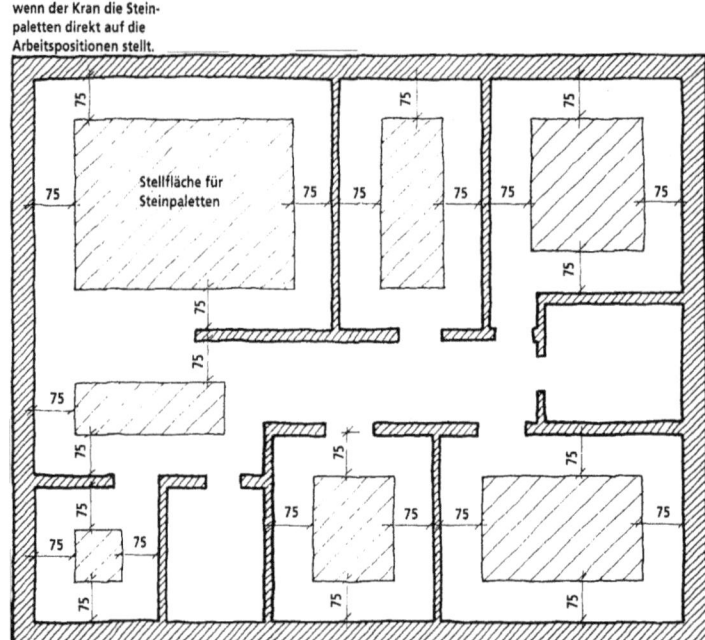

Vorgesehene Mauerhöhe mit Mörtel oder Passsteinen ausgleichen

Bei der letzten Steinreihe werden Sie überlegen, wie Sie die vorgesehene Rohbauhöhe der entsprechenden Etage erreichen können.
Man könnte die letzte Steinlage z. B. komplett der Länge nach durchschneiden, so dass genau die Höhe erreicht wird, die geplant war.
Die abgeschnittenen Stücke kann man als erste Steinlage für das nächste Geschoss verwenden oder die Reststücke werden als normale Mauersteine für eine andere Wand benutzt.
Wenn Sie z. B. eine 25 cm dicke Wand nur noch 15 cm erhöhen müssen, bleibt ein 10 cm dickes Stück Stein übrig. Wenn man dieses Stück senkrecht stellt, hat man einen Stein für eine 10 cm dicke Wand.

Oder man kann es für die Deckenschalung aus Porenbeton benutzen.
Oder man kann sich einen Sims im Bad bauen oder in der Waschküche einen Sims für die Waschmaschine, damit sich die Hausfrau nicht so tief bücken muss. Die Reststücke sind fast vollständig aufzubrauchen, wenn man sich nur Gedanken macht.

Eine andere Alternative ist, sich Steine zu bestellen, die einigermaßen passen. Porenbetonsteine kann man in Dickenstufen von 2,5 cm bekommen. Wenn Sie also zum Erreichen der gewünschten Rohbauhöhe noch 7 cm benötigen, so bestellen Sie 7,5 cm dicke Steine und legen Sie flach auf.

Eine weitere Alternative ist das Verschalen in Rohbau-Mauerhöhe und Auffüllen mit Beton oder Speiß. Diese Arbeit ist aber sehr aufwendig und, wenn man das Schalholz nicht vorliegen hat, auch teuer.

Es wird niemand später in Ihr Haus kommen und prüfen, ob Sie die geplante Raumhöhe auch genau eingehalten haben. Eine niedrigere Decke spart Bau- und Energiekosten!

Bitumenanstrich von außen aufbringen

Parallel zum Hochziehen der Außenwände kann der Bitumenanstrich oder die sogenannte Elefantenhaut aufgetragen werden.
Bitumen wird mit dem Quast aufgestrichen. Bei den porösen Porenbetonsteinen sollte man zur Sicherheit noch einen zweiten Anstrich auftragen.

Wenn Sie in einem feuchten Gebiet bauen, wo vielleicht viel Wasser auf ihren Baukörper zufließt, sollten Sie besser zu einem Zweikomponentenanstrich greifen.
Es wird ein faseriges Material mit dem Quirl in die teerartige Maße eingerührt. Der Quirl muss ca. 10 cm Durchmesser haben. Mit einem kleineren Quirl wird die Konsistenz nicht gleichmäßig genug. Mit einer Kelle oder einem Glätter wird die klebrige Maße ca. 5 mm dick auf die

Außenwand aufgetragen.
Die Elefantenhaut kostet ein Vielfaches des einfachen Bitumenanstrichs. Sie hat aber den Vorteil, dass Sie sich bei entstehenden Haarrissen ausdehnt und dicht bleibt.
Bevor Sie vielleicht später unter ungünstigen Verhältnissen graben oder z. B. eine Terrasse aufreißen müssen, setzen Sie lieber einen teureren Anstrich ein.

Der schwarze Schutzanstrich kann gut von einer Frau aufgebracht werden. Es sollten Kleidungsstücke benutzt werden, die nachher nicht mehr benötigt werden.
Sobald der Anstrich getrocknet ist, kann mit dem Auffüllen der Grube begonnen werden.
Es gibt allerdings einiges zu beachten: werfen Sie dicke Steinbrocken nur sehr vorsichtig neben die Wand. Treffen Sie die Außenhülle der Wand, wird die Abdichtung verletzt.
Bei größeren Brocken, die Sie in der Baugrube verschwinden lassen wollen, müssen Sie auf das Vermeiden von Hohlräumen achten.
Ansonsten sacken Sand oder feine Erde durch die Regeneinwirkung langsam nach und bilden z. B. in ihrem Hauszugangspflaster oder der Terrassen Vertiefungen.
Denken Sie auch an die Anschlussarbeiten für Wasser, Abwasser, Telefon, Strom und Gas. Möglicherweise heben Sie genau diese Stellen später wieder aus.
An den Stellen, wo Öffnungen im Mauerwerk sind, z. B. für Anschlüsse oder an den Kellerfenstern dringen gerne große Mengen Wasser in den Keller ein, wenn es einmal heftig regnet. Also sollten Sie auf keinen Fall auch noch Gefälle im Bereich der Baustelle auf diese tiefliegenden Flächen hin haben.
Wenn Sie das Material in die Grube werfen, sollten Sie versuchen es gleichzeitig zu verfestigen, indem Sie darauf herum stampfen oder viel Wasser auf das frisch geschüttete Material laufen lassen. Die Verfestigung sollte stattfinden, sobald ca. 30 cm Füllmaterial nachgeschüttet sind.

Errichten des ersten Schornsteinabschnitts

Fußstein setzen

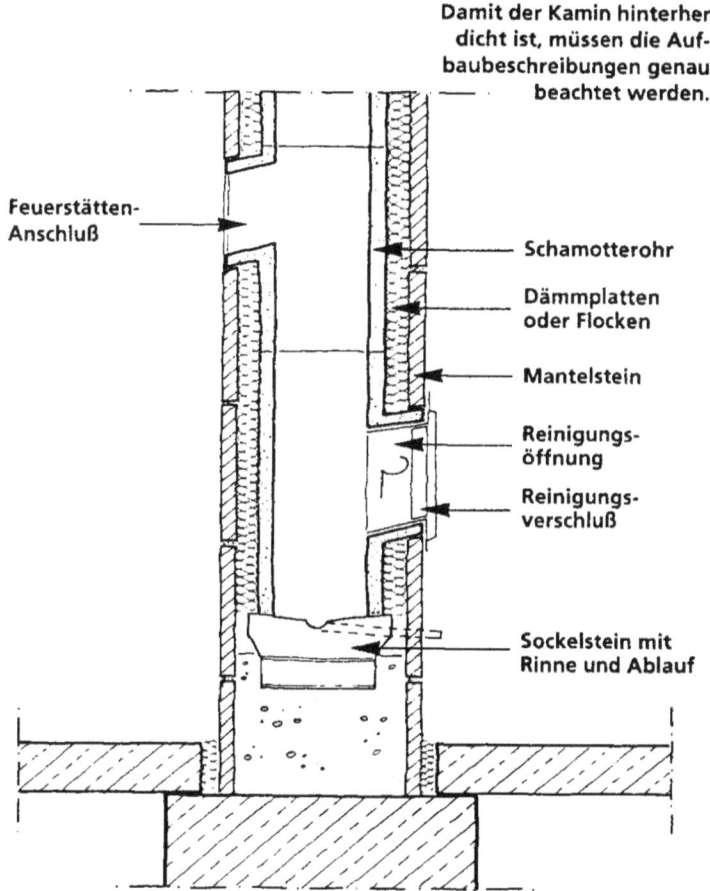

Der Schornstein besteht aus dem außenliegenden Formstein, der Dämmung und dem innenliegenden Rauchrohr, das aus einem hitze- und säurebeständigen Schamottematerial besteht. Die Formsteine werden mit Speiß vermauert. Die Dämmung kann in Form von Matten oder Flocken

eingebracht werden.
Das Innenrohr wird in einen säurefesten Kitt gesetzt.

Jedem Kaminsystem liegen detaillierte Aufbaubeschreibungen bei.

Der Fußstein wird waagerecht in Speis auf den Betonboden gesetzt. Er bekommt ein Loch, durch das ein Schlauch nach außen geführt werden kann. Dieser Schlauch soll Flüssigkeiten, die sich bei manchen Brennstoffarten absetzen, abführen helfen.
Der Schlauch ist mit einem Schamotte-Stein verbunden der als erstes auf den mit Beton gefüllten Formstein gesetzt wird. Er wird ebenfalls in Speiß gesetzt. Der erste Stein ist deshalb mit Beton gefüllt, weil der Schornsteinfeger von oben die Kugel herunterfallen lässt und weil man die Aschreste aus dem Schornstein besser aus der Säuberungsöffnung heraus bekommt.
Nun folgt der nächste Formstein.
Beachten Sie von vornherein, dass Sie die Formsteine sehr gut in der Senkrechten halten. Der Schornsteinfeger sieht es nicht gern, wenn er schräg verläuft und Undichtigkeiten müssen aufwendig von innen verschlossen werden.

Innenrohr setzen (Säurekitt)

Die Innenrohre sind meist ca. 33-50 cm lang. Sie sind recht schwer. Es gibt speziell für den Rauchrohranschluß oder für die Reinigungsklappe vorgeformte Steine.
Bevor Sie den ersten Rauchrohrabschnitt einsetzen können, müssen Sie den Säurekitt anmischen. Hier werden Sie eine Überraschung erleben.
Auf der Beschreibung steht das Verhältnis von Säurekitt zu Wasser.
Man hat das Gefühl, dieser trockene Brei ist nicht zum Vermauern und Abdichten der Innenrohre zu gebrauchen. Aber ganz plötzlich wird das Gemisch zu einer fast wassergleichen Masse.
Mit einer Kelle oder besser mit einem alten Löffel füllen Sie Nut und Feder der Rauchrohrteile satt aus. Seien Sie nicht zu sparsam. Der mitgelieferte Eimer Säurekitt ist überreichlich.

Nun setzen Sie den ersten Innenrohrabschnitt auf den Fußstein.
Wenn er schon einigermaßen fest sitzt, sollte man nicht mehr daran herumwackeln, da sonst die dichte Verbindung zerstört wird.
Bei der Abnahmeüberprüfung ihres Schornsteines wird der Bezirksschornsteinfeger, mit dem Sie übrigens den Querschnitt passend zur Heizungsanlage abgesprochen haben sollten, ein Feuer anzünden und den Schornstein von oben schließen. Wenn jetzt Undichtigkeiten auftreten, qualmt es aus allen undichten Stellen in Ihren ungeputzten Rohbau hinein.
In diesem Falle müsste der Schornsteinfeger von oben eine Kette in den Schornstein hineinlassen. Unten wird ein glockenförmiger Schwamm befestigt und z. B. durch den Rauchrohranschluß eine Menge Säurekitt auf den Schwamm gegeben. Wenn er nach oben gezogen wird, werden die undichten Verbindungsstellen verschlossen.
Diese Aktion muss evtl. mehrfach wiederholt werden. Sie kostet natürlich Geld. Also sparen Sie sich durch sorgfältiges Arbeiten diese Mehrkosten. Gehen Sie lieber während des Aufbaus von innen noch einmal mit einem Schwamm und etwas Säurekitt an den Nahtstellen entlang.

Dämmungsmaterial einbringen

Es gibt zwei Dämmungsmaterialien. Sie werden zwischen Formstein und Rauchrohr eingebracht. Die erste Möglichkeit ist die Glas- oder Steinwollmatte.
Je Rauchrohrabschnitt werden vier auf Gehrung geschnittene Mattenteile eingesetzt. Leider hört sich das nur einfach an; in der Praxis stellt es sich anders dar. Der Formstein besteht aus grobem und rauhem Beton.
Die Mattenteile sind meist viel zu dick. Man kann Sie kaum nachträglich einschieben, ohne das Rauchrohr zu verrücken.
Ich habe mir geholfen, indem ich die Matten auseinander gerissen habe, so dass Sie nur noch halb so dick waren; dennoch war das Arbeiten immer Fummelskram. Bei neuen Schornsteinen gibt es Dämmmatten, die innen eingeschnitten sind, so dass man Sie doch recht gut um das Schamotterohr legen kann. Außerdem sind Sie von außen geglättet, so

dass Sie besser durch den rauen Formstein zu schieben sind.

Bei einem Nachbarn habe ich gesehen, wie mit einer flockigen Dämmungsmaße die Arbeit vor sich ging. Man braucht diese Flocken nur zwischen Formstein und Innenrohr zu füllen und ganz leicht anzudrücken. Diese Form der Dämmung schien sehr viel einfacher verarbeitbar zu sein.

Höhen für Anschlüsse berücksichtigen

Ganz unten wird ein vorgefertigtes Innenrohrelement eingesetzt, in das später die Reinigungsklappe eingesetzt wird.
Dafür muss der äußere Formstein seitlich aufgeschnitten werden. Mit einer Trennmaschine mit 178-mm-Scheiben sind die Schnitte schnell gemacht.
Richten Sie sich bei der Öffnung nach dem Innenrohr-Element und nach der Befestigung der Reinigungsklappe. Sie wird später mit etwas Speiß eingesetzt.

Das nächste besondere Element ist der Rauchrohranschluß. Ich habe die Erfahrung gemacht, dass er in der Schornsteinbeschreibung zu tief vorgesehen war. Als der Heizofen stand und das Rauchrohr aus Blech angesetzt wurde, zeigte sich, dass das Blechrohr keine Steigung sondern ein Gefälle aufwies und das ist nicht erlaubt.
Also setzen Sie das Anschlußstück für das Rauchrohr lieber um ein Element nach oben, dann haben Sie diese Probleme nicht.
Berücksichtigen Sie die Höhe des Estrichs und des Ofens.

Sollten Sie einen Formstein verarbeiten, der einen zusätzlichen Kanal für die Heizraumbe- oder -entlüftung besitzt, achten Sie auf Dichtigkeit zwischen den einzelnen Zügen.

Fragen Sie ihren Baustofflieferanten auch nach einem Formstein für die Zugbegrenzungsklappe, falls eine solche in ihrer Heizanlage vorgesehen ist.

Der erste Schornsteinabschnitt wird bis ca. 30 cm über ihre Kellergeschoßdecke geführt, so dass beim Gießen des Betons nichts in den Schornstein hinein läuft, sollten Sie ihn mit einem aufgelegten Brett abdichten.

Vorbereiten der Treppe zum Erdgeschoß

Höhe der ersten Stufe errechnen, Stufenhöhe festlegen, Position aufzeichnen, Einschalen und Eisen einlegen

Das Einschalen einer zu gießenden Betontreppe ist nicht ganz einfach.
Als erstes müssen Sie die Höhendifferenz zwischen dem späteren fertigen Kellerboden und dem fertigen Erdgeschoßboden ausmessen.
Er muss ja nicht mehr mit ihrer Bauzeichnung übereinstimmen, da Sie vielleicht mit einem Steinmaß ausgeglichen haben, das nicht ganz vorgesehen war.
Nun teilen Sie die Differenz durch 18,6 cm. Wahrscheinlich wird eine Zahl um 14 herauskommen. Aber benutzen Sie die nächsthöhere ganze Zahl, damit das spätere Stufenhöhenmaß nicht mehr als 18,6 cm ausmacht. Es sei denn es handelt sich nur um wenige Millimeter.

Nun können Sie die spätere obere Fertigebene der einzelnen Stufen auf ihre Wände auftragen. Je nach Belag müssen Sie im Rohbau natürlich unter diesem Maß bleiben. Bei Marmor z. B 7 bis 10 cm.
Bei Fliesen 4 cm, damit die Fliesen unterfüttert werden können.

Nun soll eine Stufentiefe ca. 27 cm betragen. Der Meßpunkt ist aber nicht an der Außen- oder Innenseite der Stufe, sondern die mittlere Lauflinie. Dies gilt natürlich insbesondere bei gewendelten Stufen.
Bei parallelen, geraden Stufen kann man natürlich messen wo man will.

Zeichnen Sie sich nun am besten die Aufsicht der Treppe auf ein Blatt Papier. Versuchen Sie die Stufen möglichst gleichmäßig auf den gesamten Lauf zu verteilen. Nach dieser Schablone könnten Sie nun die

Stufen einschalen. Die Maße werden auf die Wand gezeichnet und die entsprechenden Schalbretter befestigt.

Wenn Sie sich beim Entwurf der Treppe nicht ganz sicher sind, bitten Sie ihren Architekten oder Statiker um Hilfe. Die Fachleute haben sicher schon ähnliche Stufenanlagen gezeichnet und könnten Ihnen eine Kopie geben.

Ein Laie stellt sich vor, dass auch die Trittfläche einer Stufe eingeschalt werden muss. Das ist nicht der Fall. Der Beton wird in so trockener Konsistenz vergossen, dass er nicht von oben bis unten durchläuft.
Sie müssen also nur die vordere Sichtkante mit einem Brett einzuschalen. Die untere Kante des senkrechten Schalbrettes hat keine Verbindung zur unteren Treppenschalung, denn dazwischen liegt ja die Bewehrung.
Der Statiker sagt ihnen, wie dick die Treppe sein muss und wo Sie Eisen einlegen müssen und wo besondere Aussparungen in der Wand vorgenommen werden müssen, damit die Treppe teilweise auf der Wand aufliegt.
Durch eingelegte Eisen wird eine Verbindung zwischen Decke und Treppe hergestellt.
Die untere Treppenansicht wird später verputzt. Sie muss also nicht völlig eben und glatt sein. Es können auch kleine Kanten zwischen den speziell zugeschnittenen Schalflächen entstehen.
Die untere Schalung muss von unten und in der Schräge gut abgestützt werden, damit Sie nicht verrutscht, wenn der Beton eingebracht wird. Hier werden immerhin ein paar Tonnen Material aufgetragen.

Versuchen Sie, sich eine Treppenschalung auf einer anderen Baustelle anzusehen, oder bitten Sie einen Fachmann um Hilfe.
Natürlich wird die Treppenschalung sehr viel einfacher, wenn Sie schon während der Planungszeit eine möglichst gerade und wenig gewendelte Stufenanlage vorgesehen haben.

Viel einfacher ist für einen Laien das System der Treppenstürze. Diese Stürze werden z. B. von Porenbetonherstellern angeboten.

In der Schablone können Sie lesen, an welche Positionen die Stürze in die Wand gesetzt werden. Sie werden ganz normal wie die Steine verklebt. Der Preis pro Treppenlauf liegt bei ca. 1300 Euro.

Ich meine, man sollte sogar mit dem Statiker gemeinsam eine noch preisgünstigere Lösung erarbeiten können:
Wenn man sich entsprechend lange Spannbetonstürze nimmt, Sie an die entsprechenden Positionen setzt, evtl. einen zweiten Sturz aufmauert, um die entsprechende Höhe zu erreichen, dann sollten die statischen Werte problemlos erreichbar sein. Man müsste mit weniger als 50 Euro je Stufe auskommen können. Vorne an der sichtbaren Seite der Stufe liegen 2 Stürze übereinander und dahinter müsste einer als Trittfläche ausreichen.

Vorbereiten der ersten Decke durch Stützen und Einschalen

Stützen aufstellen

Ich gehe davon aus, dass eine Filigrandecke erstellt werden soll.
Dennoch sind viele der Einzelaktivitäten auch für die anderen Deckensysteme erforderlich.
Während Sie die Steine für die Wände bestellen, sollten Sie mit ihrem Baustoffhändler, der ihnen hoffentlich die Stützen kostenlos bereitstellt, über den Termin sprechen, an dem Sie die Stützen brauchen.
Gehen Sie von etwa 2 Wochen aus, bis Sie die Wände stehen haben, wenn Sie pro Woche rund 25 Stunden am Bau arbeiten. Die Stützen werden wahrscheinlich auf einer Palette angeliefert. Wenn möglich sollte Sie schon auf der Bodenplatte aufgesetzt werden.
Sie verteilen die Stützen auf ihre Räume.
Auf der Zeichnung des Deckenelemente-Lieferanten steht, wo die einzelnen Flächen abzustützen sind. So können Sie errechnen, wie viele Stützen in jedem Raum stehen.
Gleichzeitig stellen Sie auch die Kanthölzer (8 x 10 cm) in die Räume. Sie müssen Sie so verteilen, dass Sie möglichst genau der Länge der Räume entsprechen.
Nun würden die Stützen ja umfallen, wenn Sie die Balken auflegen. Dagegen schützen Sie sich, indem Sie alle 1,5 Meter einen langen Nagel schräg in die Wand schlagen. An diesem Nagel befestigen Sie ein Stück Schnur oder Draht. Daran wird die Stütze angebunden und gegen das Umfallen gesichert. Die innerhalb des Raumes stehenden Stützen werden anders gesichert.
Sie können nun auf die Stützen, die an den Außenwänden stehen, Balken auflegen. Wenn der Balken mit seinen Kopfseiten an die Wände stößt, haben Sie die Möglichkeit eine weitere Sicherung gegen das Umfallen einzusetzen. Nageln Sie ein Stück Holz an die Wand. Und zwar direkt neben den Balken. So kann er seitlich nicht mehr weg.
Die Eisenstützen haben in den Auflageflächen, auf die die Hölzer gelegt

werden Löcher. Wenn Sie wollen, können Sie von unten noch einen kleinen Nagel in den Balken schlagen und krumm hauen, damit der Balken von der Stütze nicht weg kann.

Stellen Sie die äußeren Stützen ein wenig schräg, so dass die Kopfseiten in den Raum hinein zeigen, so haben Sie etwas mehr seitliche Stabilität, wenn die Filigrandecke aufgelegt wird.

Nun können Sie die inneren Stützen aufstellen und die Balken auflegen. Hierbei ist eine zweite Person sehr hilfreich.
Sobald die Stützen stehen und die Balken aufliegen, können Sie zwei nebeneinander liegende Balkenreihen mit Dachlatten leicht verbinden.
So fällt auch die innere Stützenreihe nicht mehr um. Wenn Sie die Dachlatten an die Wände anstoßen lassen, ist jede Bewegung der Stützen unterbunden.

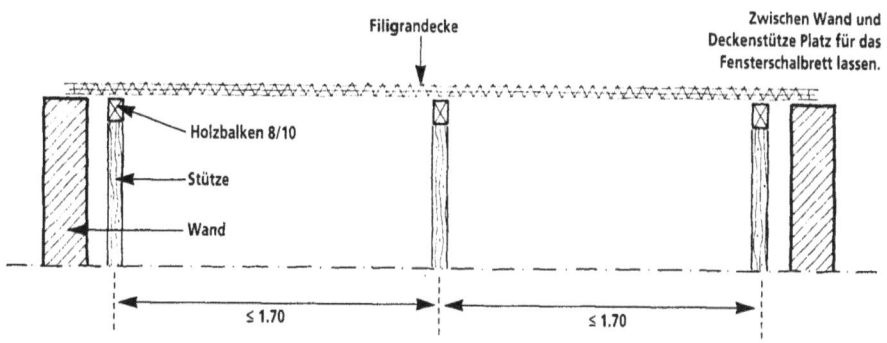

Die Balken müssen nicht komplett in Raumlänge vorliegen. Sie können auch mehrere Balkenstücke z. B. durch Dachlatten in Längsrichtung miteinander verbinden. Wichtig ist nur, dass die Stütze unter einem Balken liegt und damit die Last der Decke gut aufnehmen kann.

Sollten Sie nicht ausreichend viele Stützen haben, können Sie sich helfen, indem Sie z. B. einige Steine aufeinander legen und darauf ein Stück Holz als Stütze stellen. Je größer die Auflagefläche ist, um so geringer ist natürlich das Risiko, dass der Stein platzen könnte; also ein Brett auf den Stein legen.

Noch ein Tipp. Wenn Sie die schraubbaren Stützen bekommen, sollten Sie sie vor dem Aufstellen mit etwas Öl gängig machen.
Denn beim Ausrichten der Höhen gibt es sonst Schwierigkeiten.

Schraubbare Stützen werden erst grob in der Höhe eingestellt, indem das obere Rohr durch einen quer einzuschiebenden Bolzen arretiert wird.
Der Bolzen fehlt manchmal. Schneiden Sie sich aus einem Stück Baustahl ein Stück heraus und setzen Sie es ein. Oder benutzen Sie eine entsprechende Schraube oder ein Stück von einer Gewindestange.

Querbalken auf korrekte Höhen ausrichten

Wenn alle Stützen mit aufgelegten Balken versehen sind, müssen Sie in der Höhe ausgerichtet werden.
Steigen Sie auf eine Leiter und schauen flach in Querrichtung über die Balken hinweg. Sie sollen in eine Ebene mit den Wandoberkanten gebracht werden. Wenn Sie nun einer zweiten Person sagen können, welche Stütze hoch oder runter geschraubt werden soll, ersparen Sie sich viel Lauferei.
Aber natürlich können Sie diese Arbeit auch allein durchführen.

Wollen Sie es noch leichter haben, schlagen Sie Nägel in zwei gegenüberliegende Wände ein, verbinden Sie sie mit einer Schnur, spannen Sie die Schnur und richten danach die Balkenhöhen aus.

Markieren der Plattenpositionen auf den Wänden

Bevor die Deckenelemente geliefert werden, sollten Sie sich die Mühe machen, ihre Positionen anhand der vorliegenden Zeichnung auf den Wänden zu markieren.
Jedes Plattenelement ist mit einer Positionsnummer versehen. Auf ihrer Zeichnung sind die entsprechenden Positionen eingezeichnet.
Die Abmessungen der Elemente sind vorgegeben.

Da Sie wissen, wie weit die Elemente auf den Wänden aufliegen sollen, können Sie nun mit einem Bleistift die Stellen einzeichnen, wo sich zwei Platten berühren sollen.

Normalerweise ist diese Arbeit in kürzester Zeit getan.

Problematisch wird es erst, wenn Sie die Maße der Raumgrößen nicht eingehalten haben.

Dadurch kann es vorkommen, dass eine Platte an einer Seite in der Luft steht und nicht mit der Wand in Berührung kommt. Grundsätzlich ist dies kein Problem, denn Sie können ohne weiteres später ein Brett unter den Schlitz setzen, so dass die Schalung wieder komplett ist.

Außerdem müssen Sie später beim Auflegen der Eisen darauf achten, dass die sogenannten Zulageeisen in ausreichender Länge geliefert werden. Diese Zulageeisen sollen sicherstellen, dass die Decke über den Wänden nicht abreißen kann und die einzelnen Deckenplatten gut miteinander verbunden sind. Sie müssen also über die Wände ragen. Die Zulageeisen werden direkt auf die Filigrandecke aufgelegt und später mit dem Beton, der auch die Oberbewehrung aufnimmt, vergossen. Besprechen Sie ein solches Problem mit dem Statiker und dem Lieferanten der Deckenelemente.

Die Lieferanten der Filigrandecke erhalten übrigens vor der Fertigung von ihnen eine Statikzeichnung, damit Sie die nötigen Eisen einlegen können. Meist werden die Matten in einfache Stahlstäbe mit denselben Tragfähigkeitswerten umgesetzt.

Wenn Sie das System verstanden haben, sollten Sie diese Zulageeisen aus dem Lieferumfang des Deckenlieferanten herausnehmen. Der Preis je Kilo Eisen ist aus meiner Erfahrung unverschämt hoch. Bestellen Sie es besser bei ihrem Baustoffhändler.

Plattendecke auflegen

Sie benötigen einen Kran mit ausreichender Reichweite und Tragkraft. Die Platten wiegen je Quadratmeter ca. 110 kg. Die Tragfähigkeit des Krans muss bei den vorgesehenen Plattengrößen also auch ausreichen.

Für das Auflegen der Platten benötigen Sie 3 Helfer.

Zwei Mann stehen auf dem LKW, der die Platten anliefert.

Zwei Mann stehen auf den Wänden oder Platten, um die nächsten Platten so zu positionieren, dass Sie die eingezeichneten Stellen genau treffen.

Die Platten haben an ihrer Oberseite Halterungen aus Draht, die übrigens gleichzeitig die A-Böcke für die Oberbewehrung darstellen, an denen der Kran Sie mithilfe von Haken halten kann. Der Kranfahrer muss vier Haken an Ketten mitbringen. Achten Sie genau auf die Zeichnung und die Platten. Manche Platten müssen genau in einer bestimmten Richtung des Hauses verlegt werden. Also nicht um 180 Grad verdreht!

Die zwei Helfer auf dem LKW befestigen also die Haken an den Drahtstegen, rufen ihnen die Positionsnummer zu, so dass Sie schon auf der richtigen Mauer oder im richtigen Raum auf einer Leiter oder Palette stehen und der Kran schwenkt nun langsam die Platte zu Ihnen hinüber.

Da der Kranfahrer nur flach über der Auflagefläche der Element sitzt, kann er die Entfernung nur schlecht abschätzen. Sie müssen ihm also Zeichen geben, wie weit er noch nach vorn oder nach hinten fahren muss.

Wen Sie auf der Wand stehen, bereiten Sie sich darauf vor, dass Sie auf das schwebende Plattenelement springen müssen, wenn der Kranfahrer es zu weit nach vorn fährt und es Sie von der Decke zu werfen droht. Aber Achtung: je weiter der Kran seinen Arm bereits ausgefahren hat, um so stärker wirkt Ihr Gewicht und kann den Kran heftig ins Wanken bringen.

Er muss die Deckenplatte langsam herunterlassen. Sie drehen und schieben Sie schon weitgehend in die richtige Position. Mit einem Nicken geben Sie dem Kranführer ein Zeichen, dass er die Platte nun langsam auf die Wand und die Stützen auflegen kann.

Sie können dieses Plattenelement nun schon als Standfläche benutzen, um sich nicht nur auf den schmalen Wänden bewegen zu müssen.

Falls Sie Doppel-T-Träger einzubauen haben, müssen diese schon vorgebohrt und evtl. verschraubt sein. Die Bohrung wird später benutzt, um ein Eisen einzuschieben, das dem Träger Halt in der Betondecke verschafft. Voraussetzung ist, dass der Träger im Randbereich der Decke

liegt.
Der Kran nimmt den Träger diagonal mit zwei Haken und legt ihn auf die vorgesehene Wand.
Bleiben Sie immer außer Reichweite, wenn einmal ein Teil abrutschen sollte, so dass es Ihnen nicht auf die Füße fallen oder Sie gar erschlagen kann.

An den Längsenden der Plattenelemente stehen Eisen hervor. Diese Eisen müssen über den Wänden liegen. Sie verhindern, dass die Decke abreißen kann. Denn Beton allein hält ja keine Zugspannungen aus. Und gerade an den Wandanschlüssen entstehen diese Spannungen.

Als letztes sollte der Kran die schon bereitliegenden Stahlmatten und Zulageeisen auf die Decke legen, damit Sie nicht jede einzelne Matte über ein Brett auf die Decke tragen müssen.
Suchen Sie sich als Ablageort eine Ecke ihres Hauses aus, wo nur wenig Eisen zu verlegen ist. Eventuell muss an eine zusätzliche Stütze gedacht werden, um das Gewicht aufzunehmen. Sie müssen rund um die Matten mindestens 80 cm Platz haben, um Sie leicht und gefahrlos aufnehmen zu können.

Die ganze Aktion dürfte ca. 2 Stunden dauern.

Außenschalung und Schalung zum Treppenhaus anbringen. Einschalen des Schornsteins mit Styropor

Bevor Sie die ersten Stahlmatten verteilen, sollten Sie unbedingt erst die komplette Außenschalung fertiggestellt haben. Denn, wenn Sie auf den Matten und A-Böcken herumlaufen, werden Sie alles schief und platt treten und haben die Zusatzarbeit, dass Sie alles wieder an den Betonelementen der Deckenplatten herunter binden oder ausrichten müssen.
Die Schalung können Sie auf unterschiedliche Weise vornehmen.

Einmal über Porenbetonschalsteine und zum zweiten durch eine Schalung von außen durch Holzbretter. Statiker fragen.

Wenn Sie Schalsteine aus Porenbeton aufstellen wollen, müssen Sie z. B. 7,5 oder 10 cm dicke Steine in Längsrichtung auf Deckendicke schneiden, so dass Sie genau der Deckenstärke entsprechen. Diese Arbeit können Sie gut mit der Handkreissäge machen.

Sie müssen aber zuerst mit dem Statiker klären, ob die Restauflagetiefe auf dem Mauerwerk für die Deckenplatten ausreicht. Denn, wenn Sie z. B. eine Steindicke von 25 cm beim Außenmauerwerk haben und setzen einen Schalstein von 10 cm an die Außenkante, verbleiben ja nur noch 15 cm Auflage für die Betondecke. Normalerweise reicht das aber. Der Wärmedämmung der Betondecke ist es auf jeden Fall zuträglich.

Bei 37,5 cm breiten Kelleraußenwand-Steinen steht der Schalstein etwa in der Mitte, da außen der Klinker aufgesetzt werden soll. Stärke der Dämmung berücksichtigen.

Die Steine werden in ein sattes Bett aus Porenbetonkleber gesetzt.
Diesmal müssen Sie nicht so sehr auf absolute Ebenheit achten, denn die nächste Steinlage wird ja wieder in ein Speißbett gesetzt.
An den Fenstern müssen Sie eine Schalung aus Brettern bauen. Von unten muss ein Brett in der Breite der Außenwand an die Deckenelemente gesetzt und gegen Verrutschen gesichert werden.

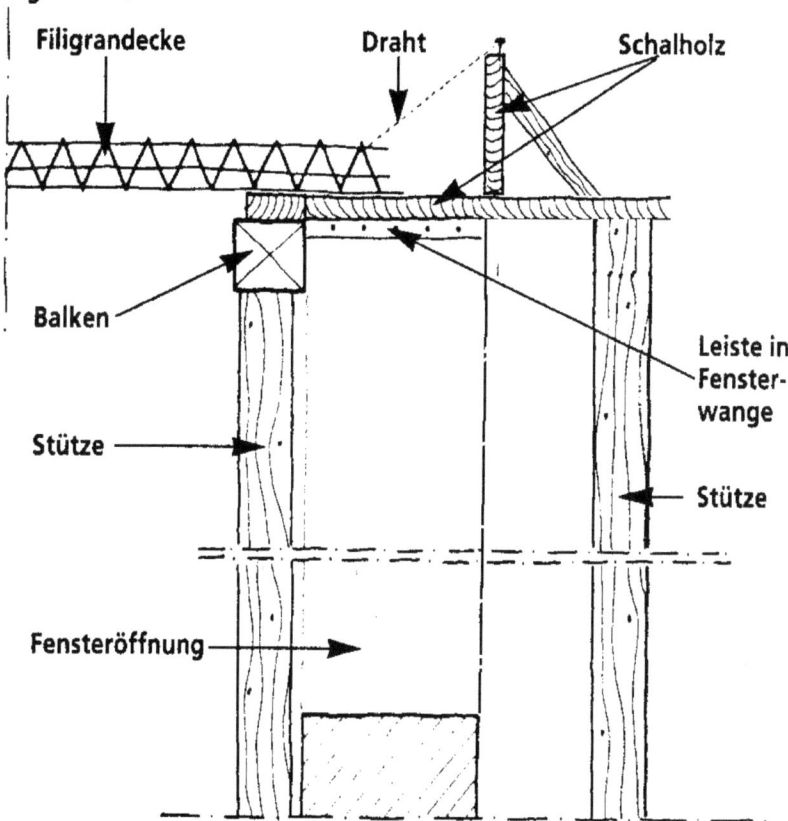

Am besten nagelt man Leisten an die Fensterwange, wo das Brett schon einmal aufgesetzt werden kann.

Nun muss eine Stütze gegen einen kurzen Balken, der aus der Fenster- oder Türöffnung herausragt, gesetzt werden, der das Brett unter dem Deckenelement arretiert. Dieser kurze Balken gibt auch die Möglichkeit, von außen das senkrecht stehende Brett der Fenstersturzschalung zu stützen.

Der kurze Balken muss auch außen gestützt werden, damit sich das untere Schalbrett nicht nach unten neigen kann.

Das äußere Schalbrett kann senkrecht auf dem unteren Brett stehen.
Es muss außen gegen das Wegkippen gesichert werden.
Man schlägt eine Leiste auf den kurzen Stützbalken, der das Brett von unten gegen Wegrutschen sichert.
Neben den Fensterwangen wird es in seiner kompletten Höhe abgestützt, indem man z. B. einen senkrecht stehenden Balken von außen an der Wand verdübelt, der das Brett an die Wand drückt.
Oder man setzt diagonal stehende Brettchen auf den kurzen Stützbalken, die das Brett oben in Position halten. Zur Sicherheit kann man noch ein paar Nägel von oben in das senkrechte Schalbrett schlagen, die man mit ein wenig Draht an den Deckenelementen befestigt. Die Drähte werden in den Beton eingegossen und später mit einem Seitenschneider abgekniffen.

Die Deckenelemente liegen nur wenige Zentimeter auf der Wand. Wenn nun die Stützen der Decke mit ihren Balken direkt an der Wand liegen, haben Sie nicht mehr den benötigen Platz um das Schalbrett anzulegen und festzudrücken. Also müssen Sie dafür gesorgt haben, dass der Stützbalken und die Stützen ein wenig von der Wand abstehen.
Wenn Sie die Stützen ein wenig nach innen geneigt haben, ist der benötigte Platz vorhanden.

Wenn alle Außenseiten eingeschalt sind, müssen Sie die Öffnungen innerhalb der Decke sichern. Das sind der Schornsteinanschluß und die Treppe.
Die Treppenöffnung muss in Deckenhöhe eingeschalt werden.
Hier kann man allerdings die gegenüberliegenden senkrecht stehenden Schalbretter auf den Längsseiten gegeneinander abstützen, indem man einige Balken oder Bretter verkeilt oder indem man wieder senkrechte Balken an den Wänden verdübelt, die die Bretter senkrecht auf Position halten.
Wenn Sie allein die Schalung anbringen, helfen einige Nägel, die man in die Wand schlägt, auf denen man erst einmal die Bretter abstellen kann.

Eine andere Möglichkeit, die senkrechten Balken zu befestigen sind Gewindestangen anstelle von Dübeln.

Man durchbohrt die Wand, schiebt eine Gewindestange hindurch, setzt von außen den Balken auf und verschraubt den Balken so, dass er das Schalbrett fest an die Wand drückt. Aber Achtung nicht zu viel Druck, denn sonst wird der obere Stein gelöst! Die Bretter sollten wieder mit Nägeln gestützt werden, damit Sie nicht nach unten rutschen.

Auf der Wandseite muss man die Mutter mit einer großen Scheibe oder mit einem kleinen Stück Holz vor dem Einziehen in die Wand schützen.

Oben wird der Balken durch das Schalbrett in einem bestimmten Abstand zur Wand gehalten. Von unten sollte man ein Stück Holz einschieben, damit ein senkrecht stehender Stützbalken geschaffen wird.

Der Schornstein soll keine direkte Verbindung mit dem Beton der Deckenplatte erhalten, da er durch unterschiedliche Wärmeausdehnung für die Bildung von Rissen sorgen könnte.
Sie sollten an der Stelle, wo er mit der Decke in Berührung kommen würde eine 1 cm dicke Styroporplatte um den Schornstein binden.
Bei der Gelegenheit sollten Sie auch den Schornstein von oben mit einem Stück Holz abdecken, damit nicht Beton oder irgend etwas anderes in das Rauchrohr fallen kann.

Falls Sie z. B. zwischen den nebeneinander liegenden Decken des Wohngebäudes und der Garage ein Trennbrett einbringen müssen, sollte das Brett nicht zu trocken sein, wenn der Beton gegossen wird. Es würde sich durch den feuchten Beton ausdehnen und möglicherweise zu Rissen führen.
Man stellt ein solches Brett auf, indem man einige Drahtstücke aus Bewehrungsmaterial rechts und links vom Brett von oben in die Wand schlägt und dadurch das Brett gegen Kippen und Verrutschen sichert.
Das Brett wird sofort entfernt, wenn die neu gegossene Decke wieder betreten werden kann.

Körbe für Stürze binden und auflegen

Das Binden der Eisenkörbe für Fenster- und Haustürstürze ist eine knifflige Arbeit. Man schimpft heftig, dass man noch kein einfacheres System entwickelt hat. Aber es ist auf jeden Fall das preisgünstigste System.
Die Körbe enthalten die langen Stahldrähte (meist 12 mm dick), die die Last der über den Öffnungen liegenden Wände tragen sollen.
Außerdem soll die Decke nach außen nicht abbröckeln. Es muss also auch Eisen da sein, die die Zugkräfte nach außen aufnehmen. Diese Kräfte übernehmen die rechteckig gebogenen Drähte; Außerdem halten Sie die dicken Stahldrähte auf Position.
Geben Sie ihrem Baustoffhändler einen Teil der Statik-Zeichnung bzw. die Eisenliste des Statikers oder geben Sie ihm die Maße der gebogenen Drähte an. Er wird die Drähte genau so gebogen liefern, wie Sie sie brauchen. Das Biegen kostet ca. 50 Cent je Bügel.

Die oberen 12-mm-Drähte sind länger als die Unteren. Man legt Sie auf zwei Steine oder Arbeitsböcke, die höher sind als die Korbhöhe.
Man verteilt die gebogenen Bügel gleichmäßig auf den oberen Drähten und bindet Sie mit Draht fest. Es gibt spezielle Bindedrähte, die an den Enden zwei runde Ösen haben. Man sticht sich also nicht so sehr in die Finger, wenn man Sie von Hand verzwirbelt. Für das Verdrehen der Bindedrähte gibt es auch ein spezielles Werkzeug, das so ähnlich funktioniert wie ein Drillschraubenzieher. Vielleicht leiht ihnen ein Handwerker dieses Werkzeug für kurze Zeit. Ansonsten muss man sich mit einer Zange helfen.
Sind die oberen Drähte fest mit den Bügeln verbunden, schiebt man die unteren kürzeren Drähte in die Körbe hinein und verbindet Sie ebenso mit den Bügeln.
In ihrer Statikzeichnung steht, wie weit die Bügel auseinander stehen. Die dicken Drähte werden gleichmäßig unten und oben auf die Breite der Bügel verteilt.

Wenn Sie den Korb gut verzwirbelt haben, kippt er seitlich nicht mehr weg.

Er kann nun vor die Schalung des entsprechenden Fensters oder der Tür gelegt werden. Er muss später komplett im Beton verschwinden.
Also müssen Sie ihn leicht über die Schalung anheben. Mit Plastikabstandhaltern, die Sie aus der Bodenplatte kennen, wäre es möglich oder auch mit einigen dicken Drahtstücken.

An der oberen Seite der Bügel zeigt ein Draht meist ca. 75 cm heraus. Dieser Draht wird mit den oberen Stahlmatten verbunden. Der Korb hat nun eine feste Verbindung zu den anderen Teilen der späteren Betondecke.

Doppel-T-Träger mit der Decke verbinden

Die Träger liegen bisher frei über den Fensteröffnungen. Sie müssen genau so verschalt werden wie die anderen Fensterstürze.
Sie müssen aber noch mit der Betondecke verbunden werden. Sonst könnten Sie abreißen und eine eigenständige Bewegung nach außen machen.
Sie müssen in den Steg der Doppel-T-Träger vor dem Auflegen auf die Wand einige Löcher gebohrt haben. Durch diese Löcher können Sie nun Gewindestangen schieben, die Sie mit dem Träger verschrauben. Die Gewindestangen werden zu einem Haken verbogen, so dass Sie später fest im Beton liegen und den Träger festhalten.

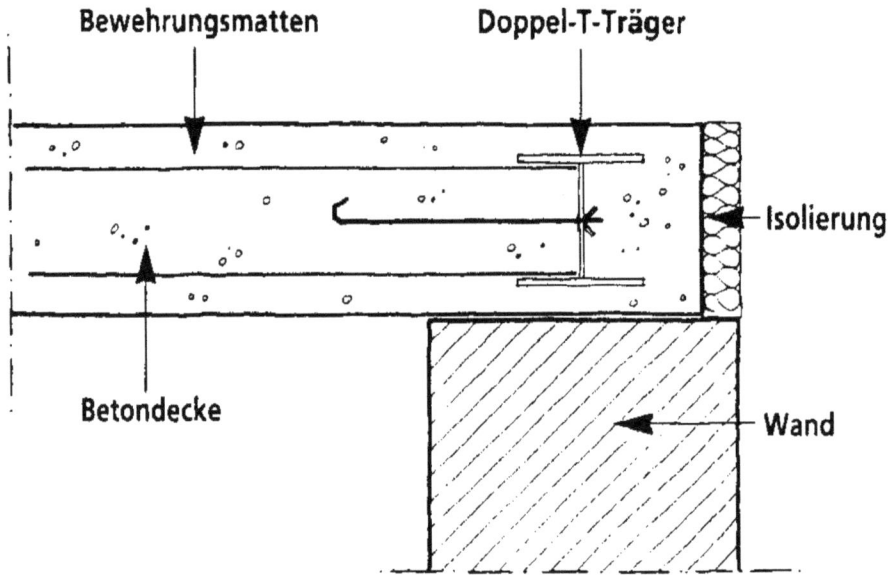

Alle Drähte, die aus den Deckenelementen zeigen, müssen möglichst weit in den Träger hineinragen. Sie stellen das tragende Element der Decke am Träger dar.
Der Träger soll so eingeschalt sein, dass er beim Gießen des Betons vollständig umspült wird.

Zulageeisen auf die Plattenelemente legen

Denken Sie wieder an unser Beispiel mit dem Buch auf den zwei Bleistiften, das in der Mitte herunter gedrückt wird. Wenn der untere Karton zwischen den Bleistiften ausreichend zugstabil ist, hält er das Buch in einer nicht gebogenen Ebene fest.
Nun stellen Sie sich vor, wir würden den unteren Karton aus mehreren nebeneinander liegenden Elementen zusammensetzen. Da, wo die Elemente aneinander stoßen ist nichts vorhanden, was die Zugspannungen aushält.
Also müssen die Elemente z. B. mit einem Stück Klebeband

zusammengehalten werden.
Im Falle unserer Deckenelemente müssen wir Stahldrähte in die Betondecke einbauen, die die Zugspannung aufnimmt und die Deckenteile zusammenhalten.
Die Lieferfirma der Deckenelemente liefert ihnen eine Liste der sogenannte Zulageeisen.
Für jeden Raum, der von mindestens zwei Deckenelementen abgedeckt wird, werden Stahldrähte in bestimmter Länge und Dicke aufgeführt. Diese Stahldrähte müssen in bestimmtem Abstand auf der Decke verteilt werden.
Sie werden unter die Drahtbügel geschoben, die der Kran für die Befestigung der Kettenhaken benutzt hat.
Sie müssen bis über die Wand reichen bzw. zwei Deckenplatten miteinander verbinden.

Bei manchen Elementen (z. B. bei der Garagendecke) werden die einzelnen Platten nur mit sehr kurzen (ca. 50 cm langen) Zulageeisen verbunden.
Das liegt daran, dass bei langen schmalen Räumen, die Platten so mit Stahl bewehrt sind, dass Sie in Längsrichtung praktisch keinen Zugkräften ausgesetzt sind.

A-Böcke aufbringen

Die A-Böcke sollen ihre obere Bewehrung im vordefinierten Abstand von der Unterkante der Betondecke halten. Sie müssen also A-Böcke bestellen, die die oberen Stahlmatten ca. 1,5 cm unter der oberen Betonschicht halten. Die A-Böcke sind ca. zwei Meter lang. Je Stahlmatte brauchen Sie drei bis vier A-Böcke.
Sollten Sie nicht das korrekte Höhenmaß bekommen können, bestellen Sie die etwas größeren A-Böcke und ziehen Sie die beiden Füße etwas auseinander. So wird der A-Bock etwas flacher.
Benötigen Sie gekürzte A-Böcke, können Sie sie mit einem Bolzenschneider oder einem Trennjäger zerschneiden.
Die Drahtstäbe von A-Böcken sind nur ca. 4 bis 5 mm dick.

Verlegen der Eisen nach Statikzeichnung

Auflegen der Stahlmatten

Vor dem Auflegen der Stahlmatten sollten Sie sich ausreichend mit der Statikzeichnung der Kellerdecke befaßt haben. Sie müssen jede Position verstanden haben. Anderenfalls sprechen Sie die Zeichnung mit Ihrem Statiker durch. Denn, wenn auch nur eine Matte falsch liegt, könnte die Sicherheit Ihres Gebäudes in Gefahr sein.
Aber machen Sie sich keine Sorgen. Das Verlegen der Matten und Zulagedrähte ist kein Hexenwerk. Auch ein Laie kommt nach kurzer Zeit dahinter, wie die Statikzeichnung zu verstehen ist.

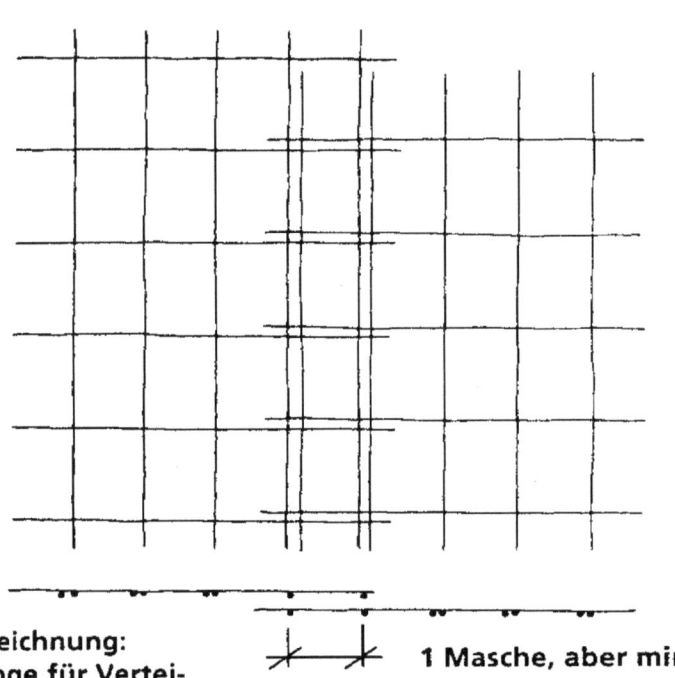

Statikzeichnung:
Stoßlänge für Verteilerstäbe bei R- Matten

1 Masche, aber min. 1 cm
1 Masche + 2 Überstände

Nehmen Sie sich als erstes die Matten und Drähte vor, die in den hintersten Ecken ihrer Deckenplatte liegen.
Anderenfalls betreten Sie die Matten immer wieder und Sie werden krumm getreten und Sie müssen Sie später mit Bindedraht ausrichten.
Achten Sie darauf, dass die dicken Drähte der Stahlmatten oben liegen. Denn in der Oberbewehrung müssen die Zugkräfte möglichst weit oben aufgefangen werden.

Die Stahlmatten müssen mindestens um ein Feld überlappen, damit keine Abreißzonen zwischen den Matten entstehen. Der Statiker sagt Ihnen mit der Zeichnung genau, wie er gerechnet hat.

Die Verstärkungsdrähte (meist 12 mm dick), z. B. im Bereich des Schornsteins, werden an den Matten festgebunden.

Sie müssen natürlich darauf achten, dass Sie die Matte mit der verlangten Qualität an der richtigen Stelle liegen haben. Manche Matten sind ja durch Drahtdicke und -abstand viel stärker und schwerer als andere und können deshalb auch größere Zuglasten aufnehmen.

Am Schornstein und z. B. bei der Kellertreppenöffnung müssen Sie möglicherweise Teile aus der Matte herausschneiden. Mit einem Bolzenschneider ist das schnell gemacht.

Während Sie die Matten und Zulagedrähte auf die A-Böcke legen, sollten Sie sie mit den Sturzkörben der Fenster- und Haustüröffnung zusammenbinden.
Die Matten müssen an allen Stellen heruntergebunden werden, an denen Sie hoch stehen.

Deckendurchbrüche durch Styropor-Stücke vorbereiten

An den Stellen, wo später Rohre durch Öffnungen in den Keller geführt werden, sollten Sie Styropor-Klötze an den Plattenelementen befestigen.

Sichern Sie die Klötze mit Draht gegen Aufschwimmen, wenn der Beton vergossen wird.

Sobald der Beton gegossen und erhärtet ist, können Sie das Styropor-Material herauskratzen.

Durchbrüche werden für Kanalrohre von den Toiletten, für das Abwasserentlüftungsrohr, für Steigleitungen der Heizung und der Wasserversorgung, die Elektro- oder Telefoninstallation benötigt.

Gießen der Betondecke

Vorbereitung Werkzeuge

Das Vergießen des Betons ist der Abschluss der Deckenarbeiten.
Sie müssen für die kurze Zeit, in der der Kran mit der Betonbombe und die Betonfahrzeuge vor ihrer Baustelle stehen, gut vorbereitet sein.
Denn jede Minute, in der Sie nicht Beton auf die Decke bringen, kostet Geld. Der Kran kostet pro Stunde ca. 90 Euro, das Betonfahrzeug ab einer Standzeit von ca. 20 Minuten 50 Euro.

Überprüfen Sie noch einmal alle Schalbretter. Es darf sich während des Gießvorgangs keines bewegen oder sogar komplett lösen.
Bereiten Sie sich dennoch darauf vor, indem Sie alle Werkzeuge für die Schalung bereit legen.

Zum Verteilen des Betons benötigen Sie die oben beschriebene Patsche, ein Brett, eine Schaufel, gute Stiefel und Handschuhe.
Bedenken Sie bitte, dass der Zement bei den meisten Leuten die Haut an den Händen massiv eintrocknen lässt und schnell Risse an den Händen entstehen, die Sie bei späteren Arbeiten behindern.
Schlagen Sie evtl. noch die Höhenanzeiger in Form von Drähten in die Wände, damit Sie immer wieder einen Anhaltspunkt vorfinden, nach dem Sie sich richten können.
Legen Sie eine Folie bereit, die unter die Betonbombe gelegt wird.
Anderenfalls wird die Straße beim Füllen der Bombe verschmutzt.

Legen Sie einige Steine bereit, mit denen Sie Stahlmatten herunterdrücken können, die noch aus dem Beton herausschauen.
Beim Anliefern der Deckenelemente fallen übrigens einige Pflastersteine ab. Sie halten die Deckenelemente auf Abstand, so dass die Drahtbügel nicht verbogen werden.

Beton verteilen

Wenn der Beton geliefert wird, sollte der Kran schon bereitstehen und seitlich abgestützt sein.
Die Betonfahrzeuge fahren rückwärts an die Bombe heran und gießen durch eine gegenläufige Drehung des Mischkübels ca. 500 Liter Beton in die Bombe. Der Kranfahrer schwenkt die Bombe über ihre Decke.
Sie beginnen in einer Ecke. Ziehen Sie vorsichtig an dem Öffnungshebel. Der Beton fließt langsam heraus. Der Kranfahrer muss langsam und gleichmäßig weiterschwenken, damit der Beton schon beim Ausgießen gleichmäßig verteilt wird. Keine Sorge, der Kranfahrer macht das nicht zum ersten mal.
Während der Kranfahrer die Bombe wieder zurück zum Betonwagen schwenkt, haben Sie Zeit mit der Patsche und dem Brett den Beton gleichmäßig abzuziehen. Ziehen Sie das Brett über den Beton und versuchen sie, nur ca. 1,5 cm Beton über den Stahlmatten zu lassen.
Wenn der Beton sehr trocken ist, wird das Abziehen sehr schwer.
In diesem Falle sollten Sie den Fahrer des Betonwagens bitten, etwas mehr Wasser in den Beton einzumischen. Jedes Fahrzeug hat einen Wassertank mit ca. 200 Litern Wasser bei sich. Die Wasserbeimischung sollte aber möglichst gering sein, da die Betonqualität durch viel Wasser verschlechtert wird.

Seien Sie besonders an Stürzen und der äußeren Schalung vorsichtig.
Öffnen Sie den Öffnungshebel der Betonbombe nicht zu schnell, denn wenn der Beton in einer starken Welle ausfließt, könnte er Ihnen die Schalung 'wegpusten'. Und das ist das Schlimmste, was passieren kann.
Wenn z. B. ein Kubikmeter Beton ausfließt, so müssen Sie runde 2 Tonnen Material entfernen. Auf keinen Fall dürfen Sie den Beton in einem solchen Falle fest werden lassen. Es ist eine Wahnsinnsarbeit mit Laienwerkzeug feste Beton abtragen zu wollen.

Haben Sie eine Betontreppe vorgesehen und eine entsprechende Schalung aufgebaut, wird die Betonbombe vorsichtig in die Öffnung der Treppe herabgelassen, damit man den Beton nicht aus zu großer Höhe herabfallen lassen muss.

Der Beton für die Treppe darf nicht zu feucht und fließfähig sein, da er sonst aus der Schalung über die Stufenschalbretter hinaus fließen könnte. Für das gleichmäßige Abziehen der Treppen-Oberfläche sollte ein zweiter Mann zuständig sein. Er muss an der Oberkante der Treppenschalung jede Stufe waagerecht abziehen.

Bezogen auf die gesamte Decke sollten Sie eine Höhentoleranz unterhalb von 3 Zentimetern anstreben. Viel mehr sollte es nicht sein, da sonst die Höhe des Speißbettes unter den Steinen der nächsten Etage zu groß wird.
Insbesondere bei schmalen Steinen käme es schnell zu Stabilitätsproblemen.

Beton nachbehandeln

Damit der Beton eine hohe Endhärte erreicht, sollte er insbesondere bei warmem Wetter immer wieder mit Wasser befeuchtet werden. So werden auch Rissbildungen weitgehend verhindert. Eine andere Alternative ist eine aufgelegte Folie. Aber Achtung: Wind bläst alles weg.
Man kann den Beton schon nach ca. 20 Stunden wieder betreten.
Wenn Sie Wasser aufgießen, zischt es wie auf einer heißen Ofenplatte.
Der Beton saugt das Wasser in alle Poren.
Müssen Sie an irgendeiner Stelle etwas Beton entfernen, machen Sie es solange er noch nicht seine Endhärte erreicht hat.
Schlagen Sie auch mit dem Hammer auf die Stellen, wo Sie die Styropor-Klötze gesetzt haben. Entfernen Sie die Steine, die Sie zum Herunterdrücken von Eisen aufgelegt haben.
Nach ca. zwei Tagen können Sie den Beton ausschalen, aber lassen Sie die Stützen noch stehen, denn wenn die nächsten Steine geliefert werden, kommt eine hohe Belastung auf die Deckenplatte. Der Beton hat zwar schon nach sehr kurzer Zeit einen sehr hohen Grad an Härte und Tragfähigkeit erreicht, aber man sollte ja kein Risiko eingehen.
Reißen Sie die Schalbretter der Treppe heraus. Sie sind teilweise von Beton umgeben und müssen mit Gewalt entfernt werden.

Baugrube zuschütten, Lichtschächte befestigen

Wenn nun der Keller komplett geschlossen ist, können Sie daran gehen die Baugrube zu schließen. Zuerst müssen Sie aber noch die Kellerfensteröffnungen mit Lichtschächten verschließen.
Ein Lichtschacht ist eine weiße Kunststoffform, die unterhalb des Kellerfensters angesetzt wird. Der Lichtschacht hat unten ein Loch, so dass das Regenwasser nach unten abfließen kann. Von oben wird der Lichtschacht mit einem verzinkten Stahlgitter verschlossen. Der Rost wird von innen mit Ketten gegen Einbruch gesichert.
Der Lichtschacht sollte ca. 20 cm unter der Fensteröffnung beginnen, so dass auch große Mengen Regenwasser Zeit haben zu versickern.

Man muss vier Dübel in die Außenwand setzen, um den Lichtschacht zu befestigen. Bei den beiden oberen Dübeln muss man auf Folgendes achten.
Der Lichtschacht hat vor dem Anbau eine etwas größere Breite als der Rost. Man muss also den Rost aufsetzen und seitlich einrasten lassen, um die oberen Dübelpositionen einzuzeichnen.
Nach dem Festschrauben sollte man den Lichtschacht seitlich mit Silikon abdichten. So wird verhindert, dass Sand in den Lichtschacht hinein rieselt und z. B. das Pflaster Beulen bekommt.
Sollte die Höhe des Lichtschachtes nicht ausreichen, gibt es Verlängerungen. Sie lassen eine Erhöhung von 8 bis 30 cm zu. Der Rost wird oben auf die Verlängerung aufgesetzt.

Unterhalb des Lichtschachtes sollte ein wasserdurchlässiges Kiesmaterial liegen.
Nun können Sie die Außenwände mit Füllmaterial zuschütten.
Man sollte das Füllmaterial festtreten, abrütteln oder stark wässern, damit es in den folgenden Jahren nicht zu viel nachgibt.
Achten Sie auch darauf, dass beim Verfüllen der Schutzanstrich aus Bitumen nicht verletzt wird.
Beachten Sie die Höhe des Pflasters und der Eingangsstufen, damit Sie später nicht wieder Material abtragen müssen, um den Lichtschacht in die passende Höhe zu bringen.

Erdgeschoß mit Fensteröffnungen errichten wie vorher beschrieben

Siehe Errichten Kellerwände

Das Vermessen der ersten Steinlage für das Erdgeschoß wird Ihnen jetzt keine Schwierigkeiten mehr machen, denn durch die Kellerdecke und die darunter liegenden Wände haben Sie schon die Position der Ecken. Möglicherweise müssen Sie daran denken, dass für die Klinker die Erdgeschoßwände etwas zurück gesetzt werden müssen.

Lassen Sie sich wieder die Paletten mit den Steinen auf die Betonfläche setzen und fahren Sie sie mit dem Hubwagen an die Stellen, wo Sie sie verarbeiten wollen.
Achten Sie darauf, dass die Paletten nicht auf Positionen stehen, die Sie zum Ausmessen der Wände brauchen.
Falls der Liefer-LKW sich abstützen muss, könnte es sinnvoll sein, den Bau außen komplett mit Füllmaterial zugeschüttet zu haben. So haben auch Sie mehr Bewegungsfreiheit und Stellfläche. Aber wie schon oben gesagt, achten Sie darauf, dass nicht alles Regenwasser in ihren Keller geleitet wird.

Beim Erdgeschoß müssen Sie auf die Fensteröffnungen achten.
Lassen Sie die Steinlage, worauf die Fensterbank gesetzt wird weg.
Meist werden diese Steine erst nach dem Fenstereinbau genau zugeschnitten und eingesetzt.
Bedenken Sie die Positionen ihrer Gurtbänder und lassen Sie eine entsprechende Öffnung. Der Gurtbandkasten hat ein Maß von ca. 6 x 20 x 20 cm. Er wird vom Putzer in die Wand eingesetzt. Das gilt aber nur bei mechanischem Gurthandling.
An der oberen Kante ihrer Fensterwange muss ebenfalls ein ca. 7 cm breiter Ausschnitt bleiben. Dort wird einmal die Gurtrolle des Rollos untergebracht. Setzen Sie einfach den letzten 25 cm hohen Stein um 7 cm in die Wand zurück.

Der Schornstein muss wieder um eine Etage höher gebaut werden.
Diesmal müssen Sie evtl. an den Kamin- oder den Kachelofen denken und in der entsprechenden Höhe das Anschlussstück für das Rauchrohr des Ofens vorsehen. Zumindest sollten Sie die Öffnung in der Wand lassen, wenn der Schornstein in einem anderen Raum steht als der Kachelofen. Die Ofenbauer schlagen sich die Öffnung in das Rauchrohr meist lieber selbst, da es dann genau an der Stelle sitzt, wo es gebraucht wird. Hier besteht aber die Gefahr, dass sich ein Riss im Rauchrohr bildet.

Sobald Sie die Erdgeschoßwände aufbauen, laufen gern fremde Leute in den Rohbau hinein. Sie sind meist nur neugierig. Aber wer mag das schon.
Schlagen Sie außen neben ihrer Haustüröffnung zwei lange Nägel schräg in die Wand und hängen abends eine Bewehrungsmatte vor die Öffnung.

Berücksichtigen der Luftschichtanker

Das Erdgeschoß wird meist verklinkert. In diesem Falle müssen die Befestigungsdrähte in das Außenmauerwerk eingesetzt werden.
Da die Porenbetonsteine ein Maß von 62 x 25 cm besitzen, passen 6 Stück auf den Quadratmeter. Je Quadratmeter Klinker sollen etwa 6 Luftschichtanker vorhanden sein.
Die Luftschichtanker sollte man sich als sogenannte L-Anker bestellen.
Sie bestehen aus rostfreiem Stahldraht. Der kurze Schenkel des 'L' wird in den Porenbetonstein eingeschlagen. Damit er ausreichend große Zugkräfte aufnehmen kann, sollte er etwa 5 cm im Stein liegen. Der Rest des Luftschichtankers hält die Dämmung, muss die Luftschicht überbrücken und noch ca. 8 cm im Klinker liegen. Er wird vom Klinkerer zu einem Haken gebogen und in den Speiß gelegt.
Sobald eine Steinreihe verbaut ist, sollte man die darunter liegenden Luftschichtanker nach unten an die Wand biegen, damit sich niemand verletzen kann.
Ich habe die Erfahrung gemacht, dass man die L-Anker bei schnellem

Fortschritt der Porenbetonmauerarbeiten vergißt. In diesem Fall gibt es die Möglichkeit, Luftschichtanker nachträglich mit Dübeln in der Wand zu verankern. Bei Porenbeton sind die Haltewerte allerdings nicht sonderlich groß.

Vor dem Gießen der Erdgeschoßdecke muss man an die Öffnungen denken, die für die Befestigung der Fußpfetten erforderlich sind. Setzen Sie also entsprechende Styropor-Klötze an den Rand ihrer Deckenplatte.

Errichten der Giebelwände

Winkel der Giebel errechnen

In ihrer Statikzeichnung ist die Dachneigung in Grad eingetragen oder Sie können die Höhe ihrer Dachspitze direkt in Metern ablesen.
Nun könnten Sie in der Mitte ihres Giebels einen entsprechend hohen Balken aufstellen und Schnüre von der Spitze schräg zur Deckenplatte ziehen. Die Steine werden nun an diesen Schnüren ausgerichtet.

Es gibt aber auch noch eine andere Möglichkeit ohne die senkrecht stehenden Balken und Schnüre.

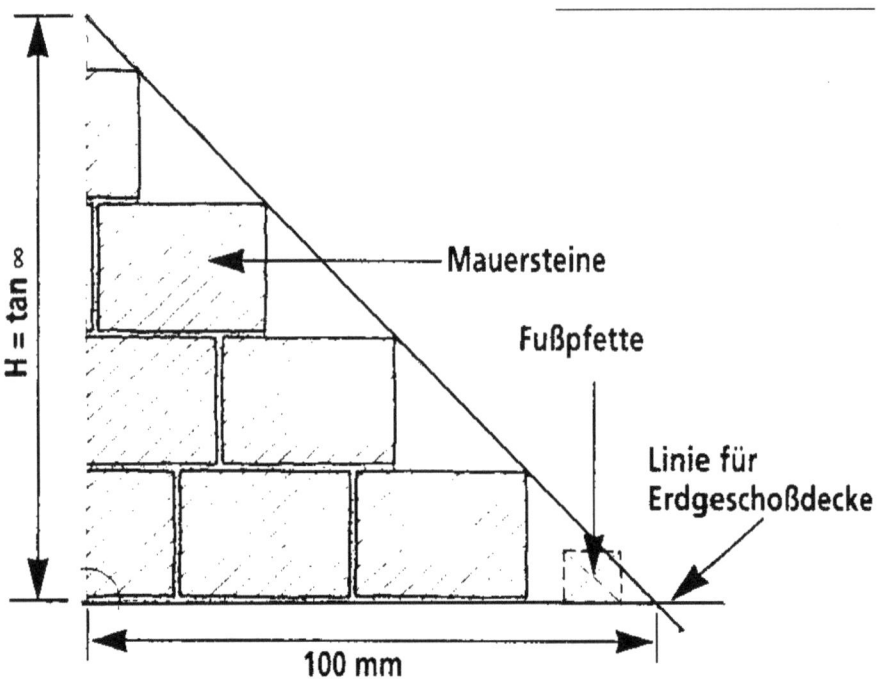

Sie sehen in einer Tangens-Tabelle für ihre Dachneigung den Tangenswert nach. Machen Sie sich eine Zeichnung mit einem

rechtwinkligen Dreieck. Unten wird eine 10 cm lange Linie aufgezeichnet.
Links stellen Sie eine Senkrechte auf, die z. B. bei einem 48-Grad Dach den Tangenswert von 11,1 lang ist. Sie verbinden die beiden offenen Dreieckspunkte zu einem vollständigen Dreieck.
Nun tragen Sie die Steinhöhe rechts unter die schräge Dreiecksseite ein. In unserem Fall 2,5 cm.
Der Abstand von der rechten Dreiecksspitze zu dieser Steinkante ist der Abstand, in dem Sie die Steine bei jeder neuen Steinlage nach innen zur Mitte ihres Hauses verschieben müssen. Bei dem 48-Grad Dach sind das 22,5 cm.
Sie lassen also von der Außenkante ihrer Deckenplatte die Breite ihrer Fußpfette frei und setzen den ersten Stein in Speiß. Bei der nächsten Steinreihe werden 22,5 cm vom äußeren Stein frei gelassen usw.

Wände hochziehen, Rähm gießen, Betonfutter für First- und Mittelpfetten einbauen

Die Wände werden genau so hochgezogen wie die anderen Porenbetonmauern auch. Falls Mittelpfetten vorgesehen sind, muss man an die festeren Steine oder das Betonpolster denken. Man lässt die entsprechenden Steine weg, schalt die Fläche ein und spannt Sie mit Schraubzwingen von beiden Seiten fest. Nun kann der Beton von oben hineingegossen werden. (Der Beton wird aus 4 Teilen Kies und einem Teil Zement hergestellt. Der Wasseranteil sollte nicht zu hoch liegen.)

Die Giebelwand erhält üblicherweise ein oder zwei Fenster. Oberhalb dieser Fenster muss ein Sturz aus Beton gegossen werden. Dieser Sturz wird Rähm genannt. Er enthält oben und unten mehrere 12 mm dicke Bewehrungsdrähte. Sie werden in einen Korb eingebunden.
Die seitlichen Schalungen werden wieder an beiden Seiten der Mauer festgespannt. Die untere Schalung kann gut zwischen den Fensterwangen befestigt werden. Es werden Leisten an die Wangen genagelt, auf denen die untere Schalung liegt und von unten wird noch ein oder mehrere

Stützbalken an der unteren Schalung befestigt.
Man muss wieder darauf achten, dass der Bewehrungskorb komplett von Beton umschlossen wird, also muss man ihn von den Schalbrettern fern halten.
Den Beton kann man in einem Mörtelfass auf der Erdgeschoßdecke mit der Hand mischen und mit Eimern und einer Leiter von oben in die Schalung gießen.

Die Alternative zum selbsterstellten Sturz sind natürlich auch hier Fertigstürze. Sprechen Sie mit ihrem Statiker über die erforderlichen Tragfähigkeiten.
Aber Achtung: der Preis solcher Stürze ist recht hoch und eventuell benötigt man einen Kran zum Auflegen. Da die Giebelwände häufig ohne seitliche Aussteifung ausgeführt sind, kann der Giebel bei einem seitlichen Stoß neben dem Haus oder auf der Ergeschossdecke liegen.

An den Giebelwänden schließen nicht unbedingt innenliegende Wände an. Dadurch sind die freistehenden Giebelwände sehr windempfindlich, wenn Sie hochgemauert sind. Sollten Sie mit starken Stürmen rechnen, verzichten Sie auf das vollständige Hochziehen der Giebelmauern bis das Wetter wieder ruhiger wird.

Sobald der Dachstuhl mit den Sparren neben den Giebelwänden errichtet ist, können Sie noch von innen erkennbare Zwischenräume mit Steinen ausfüllen. Sollten Steinecken über die Sparren ragen, kann man Sie mit einem Hammer wegschlagen. Diese Restmauerarbeiten müssen natürlich gemacht werden, solange die Dachfolie noch nicht aufgespannt ist.

Drempel

Ein Drempel wird gebaut, wenn die Standhöhe des Dachgeschoßes nicht ausreicht bzw. wenn die Wohnfläche des Dachgeschosses vergrößert werden soll.

Wird ein Drempel von nur einem halben Meter Höhe gesetzt, erhöht sich die nutzbare Fläche des Dachgeschosses erheblich.

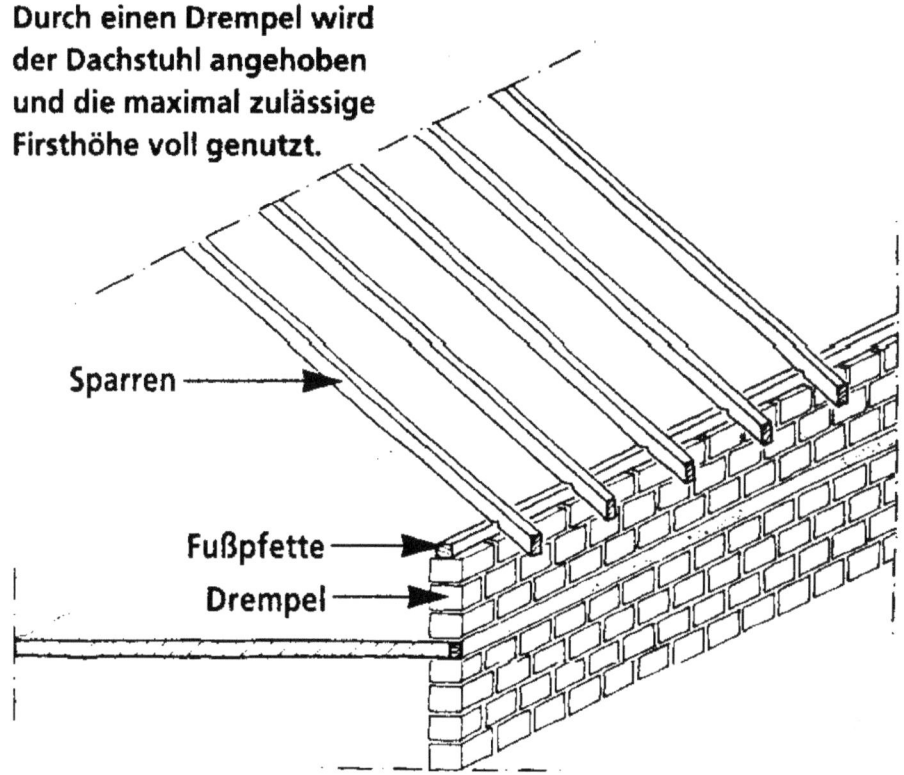

Durch einen Drempel wird der Dachstuhl angehoben und die maximal zulässige Firsthöhe voll genutzt.

Sparren

Fußpfette

Drempel

Der Ausdruck Drempel bedeutet, dass man die Giebelwände und die Auflage der Fußpfetten um ein bestimmtes Maß anhebt.
Im Grunde muss nichts weiter getan werden, als dass man die Außenmauern zuerst um das festgesetzte Maß hochzieht und erst dann mit der Mauerung des Giebels beginnt.
In den meisten Fällen wird man aber auf der Längsseite des Hauses noch Betonteile eingießen und mit Eisen versehen, die eine Verbindung zur Erdgeschoßdecke haben, so dass auch der seitliche Druck aufgenommen wird.
Man lässt in der Breite von ca. 30 cm einfach die Steine weg, schalt die offenen Stellen von innen und außen mit Holz ein und gießt Sie mit

Beton voll. Natürlich muss man auch hier die Steinschrauben der Fußpfetten berücksichtigen, bevor man den Beton bis an die Oberkante gießt.

Fuß-, Mittel- und Firstpfetten legen; Sparren aufnageln

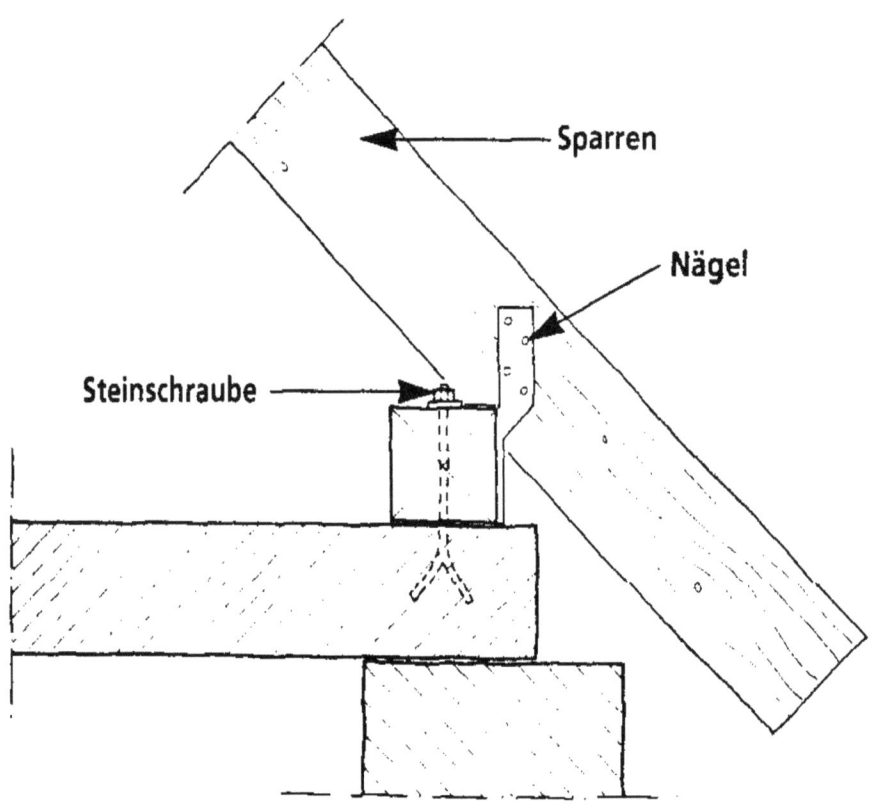

Das folgende Kapitel beschreibt den Aufbau eines einfachen Satteldaches.

Sollten Sie komplizierte Gauben oder ein Krüppelwalmdach bauen wollen, ist es sicher sinnvoll, einen Fachmann zurate zu ziehen oder die komplizierten Arbeiten von ihm machen zu lassen.

Aber, wenn Sie ausreichend Zeit haben, sich Teilarbeiten zutrauen und Geld sparen wollen, nehmen Sie zumindest Einzelaktivitäten aus dem Dachstuhl heraus.

Steinschrauben in Fußpfetten einsetzen und auf Aussparungen setzen

Bevor Sie die Fußpfetten auf die Erdgeschoßdecke auflegen können, müssen Sie die Steinschrauben von unten in das Holz stecken und Muttern aufdrehen. Die Löcher bohren Sie am besten direkt vor Ort, damit sich keine Meßfehler einschleichen können.

Die Steinschrauben müssen frei im vorgesehenen Loch der Deckenplatte hängen. Vorher haben Sie den Styropor-Klotz vollständig aus dem Beton herausgekratzt, denn wenn später der Beton um die Steinschraube gegossen wird, muss er so fest sitzen, dass er die Auftriebskräfte des Daches durch den Wind abfangen kann.

Der Beton muss komplett ausgehärtet sein, bevor Sie die Steinschrauben festziehen. Eine Steinschraube ist übrigens ein Gewindestab, der unten ca. 4 cm tief der Länge nach eingeschnitten ist. Die beiden getrennten Teile werden seitlich weggespreizt, damit Sie sich im Beton dreh- und zugfest verankern. Der Durchmesser der Steinschraube beträgt mindestens 12 mm.

Unter die Mutter sollte eine große Scheibe gelegt werden, die den Druck breit auf das Holz verteilt.

Übrigens, wenn Sie die Fußanker festgezogen haben, wird sich nach einiger Zeit doch wieder ein gewisses Spiel einstellen. Das liegt daran, dass das Holz nachtrocknet und schrumpft.

Haben Sie ein ungutes Gefühlt, dass die wenigen Fußanker zu wenig halten, dübeln Sie die Fußpfette zusätzlich an die Decke, oder schrauben Sie einige Blechwinkel an das Holz und den Boden.

Eine Fußpfette von 12 x 12 cm Querschnitt und ca. 10 Metern Länge wiegt etwa 70 kg. Wenn Sie mit einem Kran auf die Erdgeschoßdecke gelegt wurde, kann Sie zur Not von einer Person bewegt werden. Man hat ja immer nur die Hälfte des Gesamtgewichts zu tragen, wenn man nur am Ende anfasst und die andere Seite auf dem Boden aufliegt.

Mittel und Firstpfetten (mit Kran) auflegen, evtl. provisorisch unterstützen

Das Auflegen von Hand ist bei den Mittel- und Firstpfetten nicht möglich und auch zu gefährlich.
Man sollte sich einen Kran für diese Arbeit bestellen. Da er bei guter Vorbereitung maximal eine Stunde vor Ort ist, wird die Aktion ca. 200 Euro kosten. Wenn man schon den Dachstuhl selbst errichtet und viel Geld spart, sollte man nicht am Kran sparen, der einem hilft gefährliche und körperlich schwere Arbeit zu erleichtern.
Die Mittelpfette liegt meist auf den Giebelwänden und auf Innenwänden auf. Sie benötigen also keine provisorischen Unterstützungen.

Bei der Firstpfette ist das normalerweise anders. Denn, wenn Sie die Decke aus Holz einziehen und diese an den sogenannten Zangen (Knaggen) befestigen, brauchen darüber ja keine Wände mehr zu stehen. Außerdem kann es sein, dass Sie die Spitze des Giebels erst später vervollständigen wollen.
In diesem Falle müssen Sie also für provisorische Stützen sorgen.
Dazu eigenen sich z. B. die Metallstützen des Deckenbaus.
Oder Sie setzen eine Stütze auf eine Innenmauer. Vielleicht befestigen Sie sie sogar erst, wenn der Kran die Mittelpfette hochhält.
Damit die Mittelpfette nicht hin und her schwingt, müssen Sie einige Sparren annageln.
Ein dreifüßiges Balkengerüst kann ebenfalls als provisorische Unterstützung dienen.

Die Mittelpfette besteht aus zwei Teilen, wenn die Länge zu groß ist. In

der Statikzeichnung erkennen Sie die Verbindung.
Beide Teile werden mit einem 'Z'-förmigen Schnitt versehen. An diesem Schnitt stoßen Sie zusammen und werden mit einer dicken Schraube zusammengezogen.

Sparrenausschnitte aussägen

Sobald die Pfetten liegen, sollen die Sparren aufgenagelt werden.
Die Statikzeichnung sagt ihnen, wie tief Sie die Sparren einschneiden dürfen. An den Stellen, wo Sie mit den Pfetten in Berührung kommen wird ein Dreieck herausgeschnitten, damit Sie satt aufliegen.
Überprüfen sie, ob die Pfettenabstände überall gleich sind.
In diesem Fall können Sie einen Sparren als Schablone benutzen.
Ich möchte ihnen aber empfehlen nicht zu viel vorzuarbeiten. Ein Bauherr, der zum ersten Mal baut, muss immer mit Überraschungen rechnen und es ist besser einige Wege mehr einzuplanen und einige Male mehr zu messen, als dass wir Fehler machen, die nur schwer rückgängig gemacht werden können.
Machen Sie sich vor dem Zuschneiden der Sparren wieder eine genaue Zeichnung mit den Maßen, die an ihrer Baustelle vorliegen. Verlassen Sie sich nicht auf die Maße des Planes.

Sparrenpositionen aufzeichnen

Aus der Statikzeichnung ersehen Sie, wo die Sparren aufgesetzt werden sollen. Zeichnen Sie mit einem Bleistift auf den Fuß-, Mittel- und Firstpfetten die Positionen ein. Messen Sie nach, ob Sie am Ende noch die erwarteten Positionen erreichen. Verteilen Sie evtl. kleinere Fehler lieber auf die gesamte Länge des Daches. Aber Achtung: Sie müssen darauf achten, dass die alukaschierten Dämmbahnen noch dicht einzusetzen sind. Das ist kein Thema bei Klemmfilzen.

Prüfen Sie, ob die Sparren senkrecht stehen.

Achten Sie besonders auf die Positionen, wo Sie später Dachflächenfenster einbauen wollen. Hier werden die Sparren vielleicht mit anderen Abständen aufgenagelt als an anderer Stelle.

Sparren aufnageln

Der Statiker sagt ihnen, mit welcher Art von Nägeln Sie arbeiten müssen. (Die Länge und Dicke werden vorgegeben.)
Pro Sparren ist eine feste Menge Nägel zu verwenden.
Meist werden pro Sparren auf jeder Seite zwei Nägel diagonal in die Pfette geschlagen.

Ein Sparren wiegt bei einem Querschnitt von 6 x 20 cm und ca. 7 Metern Länge locker 50 Kilo, denn das Holz ist meist frisch und feucht. Selbst das Sägen eines einzelnen Balkens per Hand ist eine Tortur.

Sobald er mit seinen Ausschnitten auf den Pfetten liegt, rutscht er nicht mehr ab und man kann mit dem Nageln beginnen.

Windrispen aufnageln

Der ganze Dachstuhl hat noch keine ausreichende seitliche Stabilität. Es muss diagonal über die Sparren eine sogenannte Windrispe genagelt werden. Die Windrispe muss dafür vorgespannt sein.
Die Windrispe ist ein ca. 5 cm breiter verzinkter Blechstreifen mit vielen Löchern. Jeder Sparren wird mit der Windrispe vernagelt. Sie wird meist von außen aufgelegt.
Wenn man von der Seite durch den Dachstuhl hindurchsieht sollen sich die Windrispen der beiden Dachflächen kreuzen.
Die Windrispe wird mit sogenannten Kammnägeln vernagelt. Das sind seitlich geriffelte Nägel, die mehr Halt bieten.

Wechsel einsetzen

Wenn Sie Dachflächenfenster einsetzen wollen oder durch den Schornstein ein Abstand zwischen den Sparren entsteht, der nicht dem Normmaß entspricht, müssen Sie einen sogenannten Wechsel einsetzen.
Das bedeutet nichts anderes, als dass man dem Sparren, der durch das Fenster oder den Schornstein unterbrochen wird, mit den nebenliegenden Sparren verbindet.
Es wird ein querverlaufender Balken, der etwa denselben Querschnitt hat wie der Sparren, z. B. mit stabilen Blechwinkeln an dem Sparren verschraubt oder mit Kammnägeln vernagelt.

Rest des Schornsteins erstellen (mit Betonplatte)

Bevor Sie nun den Dachstuhl mit Folie verschließen können, muss der Schornstein komplett hochgezogen werden. Seine Spitze soll ca. 50 cm über dem First ihres Daches liegen, damit der Rauch nicht durch Luftwirbel in das Rauchrohr hineingedrückt werden kann.
Das Mauern dieses Abschnitts ist etwas gefährlich, weil es in größeren Höhen stattfindet. Außerdem hat ein Schornstein in sich nur sehr wenig Stabilität. Mit einem leichten Stoß ist er umzuwerfen.
Eine Hilfe, aber auch ein Hindernis, wird der Dachstuhl sein. Sie können sich an den Sparren festhalten. Sie müssen sich aber auch mit dem Speiß und den Formsteinen durch Sie hindurchzwängen. Wenn die Deckenbalken schon da sind, kann man stabile Bohlen auflegen und von dort aus arbeiten.

Damit der Schornstein nicht zu sehr schwankt, empfiehlt sich, ihn sofort mit dem Wechsel des Dachstuhls mit Beton zu vergießen.
D.h. Sie setzen rund um den Schornstein eine Schalung, die mit dem nächsten Sparren bzw. dem Wechselbalken abschließt. In dieses schräge Fach, gießen Sie sehr trockenen Beton. Er muss trocken sein, damit er nicht herunterfließt. Dieses Betonteil kann nicht herunterrutschen, weil die Formsteine des Schornsteine sehr rau sind und die Holzteile ihn auf Position halten.

Als letztes Teilstück werden Sie ein Edelstahlrohr in das Rauchrohr einsetzen. Das Edelstahlrohr ist seitlich von einem Manschettenblech umgeben. Das Manschettenblech ist nicht mittig im Rohr angebracht.
Das längere Teil lassen Sie ins Rauchrohr hängen. Das Rauchrohr darf nicht mit dem Manschettenblech in Berührung kommen. Es sollte einige Zentimeter Spiel haben. Der Grund dafür ist, dass das innere Rauchrohr sich durch die Wärmeeinwirkung ausdehnt und später nicht den ganzen Schornstein zerstören soll.

Das Manschettenblech wird in den Betonkopf des Schornsteins eingegossen.
Das oben herausragende Blechteil des Edelstahlrohres dient als Innenschalung für den Betonkopf.

Der Betonkopf wird folgendermaßen eingeschalt und gegossen:
Stellen Sie die Außenabmessungen ihres Schornsteins fest. Lassen Sie sich nach folgender Zeichnung von einem Holzhändler aus Spanplatten millimetergenaue Bretter zuschneiden.

Verschrauben Sie die einzelnen Bretter miteinander.

Setzen Sie im Abstand von ca. 2 cm vom Rand des Schornsteins (der Überstand enthält auch die Schornsteinverkleidung aus Holz und Eternitplatten) Dreiecksleisten in den Schalungskasten ein. Diese Dreiecksleisten ergeben in ihrem Schornsteinkopf die sogenannte Tropfnase.
Setzen Sie zwei Schraubzwingen seitlich an den oberen Formstein des Schornsteins. Setzen Sie von oben den Schalungskasten ein. Stellen Sie sicher, dass er waagerecht sitzt. Legen Sie einige Stahldrähte als Bewehrung ein.

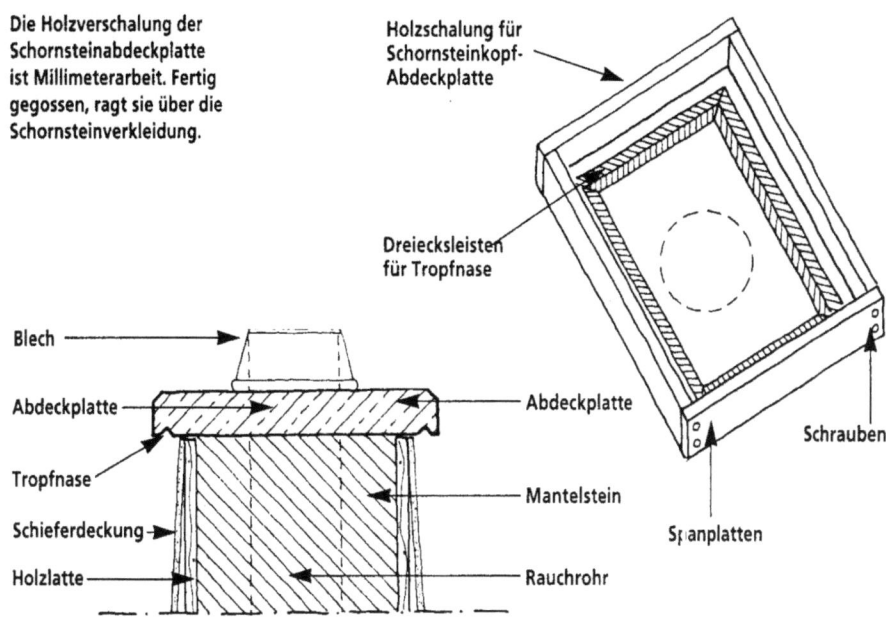

Nun können Sie den Kasten von oben mit Beton ausgießen.

Sollten Sie mehrere dicht aneinander stehende Schornsteinzüge haben, werden alle Schornsteine gleichzeitig mit einem Kopf versehen.

Wollen Sie später eine Schornsteinhaube aus Kupfer oder Edelstahl aufsetzen, können Sie noch Gewindestäbe mit Messingdübeln einsetzen. Nach ca. 24 Stunden können Sie die Schraubzwingen abnehmen und den Schalkasten auseinander nehmen, indem Sie die Schrauben herausdrehen.

Die sogenannte Tropfnase muss so weit außen liegen, dass Sie über die Schornsteinverkleidung hinausragt. Sie sorgt dafür, dass das Regenwasser nicht am Schornstein herunterläuft, sondern vorher abtropft.

Die ganze Aktion mit dem Schornsteinkopf kann man sich sparen, wenn man eine fertige Kopfplatte mitbestellt. Doch die ist sehr schwer und kann nur mit zwei Personen nach oben gebracht und aufgelegt werden. Sieht trotzdem besser aus als die selbst hergestellte!

Folie aufspannen

Um nun endlich das Dach dicht zu bekommen, so dass der Bau austrocknen kann, muss die Folie aufgespannt werden.
Sie schützt das Dach später vor eindringendem Staub und vor Feuchtigkeit, die vielleicht doch einmal durch die Dachziegel eindringt.
Die Folie wird von unten nach oben in Querrichtung verarbeitet. Die Befestigung erfolgt mit Dachlatten, die an den Sparren hinauflaufen.
Man nennt diese Latten Konterlatten.

Die Folie muss unten in die Regenrinne hineinragen. Schneiden Sie sie unten erst ab, wenn die sogenannte Traufbohle auf die Sparren genagelt und das Traufblech befestigt ist.

Die ersten Bahnen der Folie kann man befestigen solange man sich auf der Erdgeschoßdecke befindet oder auf einer Leiter steht. Die letzten Bahnen wird man von außen auflegen müssen.
Dafür wird man sich Hilfslatten auf die Konterlatten und die Sparren nageln müssen. Sie müssen ausreichend fest sein, dass Sie ihr Gewicht gut tragen können und werden später wieder entfernt, falls Sie nicht von vornherein das richtige Maß für die ziegeltragenden Dachlatten berücksichtigen.

Die Folie ist ca. einen Meter breit. Lassen Sie sie etwa 15 cm überlappen. Nehmen Sie nur eine Folie, die mit Textilfäden verstärkt ist. Falls Sie vorhaben, das Dach erst viel später zu decken, achten Sie auf die UV-Beständigkeit.

Wenn Sie die oberste Bahn befestigen, sollten Sie das Maß für die Dachziegel bzw. die Dachlatten, die quer vernagelt werden, feststellen.

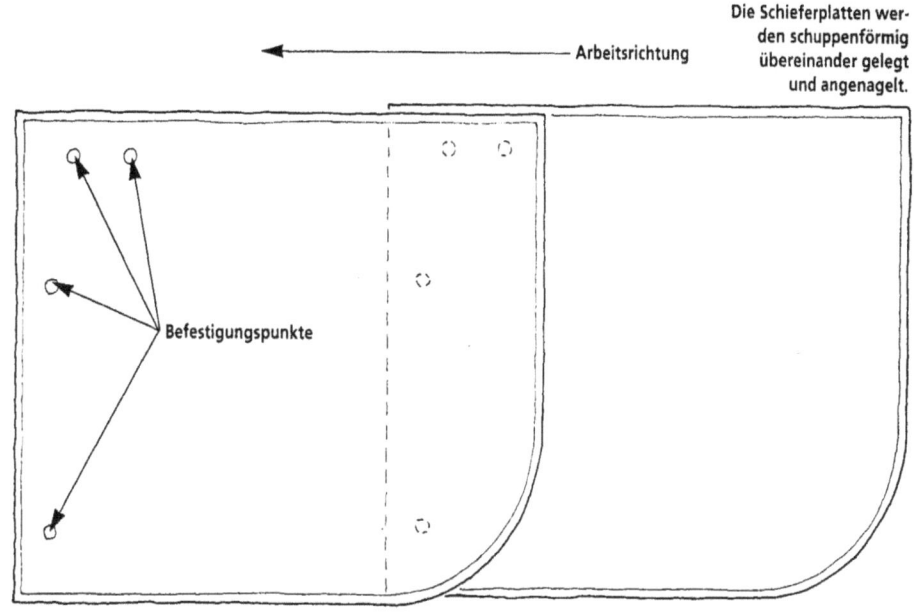

Schieferarbeiten bzw. Eternitplatten befestigen

Die Verschieferung am Giebel und unter den Dachrinnen sollte vor der Eindeckung des Daches erfolgen. Anderenfalls liegen die Dachziegel des Giebels und die Dachrinnen im Weg. Man sollte genau wissen, wie tief die Dachziegel am Giebel herunter ragen, denn der obere Rand der Schieferplatten sollte vom Dachziegel überdeckt werden. Achtung: inzwischen werden für Dachlatte und Konterlatte 3 cm dicke Latten verwendet, somit ist der obere Rand der Schieferplatten schon fast oberhalb des Sparrens!

Es müssen alle Sparrenenden in einer Linie liegen und denselben Abstand zum Mauerwerk haben. Die Sparrenlängen der beiden äußeren Sparren werden festgelegt, dann wird eine Schnur über die innenliegenden Sparren gespannt und die überstehenden Enden

abgeschnitten.
Die Sparren müssen in einer waagerechten Linie verlaufen, sonst erkennt man später an der Klinkerfuge, dass gepfuscht wurde.

Nun können imprägnierte Schalbretter von außen auf die Sparren genagelt werden. Auf diesen Brettern werden die Schiefertafeln befestigt.

Spannen Sie sich eine Schnur, nach der Sie sich richten. Berücksichtigen Sie evtl. die Dicke einer Holzverschalung unterhalb der Sparren.
Ohne Richtschnur wird die Schiefer-/Eternitfläche mit Sicherheit schief.

Die Schiefertafeln werden mit zwei bis drei Dachpappnägeln angenagelt.

Die nächste Tafel beginnt da, wo der Bogen der darunterliegenden Schiefertafel unten endet.
Beim Nageln muss man sehr vorsichtig sein, da die Nägel einerseits fest auf der Tafel liegen sollen, andererseits aber ein Schlag zu viel die Tafel schon zerbrechen kann.
Eine sehr zeitaufwendige Alternative ist das Verschrauben mit Spax-Schrauben. In diesem Falle hätte man aber auch die Möglichkeit, die Tafeln später noch einmal abzunehmen, ohne dass man Sie zerstört. Die Aussage stimmt allerdings nur bedingt, denn später liegen die Dachrinnen vor den Schrauben… Am Giebel muss man die seitlichen Dachziegel wegnehmen, um noch einmal an die Befestigung der Schieferplatten zu kommen…

Die letzte Tafel muss man zuschneiden, so dass Sie das Brett vollständig verdeckt. Eine Stichsäge oder Blechschere tut gute Dienste.
Die Nägel der letzten Tafel bleiben sichtbar. Man muss Sie mit etwas Farbe an die Verschieferung anpassen. Man kann die letzten Schieferplatten auch in einem etwas anderen Maß verteilen, so dass auch die letzte Platte noch gut passt.

Man beginnt grundsätzlich von unten mit der Verschieferung, damit das Wasser abläuft. In Querrichtung von Osten, damit die Wetterseite nur geringe Angriffsfläche bietet und die Feuchtigkeit nicht zwischen die Tafeln geblasen werden kann. Darum gibt es auch rechte und linke Schiefertafeln – Bogen rechts oder links.

An der Spitze des Giebels muss man die letzten Tafeln so ausrichten, dass Sie oben mit einer ganzen Platte ankommen. Die abdeckende Tafel wird gleichmäßig beidseitig zugeschnitten und vernagelt. Möglicherweise muss man Löcher in die darunter liegenden Tafeln bohren, damit man an das darunter liegende Holz kommt.

Einweisen der Handwerker und Versorgungsunternehmen

Wenn Sie seit drei bis vier Monaten den Rohbau erstellt haben und jeden Tag ein gutes Stück weitergekommen sind, beginnt nun eine Zeit, in der Sie einigen Frust erleben werden. Denn jetzt ist der Fortschritt von anderer Leute Einsatz abhängig.
Und Sie werden durch die vielen Leute mit ihren Werkzeugen, Materialien und Anfragen gehindert, die Arbeiten durchzuziehen, die Sie sich selbst vorgenommen haben.
Sie sollten sich aber die Zeit nehmen, die Handwerker intensiv zu betreuen. Anderenfalls werden Sie später mit kleinen Ärgernissen leben müssen, die Sie zu dieser Zeit mit einigen Erklärungen hätten verhindern können.

Klinkerer

Ich empfehle ihnen, bei den Klinkersteinen nicht zu sparsam zu sein, denn der Klinker macht den Eindruck ihres Hauses aus. Natürlich in Kombination mit Fenstern, Haustür und Vorgarten.
Aber, wenn Sie z. B. einen Klinker für 50 Cent pro Stück nehmen und hätten einen viel schöneren für 70 Cent kriegen können, so haben Sie bei 10.000 Steinen 2000 Euro gespart. Diese Einsparung von 2000 Euro bereuen Sie später.
Sehen Sie sich in der Planungszeit in Ihrer Nachbarschaft einmal sehr schicke Häuser an. Sie wirken durch den Klinker und die Farbe der Fuge. Außerdem machen kleine Verschönerungen z. B. um die Fenster, wenn ein halber Stein um einige Zentimeter vorgezogen wird oder eine senkrecht stehende Klinkerreihe in Höhe ihrer Erdgeschoßdecke sehr viel aus.

Die Verklinkerung sollte schon beginnen, wenn Sie das Dachgeschoß hochziehen. Das hat den Vorteil, dass Sie das Gerüst, das die Klinkerer benötigen, für die Verschieferung der Giebelflächen benutzen können.

Noch ein Tipp, den Sie berücksichtigen sollten:
Wenn Sie ihre Fensterbänke aus Klinkersteinen bilden wollen, müssen Sie unbedingt darauf achten, dass als Verbindung zum Fenster eine Folie eingebaut wird. Diese Folie soll das Wasser, das von den Fenstern herunterfließt daran hindern, hinter dem Klinker in ihr Innenmauerwerk einzudringen. Die Folie muss also unter dem Fensterbankklinker nach außen geführt werden. Sie bleibt unsichtbar, weil Sie vor dem Verfugen abgeschnitten wird.

Achten Sie auch darauf, dass der Klinker bis in die Sparrenzwischenräume geht. Ansonsten entsteht ein Schlitz zwischen unterer Holzverschalung der Sparren und dem Klinker.
Achten Sie darauf, dass die Klinkerabfälle, wenn Sie mindestens die Größe eines halben Steines besitzen, auch verarbeitet werden.
Lassen Sie es nicht zu, dass Speißabfälle auf ihrem Grundstück verteilt werden. Wenn Sie später den Garten oder die Einfahrt anlegen, sind die festgewordenen Speisbrocken ein Ärgernis.

Sie müssen dem Klinkerer sagen, wo er Dämmungsmaterial einfügen soll. Das Material wird von den Luftschichtankern getragen.
Es soll dicht an der Wand liegen. Zwischenräume zwischen den Dämmungsmatten sind nicht erlaubt. Überlappungen sind vorzunehmen bei zwei oder drei Lagen Dämmmaterial. Die Matten sollten imprägniert sein, damit Sie keine Feuchtigkeit aufnehmen.

Versorgungs-Anschlüsse

Sprechen Sie mit den Versorgungsunternehmen, dass Sie ihnen so schnell wie möglich Wasser, Abwasser, Strom und Gas anschließen. In manchen Städten und Gemeinden müssen Sie die Versorgungsleitungen schon Wochen vorher beantragen!!! Auch die Post sollte schon den Telefon- und evtl. Antennenanschluß ins Haus legen.
Die Gasversorgung wird erst installiert, wenn das Haus nicht mehr von Fremden oder Kindern betreten werden kann.

Es sollte eine provisorische Haustür vorhanden sein.

Wenn die Anschlüsse fertig sind, können Sie endlich die Fläche vor Ihrem Haus uneingeschränkt nutzen.

Die Versorgungsunternehmen lassen sich die Erdarbeiten sehr hoch bezahlen. Ca. 80 Euro kostet der Aushub eines Meters Versorgungsgrabens. Wenn Wasser, Abwasser usw. nicht zu tief liegen, sollten Sie die Gräben lieber selbst ausheben. Sprechen Sie mit dem Architekten und den Versorgungsunternehmen, wo die Anschlüsse gemacht werden.

Dachdecker

Der Dachdecker sollte so schnell wie möglich die Folie auf das Dach bringen, wenn Sie es nicht schon selbst gemacht haben.
Danach muss die Dachrinne gesetzt werden. (Schieferarbeiten vorher erledigen) Sie muss natürlich sofort mit einem Fallrohr an den Kanal angeschlossen werden. Ist der Kanal noch nicht fertig, leiten Sie das Wasser zumindest so weit wie möglich von Ihrem Haus weg. Und zwar in eine Gegend, wo kein Gefälle mehr zu Ihrem Haus vorliegt.

Nun sollte der Dachdecker die Dachflächen, den First und den Schornstein abdichten.
Wenn Sie die Garage schon fertig haben, übernehmen die Dachdecker meist auch das Abdichten des Daches.
Für das Garagendach beschreibe ich später noch eine preislich günstigere Alternative.

Achten Sie darauf, dass die Lötstellen an Dachrinnen und Fallrohren fest und rundum dicht sind. Undichte Lötstellen können insbesondere bei sehr langen Dachrinnen entstehen, weil hier permanente Wärmeausdehnungen leicht zu Tropfstellen führen, die ganz besonders über dem Hauseingang oder einem Balkon stören und im Winter für gefährliche Rutschstellen sorgen.

Für eine bessere Hinterlüftung der Dachdämmung empfiehlt sich ein sogenannter Trockenfirst. Er unterscheidet sich vom Nassfirst dadurch, dass die Firststeine nicht mehr in ein Bett aus Speiß gelegt werden, sondern auf ein Kantholz vernagelt bzw. mit Klammern befestigt werden.
Der Dachdecker wird Ihnen auch sagen, wie viele Lüftersteine Sie auf der Dachfläche verteilen sollen. Die Dachdecker übertreiben es in meinen Augen meist in der Menge dieser Lüftersteine. (Daran ist eine Menge zu verdienen.) Übrigens werden Dachziegel heute zu einem großen Teil mit Klammern gegen Sturmschäden gesichert. Ist wichtig, da sonst die Gebäudeversicherung im Schadenfall nicht zahlen will.

In einigen Bundesländern ist es Pflicht, dem Schornsteinfeger das Besteigen des Daches zu ermöglichen. Entweder durch eine Leiter oder mit Trittstufen. Der Dachdecker baut entsprechende Leiterhaken oder Trittstufen ein. Seien Sie mit den Trittstufen nicht zu großzügig. Sie kosten pro Stück zwischen 50 und 80 Euro.
Wenn jede zweite Dachziegelreihe eine Stufe hat, reicht es auch. Achten Sie auch auf die Position der Stufen, denn wenn der Schornsteinfeger seine Leiter später in ihren Vorgarten stellen muss, um an die erste Stufe heranzukommen, ist das nicht sehr angenehm. Man kann die Stufen ja auch schräg zum Schornstein führen. Neben dem Schornstein wird eine etwas größere Standplatte eingebaut.

Der Dachdecker soll Ihnen an den Stellen, wo ein Kanalentlüftungsrohr endet einen Lüfterstein auflegen.

Wasser

Sagen Sie dem Installateur, wo die Leitungen liegen sollen und wo die Zapfstellen gebraucht werden.
Lassen Sie Wasserleitungen möglichst nie waagerecht an einer Wand entlang laufen. Führen Sie lieber alle Rohre unter die Decke und führen Sie dort dahin, wo Sie nach oben oder unten verzweigen.

Denken Sie daran, dass auch eine Waschküche oder ein Anschlussraum später einmal sauber gestrichen oder gefliest werden soll. Rohre an den Wänden stellen für diese Verschönerungen ein massives Hindernis dar.

Lassen Sie speziell zur Badewanne kein zu dünnes Wasserrohr einbauen. Ansonsten sind die Wartezeiten beim Füllen der Wanne zu groß und damit steigen bei der Warmwasserleitung auch die Wärmeverluste.
Haben Sie schon einmal darüber nachgedacht, dass das aufzuwärmende Brauchwasser natürlich um so mehr Energie verbraucht, je kälter es in der Heizung ankommt. Stellen Sie sich einmal vor, Sie legen zwei Wasserrohre auf die Garage und bauen später einen Wärmetauscher an diesen Kreis, so dass das Wasser zumindest in den 6 frostfreien Monaten nicht mehr von 12 Grad aufgeheizt werden muss, sondern vielleicht schon auf 30 oder mehr Grad aufgeheizt ist.
Die Energieeinsparung sollte die geringen Investitionen der Wasserrohre schnell amortisieren. Sie brauchen noch ein paar Ventile, um den Kreis In den Wintermonaten zu umgehen. Außerdem müssen die nach außen führenden Rohre entleert werden können.

Geschirrspüler und Waschmaschine können nicht so ohne weiteres mit warmem Wasser versorgt werden. Bestimmter Schmutz wird besser durch kaltes Wasser gelöst.

Achten Sie einmal darauf, mit welcher Hand Sie in der Küche und am Waschtisch den Wasserhahn greifen. Es sollte nicht immer der Warmwasserhahn sein. Legen Sie den Warmwasseranschluss auf die Seite, die nur bewusst geöffnet wird. Insbesondere bei geringen Entnahmemengen, wird häufig warmes Wasser in den Leitungsstrang geholt, ohne dass es tatsächlich verbraucht wird. Dort kühlt es sinnlos ab.

Legen Sie eine zusätzliche Wasserversorgung für die Toilettenspülung an. Wenn Sie einmal auf die Idee kommen, Regenwasser für den Spülvorgang zu nutzen oder unsere Politiker dafür sorgen, dass nicht mehr Trinkwasser für das Spülen der Toiletten benutzt werden muss, können Sie problemlos umstellen. (vielleicht darf man dann sogar das durch eine Grundwasserpumpe bereitgestellte Wasser benutzen.) Mit zwei zusätzlichen Kugelventilen können Sie dann entscheiden, welche Wasserart Sie benutzen. Aus Sicherheitsgründen vorher mit dem Wasserversorger sprechen!! Denn es darf nie schmutziges Wasser in das Brauchwasser gelangen!!

Schaffen Sie die Möglichkeit, dass z. B. nur die Wasserversorgung des Bades unterbrochen werden kann, wenn Reparaturen nötig werden sollten.

So können Sie die anderen Versorgungsstellen weiter verwenden, ohne direkt hinter der Wasseruhr absperren zu müssen.

Während der Bauzeit sollte so bald als möglich, hinter der Wasseruhr die Entnahme möglich sein, ohne dass schon das gesamte Netz verlegt ist.

Der Installateur benötigt für die Toilette und für Waschtische mit Halbsäulen oder Vollsäulen ganz genaue Einbaumaße für die Anschlüsse. Sie müssen sich also schon für entsprechende Modelle entschieden haben und die Maße mitbringen.

Wasserrohre sollten immer gedämmt in der Wand verlegt werden, damit Sie keinen Schall übertragen können. Anderenfalls hören Sie im ganzen Haus, wenn irgendwo Wasser entnommen wird. Die Dämmung reduziert auch die Wäremeverluste auf dem Weg zur Entnahmestelle.

Heute ist es üblich, eine Warmwasserzirkulation zu den einzelnen Zapfstellen einzubauen. Sicherlich eine komfortable Sache. Aber, wenn man die Installationskosten und die laufenden Kosten für die Pumpe und die Wärmeverluste betrachtet, muss man sich darüber im klaren sein, dass dieser Luxus einiges kostet. Man kann das kalte Wasser bis warmes Wasser ankommt auffangen und z. B. für Toilettenspülzwecke nutzen. Die Zirkulationspumpe verkalkt recht schnell und macht Probleme.

Abwasser

Für die Abwasserleitungen gilt das gleiche wie für die Wasserleitungen. Legen Sie sie so, dass Sie später möglichst wenig stören.
D.h. hoch an die Decke oder unter den schwimmenden Estrich, wenn seine Aufbauhöhe ausreichend ist.

Wenn Sie die Schlitze nicht schon im Porenbetonmauerwerk vorgesehen haben, muss der Installateur auch Stemmarbeiten vornehmen. Diese können sehr aufwendig sein, wenn z. B. die Durchbrüche in den Betondecken nicht durch Styropor-Klötze vorgesehen sind.

Bei einer Einbauküche sollte man auf die Einbautiefe der Geräte achten. Möglicherweise kann ein Abwasserrohr, das nicht in die Wand eingelassen ist, die Einbautiefe beeinflussen.

Lassen Sie sich eine schraubbare Öffnungsmöglichkeit in das Abwasserrohr einsetzen, so dass Sie später Säuberungsarbeiten problemlos durchführen können.

Die Kanalrohre werden geprüft, indem der Abfluss im Revisionsschacht geschlossen wird. Danach wird das gesamte Abwassersystem inclusive des Revisionsschachtes mit Wasser gefüllt. Der Wasserspiegel darf nicht sinken. Denn dann wäre auf der neu gebauten Seite von Ihrem Haus aus irgendwas undicht. Die Prüfung und Prüfbescheinigung kosten rund 200 Euro und wird für die Abnahme des Kanalsystems von Ihrer Gemeinde aus verlangt!

Elektroinstallation

Sie müssen mit dem Elektriker die Position des Sicherungs- und Verteilerkastens festlegen. Lassen Sie mindestens für jeden Raum eine Sicherung einbauen. So können Sie später Fehler einkreisen. Man sollte auch die Kreise zwischen Licht und Steckdosen trennen, um zumindest in jedem Raum Licht für Reparaturen zu haben.

Nun müssen Sie die Positionen der Steckdosen und Lichtschalter vorgeben. Wechselschalter müssen speziell gekennzeichnet werden.

Die Positionen des Elektroherdes und anderer massiver Stromverbraucher müssen vorgegeben werden. Hier sind besondere Kabelquerschnitte erforderlich.

Zeigen Sie dem Elektriker, wo die Klingelanlage und der Klingelknopf liegen sollen.

Zeigen Sie ihm, wo Außenbeleuchtungen und Außensteckdosen vorzusehen sind. (Außensteckdosen sollten von innen vom Stromkreis zu trennen sein)
Wenn mehrere Außenbeleuchtungen an einem Wechselschalterpaar hängen, ist es später nicht mehr ohne weiteres möglich, einen Bewegungsschalter für eine dieser Lampen einzusetzen. Eine Leitung mehr kann diese Schwierigkeiten ausräumen.

Der Elektriker verlegt auch die Innenverkabelung der Antenne. Sehen Sie z. B. in einem Gäste- und dem Kinderzimmer zusätzliche Dosen vor.

Grundsätzlich gilt, dass Stegleitungen, die auf das Rohbaumauerwerk genagelt werden, später nicht mehr ohne weiteres an andere Anforderungen anzupassen sind.
Leitungen im Rohr sind dagegen erheblich teurer.
Insbesondere in der Garage, einem Werkstattkeller, einem Kinder- und Gästezimmer können sich die Anforderungen später erheblich von denen unterscheiden, die Sie während der Bauzeit vorsehen. Lassen Sie also lieber einige Steckdosen mehr verlegen, als dass Sie diese später mühsam selbst nachbauen. Das Haus muss später alterstauglich sein!!!
Berücksichtigen Sie auch, dass die Möbel nicht immer so stehen, wie Sie es in ihrer Planung vorgesehen haben.

Heizungsinstallation

Bei der Heizung spielt natürlich die Art des Brennstoffs und die Art der Heizkörper eine große Rolle.
Ich persönlich favorisiere eine Fußbodenheizung, die von einem Gasofen gespeist wird.
Die Gasheizung benötigt keinen Lagerraum, ist sehr sauber und außerordentlich gut ablesbar. Man kann den Verbrauch pro Minute an der Gasuhr ablesen. (Der Heizungsbauer kann übrigens am Verbrauch pro Minute die Kilowattleistung ihrer Heizung ablesen).
Sie können aber auch bei Veränderungen und Anpassungen sofort erkennen, welchen Effekt die Maßnahme hatte.
Eine Fußbodenheizung favorisiere ich wegen des gewonnenen Wohnraums und Stellplatzes. Man muss sich keine Gedanken mehr machen, wie lang die Gardine ist, wo die Möbel stehen oder ob die Dämmung hinter dem Heizkörper auch dick genug ist. Außerdem werden viel geringere Temperaturen in der Heizanlage erzeugt. Das spart Energie. (Der Schornstein muss ein an die niedrigen Temperaturen angepasstes Rauchrohr besitzen)

Ein großer Nachteil der Fußbodenheizung ist die lange Aufheizdauer.
Daraus ergibt sich auch eine lange Abkühldauer. Na und, werden Sie sagen. Aber berücksichtigen Sie z. B. dass das Kinderzimmer zu ganz anderen Zeiten abkühlen soll als z. B. das Badezimmer. Wenn Sie ihre Kinder ins Bett schicken, soll der Raum schon bald ausgekühlt sein, um einen gesunden Schlaf zu ermöglichen. Das Badezimmer soll aber auch noch warm sein, wenn Sie selbst sich später fürs Bett fertig machen.
Daraus ergibt sich, dass Sie entweder ein spezielles Ventil für das Kinderzimmer besitzen sollten oder dass Sie zwei unterschiedlich zu steuernde Heizkreise am Heizofen vorsehen müssen.

Die Fußbodenheizung wird folgendermaßen gespeist: vom Ofen aus gehen Kupferrohre bis zu einem Verteiler aus Messing, der in jeder Etage steht. Dort sind für jeden Raum ein oder mehrere Kreise eines Kunststoffrohres angebunden.
Sie können die Durchflussmenge des Warmwassers problemlos mit

einem Schraubenzieher regulieren.

Je nach Wärmebedarf und Grundfläche eines Raumes werden die Heizschlangen in breitem oder engem Abstand auf einer Dämmungsmatte befestigt. Die Dämmungsmatte ist die Dämmungsschicht des schwimmenden Estrichs. Der Estrich selbst nimmt die Wärme aus dem Wasserkreislauf auf und gibt Sie langsam an den Wohnraum ab.
Bei einer Außentemperatur-abhängigen Steuerung wird je nach Außentemperatur die sogenannte Vorlauftemperatur herauf- oder heruntergefahren. (Vorlauftemperatur ist diejenige Temperatur, die nach der Aufheizung des Wassers im Heizofen erreicht wird und zum Einpumpen in die Heizschlangen bereitsteht.)
Man kann die Vorlauftemperatur auf seine eigenen Bedürfnisse einstellen. Auch die Zeiten, wann die Wohnung geheizt werden soll, kann minutengenau und für jeden einzelnen Wochentag anders eingestellt werden.
Falls Sie einen Kachelofen oder einen Kaminofen vorgesehen haben, denken Sie einmal darüber nach, ob deren Wärme nicht auch in ihren Heizkreis einfließen soll. Es sind allerdings einige Rohre, Ventile und eine zusätzliche Pumpe und ein weiterer Mischer erforderlich. Ein solcher Ofen kann sich nur rentieren, wenn man sehr viel Holz günstig einkaufen kann.

Übrigens wird bei einer Fußbodenheizung die Gebäudeversicherung um ca. 20 Cent pro Quadratmeter teurer. Denn, wenn einmal ein Heizkreis undicht wird, kann schon ein ganz schön teures Chaos entstehen. Fliesen, Teppich, Estrich, Möbel und so weiter können zu Schaden kommen. Man muss die undichte Stelle auch erst einmal finden. Denn das Wasser tritt nicht immer dort zutage, wo der Schaden liegt.

Lassen Sie sich von ihrem Heizungsbauer keine zu groß dimensionierte Heizungsanlage aufschwatzen. Man rechnet heute bei einem gut isolierten Haus mit einem Wärmebedarf von ca. 20 bis 50 Watt pro Quadratmeter.
Haben Sie auch schon einmal darüber nachgedacht, ob Sie einen

Warmwasserspeicher unbedingt brauchen. Wenn eine Heizung ca. 20 kW Leistung bringt, sollte es möglich sein, auch eine Badewanne direkt mit Heißwasser zu befüllen, das ihre Heizanlage direkt erwärmt.
Der Warmwasserspeicher kostet ca. 2000,- DM.

Wenn Sie aber einen Warmwasserspeicher installieren, sollten Sie unbedingt einen Edelstahlkessel nehmen. Ein Speicher aus anderem Material benötigt alle paar Jahre eine sogenannte Opferanode, damit er nicht rostet. Das sind jedesmal ca. 200 Euro für Material und Installation.

Auch aus Umweltgesichtspunkten sollte man zu Gas greifen. Die Abgaswerte sind besser, als diejenigen von Kohle, Strom und Öl.

Eine Zugbegrenzungsklappe dient dazu, dass keine kalte Luft mehr an den Heizlamellen vorbeifließt, wenn der Ofen nicht arbeitet. Es sollen Energieeinsparungen von ca. 5 Prozent möglich sein.

Innenausbau

Fußbodenheizung vorbereiten

Um Kosten für den Estrichleger zu reduzieren, sollte man die aus Schaumstoff bestehenden Randstreifen, die Styroporflächen und die Estrichfolie selbst verlegen.
Die Randstreifen werden einfach an die Wand gelegt und dann mit einigen Styroporplatten am Umfallen gehindert. Die Styroporplatten werden versetzt übereinander gelegt. Sie sollen möglichst dicht aneinander gelegt werden. Damit beim Verlegen des Estrichs keine Speißmengen bis zum Boden durchdringen können, sollte oben auf die Styroporfläche eine dünne Dachpappe gelegt werden.
Die Estrichleger werden in etwa einem Tag alle Räume mit Estrich belegt haben. Sie lassen eine große Menge an grobem Sand vor ihrem Haus abschütten und mischen ihn mit Zement und dem flüssigen Zusatz des Heizungsbauers (wenn eine Fußbodenheizung vorgesehen ist). Danach wird der Estrich mit Luftdruck durch einen dicken Schlauch in ihr Haus gepresst und von den Estrichlegern verteilt.
In großen Räumen werden kleinmaschige Stahlmatten oder Glasfasern eingearbeitet, damit sich keine Risse bilden.
Der Estrich soll einige Tage lang nicht betreten werden.

Achten Sie darauf, dass am Treppenansatz und an der Haus- und Terrassentür keine schrägen Abschluss-Flächen hergestellt werden; Sie sollten senkrecht sein. Denn wenn Sie hier später Fliesen legen, gibt es nach einigen Jahren Abrisse.

Telefon

Lassen Sie sich zumindest vor dem Estrichlegen und Verputzen die Leerrohre in die entsprechenden Räume legen.
Insbesondere wenn man älter wird, wünscht man sich ein Telefon an seinem Bett. Sehen Sie also eine Telefondose vor. Eine andere

Alternative sind schnurlose Telefone.
Auch im Kinderzimmer könnte später einmal ein zweiter Apparat benötigt werden, insbesondere wenn die Kinder im Computer- und Internetalter sind.

Fenster

Die Fenster werden vor dem Verputzen der Fensterwangen eingesetzt und festgedübelt. Die Dübel sitzen an Blechlaschen, die seitlich am Fenster befestigt werden. Die Blechlaschen werden eingeputzt.
Probleme können entstehen, wenn die Luftschicht zwischen Innenmauerwerk und Klinker zu groß ist. Denn die Fenster sollen ja an die Klinker anstoßen. Wenn der Abstand der Klinker nun sehr groß ist, könnten die Fenster in der Luft hängen. Bei diesen Problemen lohnt es sich, den Klinker in Längsrichtung auf das Fenster zuzusetzen. Dadurch ergibt sich eine Einfassung in der Breite eines halben Klinkers vor ihren Fenstern.

Wohnen Sie an einer stark befahrenen Straße und liegt evtl. auch noch Ihr Schlafzimmer in dieser Richtung, sollten Sie zu Schallschutzverglasung greifen. In diesem Fall sind die einzelnen Glasschichten des Fensters unterschiedlich dick, so dass sich Resonanzschwingung nicht mehr so leicht fortsetzen können.

Der Statiker gibt den U-Wert für die Fenster vor. Der ist heutzutage nur noch mit 3-fach-Fenstern zu erreichen. Trotzdem sind die Fenster immer noch die am schlechtesten isolierten Flächen der Außenwände.

Wünschen Sie sich Sprossenfenster lassen Sie sich von Ihrem Lieferanten Sprossen zeigen, die wegzuklappen sind. Ihre Frau wird dankbar sein, wenn Sie großflächig putzen kann. Die andere Alternative sind zwischen dem Glas eingebaute Sprossen, die keinerlei Hindernis bei der Reinigung ergeben.

Wollen Sie sich Holzfenster einbauen lassen, empfehle ich

endbehandelte Fenster. Bei ihnen sind die Holzflächen mehrfach mit Farbe bedeckt worden. Der Aufpreis macht zwar ca. 15 Prozent, aber die Qualität werden Sie mit der Hand und dem Pinsel nicht erreichen können, selbst dann nicht, wenn Sie sie vor dem Einbau mehrfach streichen. Bedenken Sie bitte, dass es im Rohbau zieht und viel Staub von den nassen Farbflächen eingefangen wird.

Zwischen Fenstern und Klinkern wird die Rollladenführung angebaut. Diese Führung besteht aus U-Profil-Leisten. An der oberen Seite müssen diese Leisten innen abgeschrägt sein, damit das Rollo leicht ins Profil hinein gleiten kann.

Berücksichtigen Sie, dass nach dem Einbau die Schlitze zwischen Fenster und Klinker mit Silikon abgespritzt werden müssen.
Eine 300 Milliliter Kartusche kostet zwischen 5 und 10 Euro. Wenn Sie einen Schlitz von mehr als 1,5 cm Breite ausspritzen wollen, ist die Kartusche nach etwas mehr als einem Meter leer. So gehen einige hundert Mark für Silikon weg. Wenn der Schlitz zu groß ist, behilft man sich mit sogenannten Schaumgummiwürsten. Sie helfen das Volumen, das vom Silikon geschlossen werden soll zu verringern.

Die Fensteroberkante muss bezogen auf ihre Decke ca. 25 cm tiefer liegen. Das waagerechte Brett der Rollokästen wird in die Fenster eingeschoben. Die Fenster besitzen üblicherweise eine entsprechende 10-mm-Nut.

An der Unterkante des Fensters liegt auf der Innenseite eine Kante, unter die die Innenfensterbank gesetzt werden kann. Wenn das Fenster waagerecht eingebaut ist, ist es ein Kinderspiel, die Fensterbänke einzusetzen.

Wenn Sie viel Wert auf Sicherheit bei den Fenstern legen, bestellen Sie solche mit einem abschließbaren Griff und Pilz-Beschlägen.
Um eine preisgünstige Lösung für die Arretierung der Rollläden einzubauen, sollten Sie die Fenster seitlich nicht zu tief einputzen lassen. So kann man seitlich ein Loch ins Fenster bohren, das in der

Rollladenführung endet und auch das Rollo durchbohrt. Nun kann man bei heruntergelassenem Rollo einen Stift einstecken und arretieren, der das Rollo gegen das Hochschieben sichert.
Der Rollladenbauer kann Ihnen aber noch eine einfachere, aber auch teurere Alternative anbieten.

Rollos

Die Rollos werden seitlich an den Fensterwangen befestigt. Man schlägt eine Brett für die Kugellager-Befestigung des Metallrohres an die Wand, schneidet das Rohr auf Länge zu und setzt es ein. Dieses Rohr trägt auch die Gurtrolle. Von der Gurtrolle wird der Gurt nach unten zum Gurtkasten geführt.
Lassen Sie sich mindestens 20 Millimeter breite Gurtbänder einsetzen.
Das schmalere reißt zu schnell.
Die komfortablere Alternative sind elektrische Rolladen-Motore ohne Gurtband.

Achten Sie darauf, dass der Rollokasten nicht vor der Wand liegt. Diese mit der Wand abschließende Lösung ist nur geringfügig teurer, erspart ihnen aber Zusatzaufwand beim Einbau der Holzdecke, beim Tapezieren oder Fliesen.

Es wird eine Leiste in die Wand eingebaut, die so genutet ist, dass Sie die Front- und Bodenseite des Rollokastens aufnehmen kann.
Achten Sie darauf, dass der Rollokasten von innen möglichst gut isoliert ist.
Die Einbruchsicherung gegen Hochschieben ist übrigens auch gleichzeitig ein Schutz gegen zu starke Zugluft in den Rollokasten hinein. In diesem Fall wird das Rollo, wenn es ganz heruntergelassen ist, von Federstahlblechlaschen nach außen an den Klinkersturz oder die verzinkte Winkelschiene, die den Sturz trägt, gedrückt. Es sind als Diebstahlschutz noch einige Fanghaken am Sturz befestigt, die das Hochschieben verhindern.

Berücksichtigen Sie, dass der Hohlraum zwischen Innen- und Außenmauerwerk über den Rollokästen zum nächsten Geschoß führt. Durch diesen Hohlraum übertragen sich Geräusche sehr gut.

Man kann sich dagegen etwas schützen, indem man vor dem Einbau der Rollos ein Holzbrett unter die Decke setzt, das den Hohlraum schließt. Auch seitlich in der Höhe des Rollokastens sollte man ein mit dem Klinker abschließendes Brett anbringen; zusätzliche Dichtigkeit bringt Montageschaum oder Steinwolle.

Das Brett unter der Decke verhindert zudem, dass Speiß von der Verklinkerung in den Rollokasten hineinfällt und das Rollo einmal blockiert.

Checkliste nach dem Fenster-Einbau

Trotz Fachkräften bei den Fensterbauern, muss man das Ergebnis doch sehr genau prüfen, um nicht erst nach der Bezahlung die vielen kleinen Mängel fest zu stellen.

- Mit der Wasserwaage prüfen, ob die Fensterrahmen in beide Richtungen senkrecht stehen und das untere und obere Profil waagerecht. Selbst Bäuche im Profil gibt es.
- Schließen die Fenster dicht, oder gibt es Zugluft. Ein Blatt Papier zwischen den geschlossenen Fenstern und den Rahmen darf nicht heraus zu ziehen sein.
- Kippen die beiden nebeneinander liegenden Fenster eines zweiflügligen Fensters gerade oder verlieren sie die Parallelität.
- Sind die Drehgriffe leicht zu bewegen
- Hört man Schleifgeräusche beim Öffnen oder Schließen von Fenstern und Türen
- Sind neben einander liegende Fenster und Terrassentüren gut miteinander verbunden oder gibt es Zugluft
- Das untere Brett der Rolladenkästen wird einfach in ein Profil am oberen Rad der Fenster eingeschoben. Bei Winddruck von außen kann es hier zu Quietschgeräuschen kommen. Mit festem Druck an den oberen Rand des Fensterrahmens kann man das feststellen. Hier gibt es normalerweise auch einen Luftzug.

- Wenn die Fensterwangen verputzt sind und auch noch mit Fliesen beklebt wurden müssen sich die unteren Bretter der Rolladenkästen immer noch öffnen lassen, um Reparaturen an Rolladen, Lager oder Rolladenmotor oder Gurtband durchführen zu können.
- Die Rolladen werden außen durch Kunststoff-Stopper oder Schienen daran gehindert hinter die Klinker in den Rolladenkasten gezogen zu werden. Wenn der Schlitz zwischen Rolladen und Sturz zu groß ist, können z.B. Fledermäuse den Rolladenkasten als Schlafplatz benutzen. Sie hinterlassen eine Menge Kot auf Fenstern und Fensterbänken. Die Schienen sind hier besser!

Einbau von Fensterbänken, Fliesen, Holzdecken, Tapeten, Türen

Wenn Fenster eingebaut sind, Fensterbänke in Speiß setzen

Sobald die Fenster eingebaut sind, können die Marmorfensterbänke auf ein Speißbett gesetzt werden. Die Tiefe der Fensterbank ergibt sich aus dem Verwendungszweck (Ist Sie nur eine Blumenabstellmöglichkeit oder soll auch ein Heizkörper überdeckt werden). Bestellen Sie bei Ihrem Baustofflieferanten 2-3 cm dicken Marmor. Die Preise pro Quadratmeter schwanken zwischen 130 und 300 Euro.
Das Material wird auf den Zentimeter genau nach ihren Wünschen zugeschnitten und an den Kanten gefräst und poliert, so dass sich keine scharfen Kanten ergeben.
An der Unterkante der Fenster gibt es eine Kante, die beim Einsatz der Fensterbänke hilft. Mit einer Wasserwaage stellen Sie die Waagerechte in Raumrichtung sicher. Die Kante am Fenster wird später mit farblosem Silikon gegen Zugluft abgedichtet.
Unter der Fensterbank müssen Sie den Speiß so weit zurückstehen

lassen, dass noch Putz aufgetragen werden kann.
Benutzen Sie wieder den Mörtel der Mörtelklasse III. Er hat eine so weiche Konsistenz, dass Sie mit einem leichten Gummihammer auf die Fensterbank schlagen können und er sich unten herausdrücken lässt.
Legen Sie ein Stück Holz auf die Schlagfläche, damit sich der Druck des Hammers gleichmäßiger auf die Fläche verteilt und es nicht zu Brüchen im Marmor kommt.

Fliesenpositionen festlegen und einmessen

Legen Sie bei den Bodenfliesen zuerst eine komplette Reihe mit den richtigen Fugenbreiten an einer Gummischnur entlang ohne Kleber auf den Estrich. So können Sie feststellen, ob z.B. durch das Erweitern der Fugen schmale Reststücke am Ende einer Fliesenzeile vermieden werden können oder ob durch das Zusammenschieben der Fugen eine ganze Fliese am Ende einer Zeile auskommt.
Mit diesem Fugenmaß müssen Sie natürlich auch in die andere Richtung gehen. Auch in der anderen Richtung sollte eine möglichst vollständige Fliese am Ende liegen.
Man beginnt an der Wand, die im direkten Sichtfeld liegt. Hier soll auf jeden Fall eine ungeteilte Fliese liegen. Unter einem Schrank oder einer Sitzgruppe können ruhig Reststücke verlegt werden.

Dehnungsfugen im Estrich müssen sich auch in den Fliesen fortsetzen.
Man muss eine Fliesenfuge über eine Dehnungsfuge legen oder einen Schnitt durch die Fliese machen und so eine künstliche Fuge erstellen.
Die Fuge über dem Estrichschnitt muss mit Silikon elastisch gefüllt werden. Durch unterschiedliche Belastungen der einzelnen Platten des schwimmenden Estrichs und auch durch Wärmeeinwirkung ergeben sich Bewegungen.

Ziehen Sie nun in beide Richtungen eine Gummischnur. Messen Sie am Ende der Schnur, ob sich die Abstände nicht verändert haben.
Lassen Sie maximal einen Zentimeter Abstand von der Wand. Er wird von den Fußleisten verdeckt.

Richten Sie sich nach den Bleistiftstrichen, die Sie im Abstand von je 4 Platten gemacht haben, als Sie die Fliesen zum Vermessen auf den Boden gelegt hatten.

Mischen Sie den Fliesenkleber mit dem Quirl ebenso wie den Porenbetonkleber. Tragen Sie den Kleber mit einem Zahnspachtel auf den Boden auf. Immer jeweils ein bis zwei Quadratmeter.
Achten Sie darauf, dass die Heizung ausgeschaltet ist.
Feuchten Sie den Boden leicht an. Es muss sichergestellt sein, dass der Kleber nicht zu schnell trocknet. Anderenfalls verliert er seine Haftfähigkeit.

Die Fliesen werden ganzflächig in den Kleber gedrückt. Der Kleber darf in den Fugen nicht zu hoch stehen, sonst schaut er aus dem Fugenmaterial heraus.

Nach ca. zwei Tagen können Sie die Platten verfugen.
Es soll kein Schmutz in den Fugen liegen. Notfalls muss er herausgesaugt werden.
Mischen Sie eine flüssige Maße aus Wasser und Fugmaterial. Wenn das Fugmaterial zu grobkörnig ist, kann es nicht unter die Fliesenränder fließen; gerade dort muss es für zusätzliche Tragkraft sorgen, falls einmal eine Fliesenkante nicht durch ausreichend viel Kleber gestützt wird.
Wenn die Fugmasse zu dünn ist, wird Sie später schrumpfen und sich ein zu tiefes Fugbild ergeben.

Kippen Sie den ganzen Eimer mit dem Material über die Fliesen.
Verteilen Sie die Masse mit einem Gummiabzieher. Normalerweise müssten sich schon jetzt gleichmäßige Fugenflächen ergeben.
Wenn nicht, gehen Sie mit einem feuchten Schwamm über die Fläche und verteilen das Material gleichmäßig auf die Fugen.
Nach ca. einer halben Stunde ist der größte Teil der Feuchtigkeit in den Boden gezogen und verdunstet.
Nun können Sie mit einem feuchten Schwamm die Fuge glatt ziehen und die Fliese schon leicht säubern.

Ihre Frau sollte schon mit einem Eimer Wasser, Schwämmen und Lappen bereitstehen, um die Oberfläche der Fliese vollständig zu säubern.
Sie darf dabei natürlich nicht mehr die Fugenmasse auf die Fliesen schmieren.
Je nach Griffigkeit und Oberflächenrauhigkeit ist der Säuberungsarbeitsgang sehr sorgfältig durchzuführen. Sonst könnte es sein, dass sich ein grauer Schleier über die Fliese legt, der kaum noch zu entfernen ist.
Solange das Fugenmaterial feucht ist, können Sie Vertiefungen mit neuer Fugenmaße auffüllen und später aufarbeiten.
Bei schwimmendem Estrich sollten die Fugen an der Wand frei von Fugmasse bleiben. Die Estrichplatten sollen ja keine Verbindung mit den Wänden erhalten, um die Schallübertragung auszuschließen.
Außerdem würde eine Verbindung zur Wand die Randfliesen anheben und hohl machen.
Versuchen Sie immer komplette Zeilen von Fliesen zu verlegen. Wenn Sie also an einer Wand begonnen haben ziehen Sie Zeile für Zeile parallel zu dieser Wand weiter.
Wenn Sie U-förmig arbeiten, also an einer Wand anfangen, dann die Hälfte der Kopfseite legen und schließlich den Raum komplettieren wollen, entstehen in der Mitte des Raumes leicht Abweichungen bei den Fugenbreiten.

Wandfliesen können Sie auf den Putz oder auch direkt auf das Mauerwerk verlegen, wenn es ausreichend eben ist. Ich spreche nur von geklebten Fliesen, also nicht vom Speißbett.
An den Wänden müssen Sie vor dem Verkleben dafür sorgen, dass die Feuchtigkeit nicht zu schnell aus dem Kleber gesogen wird.

Sie müssen unbedingt einen **Imprägnieranstrich** auf die Wand auftragen.

Tun Sie das nicht, reißen die Fliesen nach einigen Monaten von der

Wand ab und die Fliesenwand klingt beim Beklopfen hohl. Solange keine weiteren Arbeiten an der Wand stattfinden – wie z.B. das Aufhängen eines Schrankes mit starkem Zug auf die Halteschrauben – wird aber nichts passieren.
Prüfen Sie, ob die Wände senkrecht sind. Wenn nicht, klaffen die Fliesen an den Kanten auseinander. Es hilft nur nachputzen, eine Gipswand vor die schiefe Wand setzen oder einen Fachmann bitten, die Fliesarbeiten zu übernehmen. Grundsätzlich sollte man den Putzer auffordern, im Bad, dem Gäste-WC und der Küche über Schienen zu arbeiten, so dass wirklich alles grade und senkrecht ist.

Bei Wandfliesen müssen Sie sich nach den Fenstern und Türen richten.
Es ist immer dumm, wenn Sie z. B. an einer Fensterlaibung oder unter oder über dem Fenster oder der Tür mit einem Streifen von 1,5 cm enden müssen. Bei einem so schmalen Fliesenstreifen ist das Zuschneiden schwierig, da der Streifen leicht bricht.
Aber viel schlimmer ist, dass bei dieser Streifenbreite jede Abweichung sofort auffällt.

Versuchen Sie also an einer Fensterecke oder einer Türecke zu beginnen. Messen Sie nun aus, wie es weitergeht. Kommen Sie an der anderen Fenster- oder Türecke nur mit einem schmalen Streifen aus, sollten Sie die Fliesen so verschieben, dass auf beiden Seiten ein ausreichend großes Stück übrigbleibt. Errechnen Sie auch die Restbreite an den Wänden, an der Decke, am Rollokasten und am Boden. So erleben Sie zumindest keine Überraschungen.
Wenn Sie die innenliegenden Kanten der Fensterwangen belegen wollen und keine sichtbare Fliesenkante wünschen, können Sie Randkanten aus Edelstahl verwenden. Diese Schienen sind zwar relativ teuer, dafür haben sich die Hersteller aber keine Mühe gegeben, Sie für einen Laien leicht an der Wand zu befestigen, um erst dann die Fliesen heran zu legen.

Haben Sie sich für eine Fliesenposition entschieden, müssen Sie mit der Schlauchwaage rund um den Raum eine Linie ziehen, die die gleiche Höhe aufweist. Denn, wenn Sie an einer Seite anfangen, wollen Sie ja,

dass die Fugen der vierten Wand mit denen der ersten Wand zusammenstoßen.
Als Hilfe tut eine Richtlatte gute Dienste. Mit einem Bleistift können Sie rund um den Raum eine Linie ziehen.

Nun gibt es mehrere Möglichkeiten, dass sich ein Laie die Arbeit erleichtert, um möglichst genau zu arbeiten:
Wenn Sie eine gerade Holzleiste besitzen, so schlagen Sie sie mit Nägeln an die Wand. Und zwar so, dass Sie die erste Fliesenreihe nur aufzusetzen brauchen. Wenn der Kleber nicht zu flüssig angerührt ist, hält die Fliese fest an der Wand, wenn Sie die Leiste nach dem Verlegen der Reihe wieder wegnehmen. Die Fliese sollte vorher leicht drehend in das Kleberbett, das Sie mit dem Zahnspachtel aufgetragen haben, eingedrückt worden sein.

Eine andere Alternative ist die Gummischnur. Sie schlagen zwei Nägel in die Wand an denen Sie die Gummischnur unter Spannung befestigen. Wenn Sie die Fliesen nun genau unter dieser Schnur entlang legen, kann eigentlich nichts passieren. Rutschen die Fliesen leicht nach unten, schlagen Sie kleine Nägel in die Wand, die Sie stützen. Nach kurzer Zeit hat der Kleber abgebunden und Sie können die Nägel wieder entfernen.

Noch eine Alternative sind die im Handel erhältlichen Kreuzchen.
Damit habe ich allerdings nicht immer die besten Erfahrungen gemacht, denn falls sich das Maß der Fliesen leicht unterscheidet oder man irgendwo ungenau gearbeitet hat, muss man doch wieder darauf verzichten und improvisieren.

Die Fugenbreite habe ich mit passenden Nägeln festgelegt. Sie können nach wenigen Minuten wieder aus der Fuge gezogen und in der nächsten Reihe benutzt werden.

Grundsätzlich möchte ich den Laien dazu raten, sich große Fliesenformate auszuwählen. Hier ist die Arbeit schneller getan und die Möglichkeit, dass sich Fehler nach und nach aufbauen, wird weitgehend vermieden.

Wollen Sie Teile aus Fliesen herausschneiden, z. B. für Steckdosen, Schalter, Wasser- oder Abwasseranschlüsse oder an Tür- oder Fensterecken, gibt es die Möglichkeit, die Fliese entsprechend zu schneiden und die Teilstücke zusammen an die Wand zu setzen.

Von diesem sicherlich sehr schnellen Vorgehen halte ich nichts.
Wenn Sie sich eine Allesschneidersäge kaufen (ca. 20 Euro), können Sie jeden Schnitt an der Fliese ausführen.
Noch besser ist eine kleine Flex mit einem Diamantblatt. Damit kann man recht leicht jede Fliese zuschneiden. Geduld ist gefragt, denn das Ergebnis soll ja Jahrzehnte erfreuen.
Wenn ein Loch in die Fliese soll, bohren Sie mit einem Steinbohrer vorsichtig ein kleines Loch in die Mitte, führen das Sägeblatt ein, spannen es und schneiden den Ausschnitt komplett heraus.
Das ist zwar eine langwierige Arbeit, aber Sie werden später froh sein, dass Sie sich die Zeit genommen haben.
Eine andere Alternative ist mit der Flex ein Kreuz in das Loch für die Steckdose oder den Wasserhahn zu schneiden und dann mit der Papageienzange langsam den Rest heraus zu brechen.

Die Baustofflieferanten oder Steinmetze haben in ihrem Lager häufig eine Kreissäge mit Diamantblatt. Wenn Sie Ihre Frau mit Fliesen hinschicken, auf denen Sie den Ausschnitt aufgezeichnet haben, werden die Lagerarbeiter für die nette Abwechslung (ihre hübsche Frau zu sehen) dankbar sein und Ihnen den Gefallen sicher tun.

Die Wand- und Fußbodenkanten müssen mit Silikon ausgefüllt werden.
Der Mann, der die Versieglung ausführt, richtet sich bei der Preisermittlung nach der größten Öffnung. Entsprechend fällt auch der Materialverbrauch aus.
Versuchen Sie also die Fugenbreite so gering wie möglich zu halten.

Achtung: nach eigenen Erfahrungen lösen die Silikonfugen die angrenzenden Fliesen aus ihrer Verklebung. Man sollte mit den Silikonarbeiten warten bis der Estrich belastet ist und sich gesetzt hat.

Lassen Sie um die Wasseranschlüsse keine zu großen Schlitze.
Sie müssen später mit der Edelstahlrosette der Armatur abgedeckt werden können.

Fliesen über Dusche oder Wanne werden erst gesetzt, wenn diese eingesetzt sind.

Besorgen Sie sich einen Metallrahmen, der die Fliese aufnimmt und der Ihnen auch später noch ermöglicht, den Abwasseranschluß der Wanne und der Dusche zu erreichen.

Empfehlenswert sind Styroporkörper als Unterkonstruktion der Wanne
.
Speziell bei Küchenfliesen mit Ornamenten (aber auch bei denen der Sanitärräume) ergeben sich maßliche Unterschiede. In diesem Falle müssen Sie ein Auge zudrücken und die Fuge um diese speziellen Fliesen so groß machen, dass Sie mit den normalen Fliesen in einer Flucht bleiben.

Legen Sie Wert auf einen guten Fliesenschneider. Er ist im Handel für ca. 150 Euro zu bekommen. (Manchmal wird ein gleich guter für den dreifachen Preis angeboten.) Wenn Sie viele teure Fliesen falsch schneiden kostet es Sie ja auch Geld. Aber dazu kommt der Ärger, den Sie bei dieser Arbeit nicht brauchen können. Denn Fliesenarbeiten müssen mit Ruhe und Sorgfalt ausgeführt werden. Sonst ärgert man sich sein Leben lang darüber.

In sanitären Räumen werden meist Fliesen mit einer Abriebklasse II verwendet. Für ihre Arbeit ist das gut, denn diese Fliesen sind nicht so hart gebrannt, wie die der Abriebklasse IV.
Es gibt Fliesen, die kann man selbst mit dem Steinbohrer kaum durchdringen. Das Sägen und Schneiden ist nur mit ganz besonders

gutem Werkzeug möglich.

Übrigens. Einen Nachteil hat das Fliesenlegen, wenn man es selbst macht. Man sieht später jede kleine Unregelmäßigkeit, ob es nun eine abweichende Fugenbreite ist oder ob eine Fliese ein wenig vor oder zurücksteht.

Holzdecken

Warum Paneeldecke?

Wenn man in einem Neubau die Decken verputzen lässt, dann grundieren, dann tapezieren, dann streichen und in späteren Jahren immer wieder Streichen lässt, so hat man eine Menge einzelner Arbeitsgänge und Kostenpositionen vor sich.
Bei einer Paneeldecke werden die Dachlatten angedübelt und dann die Holzpaneele angebracht. Fertig. Müsste eigentlich preisgünstiger sein.

Aber Achtung: Es gibt einige Punkte, die berücksichtigt werden müssen:
Ein Rohbau ist feucht und die heutigen MDF-Paneele ziehen gerne Wasser (auch feuchtraumgeeignete Paneele) und Sie bekommen Wellen oder fangen an zu schimmeln.
Unter den Paneelen kann man eine Wärmedämmung unterbringen oder Kabel verlegen (wenn man genau weiß, wohin diese Kabel sollen).
Wenn der Raum nicht absolut parallele Wände hat, kann man mit den heutigen Paneelen ohne lose Feder nichts mehr ‚Ziehen'. Man muss schon genau messen, um vielleicht mit halben Paneelen zu beginnen, an denen man eine kleine Veränderung des Maßes nicht so leicht sieht.

Schattenfuge oder Deckenleisten als Abschluss der Holzdecken berücksichtigen

Bevor Sie an der Unterkonstruktion der Holzdecke arbeiten wollen, müssen Sie sich entschieden haben, ob Sie später Deckenabschlussleisten anbringen wollen oder ob Sie eine sogenannte Schattenfuge vorziehen.

Bei einer Schattenfuge bleiben die Deckenpaneele ca. 2 cm von der Wand entfernt. Es wird der Blick auf eine Dachlatte freigelassen, die schwarz gestrichen wurde. Die Abschlüsse der einzelnen Paneele müssen akkurat in einer Linie liegen. Ein Schreiner hat dafür eine spezielle Säge: die Schattenfugensäge. Sie können also Ihre Holzdecke bis an die Wand ziehen und später geht der Schreiner mit dieser Säge an der Wand entlang und schneidet alle Paneele im gleichen Abstand von der Wand ab. (In den Ecken wird mit einer Handsäge weitergemacht.) Aber Achtung: die Halteklammern dürfen nicht im Sägebereich liegen.

Die andere Alternative sind die Deckenrandleisten. Sie werden später an das Ende der Paneele geschraubt und Verdecken den Blick auf die evtl. unregelmäßig verlaufende Kante. Deckenrandleisten können sehr teuer sein. Man muss zwischen 4 und 20 Euro pro Meter rechnen.
Und das sind die unteren Preislagen. Mit Echtholz furnierte Leisten sind natürlich sehr viel teurer als diejenigen, die mit einer Kunststofffolie beklebt sind, aber etwa gleichgut aussehen.

In beiden Fällen muss man Dachlatten an der Decke direkt neben der Wand verdübeln. Diejenigen für die Schattenfuge sind schwarz, die anderen nicht.

Bevor man sich für ein Paneel entscheidet, sollte man sich eine Zeichnung machen, wie die Paneele zu verlegen sind. Auf diese Weise bekommt man ein Gefühl für die Verschnittmenge. Wenn man die gleichen Paneele auch in anderen Räumen verwendet, kann man häufig Abschnitte des einen Raumes für den anderen benutzen.
Ist Ihnen die Verschnittmenge immer noch zu groß, sollten Sie zuerst feststellen, ob eine andere Verlegeart ein besseres Ergebnis bringt.
Die letzte Alternative ist die Auswahl eines anderen Paneelformats.

Dachlattenpositionen für Holzdecken festlegen

Liegt fest, welches Paneelformat Sie nehmen und wie Sie verlegt werden sollen, können Sie an den Plan gehen, wie die Dachlatten an die Decke gesetzt werden. Ein Abstand von 40-50 cm ist üblich.

Bei der Unterkonstruktion müssen Sie die Lage der Paneele genau beachten, denn Sie sollten unter der kurzen Stoßkante zweier Paneele eine Dachlatte anbringen.
Setzen Sie die Dachlatte nicht direkt unter die Stoßkante werden sich die Paneelenden nach unten wegbiegen.
Um die Dachlattenpositionen so genau festlegen zu können, müssen Sie zuerst feststellen, ob der Raum absolut rechteckig ist. Denn, wenn Sie an einer Wand beginnen und der Raum läuft schräg aus dem rechten Winkel, wird die Dachlatte nicht lange unter der Stoßkante der Paneele liegen. Sie dürfen auch nicht einfach mit der gleichen Paneellänge an der Längswand beginnen, denn genauso schräg wie die Wand wird die Stoßkante seitlich weglaufen. In einem schrägen Raum müssen Sie also so beginnen, dass an der Stelle, wo die Wand am weitesten außen liegt, auch das längste Brett befestigt wird. An den anderen Stellen müssen Sie die Paneelbretter entsprechend kürzen.
Dies gilt auch wenn die Längswand bauchförmig nach außen und wieder zurückwandert.

Wenn Sie nun die Richtungen der Paneele ausgemessen haben, müssen Sie im Abstand von ca. 40-50 cm weitere Dachlatten unter die Decke dübeln.
Wenn Sie nicht davon ausgehen, dass aus Styropor irgendwelche Giftstoffe austreten, möchte ich Ihnen empfehlen eine 2 cm dicke Styroporplatte als Wärmedämmung einzusetzen. So vermeiden Sie später, dass die Raumwärme den großen Körper der darüber liegenden Betondecke aufheizt.
Bitte berücksichtigen Sie, dass in einem Raum unter der Decke die Temperatur ohne weiteres 5 Grad höher als in Sitzhöhe liegt.

Unterkonstruktion für Holzdecken in eine Waagerechte bringen

Nun gilt es noch die Dachlatten in eine Waagerechte zu bringen.
Mit der Schlauchwaage prüfen Sie, wo der niedrigste Punkt ihrer Decke liegt. Diesen Punkt müssen Sie auf alle anderen Stellen der Decke

übertragen. Sie zeichnen also an den vier Eckpunkten mit dem Bleistift einen Strich an die Wand. Setzen Sie zwei gegenüberliegende Dachlatten unter die Decke und bringen Sie sie genau in die Waagerechte und in die gleiche Höhe.
Schlagen Sie Nägel in die Dachlatten.

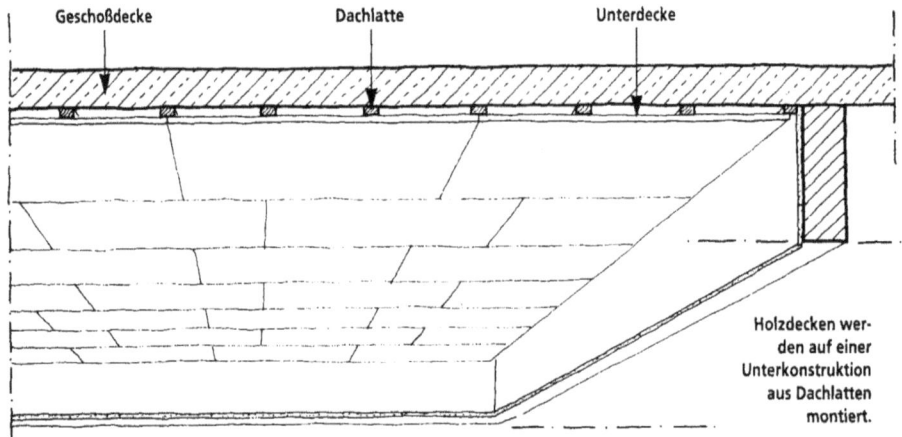

Ziehen Sie einen Fliesenlegergummi zwischen den gegenüberliegenden Dachlatten.

Nun können Sie an mehreren Punkten wieder Nägel einschlagen, das Gummiband befestigen und sich bei den dazwischenliegenden Dachlatten nach den Gummibändern richten.
Nun liegen alle Dachlatten in einer waagerechten Ebene.

Als Unterlegeplättchen eignen sich kurze Abschnitte der Federn, die Sie aus einigen Paneelpaketen nehmen. Schneiden oder brechen Sie sie in eine Länge von ca. 5 cm und schieben Sie unter die Dachlatte. Die Federn sind ca. 3 mm dick. Brauchen Sie Zwischenmaße, nehmen Sie Pappe oder Furnierstücke.

Lampenkabel berücksichtigen

Denken Sie daran, die Kabel für Lampen unter den Paneelen zu verstecken. Legen Sie fest, wo die Lampen hängen werden.
Lassen Sie eine Öffnung zwischen zwei Dachlatten, damit das Kabel von Feld zu Feld geführt werden kann.
Dort, wo eine Lampe hängen soll, sollten Sie ein kleines Brett oder ein Stück Dachlatte andübeln, damit Sie später beim Befestigen sofort hinter dem Paneel Halt finden und das Paneel nicht nach oben ziehen, wenn Sie eine lange Schraube in den Beton drehen.

Legen Sie lieber einige Kabel mehr unter die Holzdecke, damit Sie später etwas variabler auf geänderte Möbelstellverhältnisse reagieren können.
Markieren Sie sich an einer Federstoßstelle, dass darunter ein Kabel liegt.

Startpunkte des ersten Brettes festlegen

Legen Sie zwei Paneele mit Klammern zusammen und messen Sie wie groß der Abstand zwischen den einzelnen Paneelen ist. Nun können Sie errechnen, wie viele Paneele in der Gesamtlänge ihres Raumes hintereinander liegen.
Wenn Sie auf der einen Seite des Raumes beginnen und am Ende mit einem Stück von z. B. 6 cm auskommen, so empfiehlt sich, lieber Seite eine Paneelbreite von 17 cm zu nutzen. (wenn eine Paneelbreite von 20 cm verarbeitet wird)
Berücksichtigen Sie bitte; je schmaler das Reststück ist, um so leichter fallen Fehler auf. Wenn z. B. die Deckenrandleiste an einer Seite das Paneel vollständig verdeckt und auf der anderen Seite ein Keil von einem Zentimeter sichtbar bleibt, sieht man sofort, dass laienhaft gearbeitet wurde.

Verarbeitung der Paneele

Legen Sie die Paneele am besten auf zwei Böcke. Dort kann man Sie gut zuschneiden und sein Werkzeug auf ein anderes Paneel legen.
Wenn Sie das Maß festgestellt haben, zeichnen Sie von hinten mit dem Anschlagwinkel einen rechtwinkligen Strich auf das Paneel.
Mit einer Stichsäge können Sie das Brett zuschneiden.

Wenn Sie allein arbeiten, sind 2,60 m lange Paneele nur schwer zu dirigieren. Man benötigt in diesem Fall zumindest eine Montagezange.
Sie hat die Funktion einer dritten Hand. Wenn man das Paneel in die Feder und die Klammern des vorherigen Paneels geschoben hat, wird es von der Montagezange festgehalten und kann nicht mehr verrutschen. Nun kann man auf der anderen Seite weiterarbeiten oder sich das fehlende Montagematerial oder Werkzeug holen.
Achten Sie darauf, dass die Klammern häufig verbogen sind. Sie müssen gleichmäßig an der Nut liegen, damit Sie das nächste Paneel problemlos einsetzen können.

Vor dem Befestigen der Paneele drückt man Sie Holz fest an die vorherige Reihe.
Die Klammern werden mit Nägeln oder Schrauben befestigt. Es gibt spezielle Paneelnagler mit Magnet. Sie setzen einen Nagel ein und schlagen mit dem Hammer von hinten gegen einen breiten Metallstift. Er drückt den Nagel ins Holz. Jede Klammer bekommt zwei Nägel.
Achten Sie darauf, dass die Nägel nicht länger sind als die Dicke der Dachlatten.
Alternativ werden Schrauben am Besten mit Torx-Stern verwendet. Das Bit am Akkuschrauber sollte magnetisch sein.
Auf ihrer Leiter sollten Sie einen Kasten haben, der einen Vorrat an Nägeln/Schrauben, Klammern und Werkzeug aufnehmen kann.
Empfehlenswert ist je ein Zollstock auf der Leiter und einer beim Zuschnitt ihres Holzes. Wenn Sie nur mit einem Zollstock arbeiten, laufen Sie unnötig nach dem Werkzeug oder legen ihn permanent zusammen und klappen ihn wieder auf. Hilfreich ist auch ein Bandmaß, das man ständig bei sich trägt.

Wollen Sie die Styropordämmung einsetzen, sollten Sie es immer möglichst frühzeitig tun, damit Sie beobachten können, ob die Dämmplatten auch stoßgenau aneinander liegen. Vor dem Ansetzen der letzen Paneele müssen Sie Reststücke zuschneiden und einsetzen.
Styropor lässt sich leicht zusammendrücken; es kann also auf Spannung eingesetzt werden.

Paneele, die an den Wänden ankommen, können normalerweise nicht mit einer Klammer abschließend befestigt werden. Man nagelt Sie mit Nägeln mit gestauchtem Kopf direkt durchs Paneel in die letzte Dachlatte. Der Nagel soll später unter der Deckenrandleiste verschwinden oder er wird in einer Farbe gekauft, die dem Holz entspricht.

Randleisten anbringen

Wenn die komplette Decke mit Paneelen bedeckt ist, können Sie die Deckenrandleisten anbringen.
Es gibt Randleisten mit einer eingefrästen Nut. Diese Nut wird in eine Klammer gedrückt, die vorher an der Decke verschraubt wird.
Die andere Alternative ist, dass Sie die Randleisten sichtbar verschrauben. Man bohrt also ca. 10 cm von den beiden Enden und innerhalb der Randleistenlänge so, dass das Bohrloch mitten auf einem Paneel liegt.
Damit der Schraubenkopf im Holz verschwindet muss ein Krater ins Holz.
Dieses Senkloch kann man mit einem speziellen Senkbohrer erstellen oder Sie nehmen einen größeren scharfen Metallbohrer und schneiden den Krater mit der Hand heraus.

Die Randleisten haben meist eine Breite von ca. 4 cm oder mehr. Daraus ergibt sich, dass die Schraube ca. 2 cm von der Wand entfernt liegt.
Das Paneel sollte maximal bis ca. 1 cm an die Wand heranreichen.

Zum Zuschneiden der Leisten benötigen Sie eine Gehrungssäge oder eine U-Profilförmige Gehrungsleere aus Holz. Besser ist eine Kappsäge.

Halten Sie die Leiste unter die Decke und merken Sie sich, wie geschnitten werden muss. Man vertut sich bei dieser Arbeit leicht. Zeichnen Sie mit einem Bleistift die Schnittrichtung ein.
Die Gehrungsschnitte werden an einer Ecke zu einem 90-Grad-Winkel zusammengesetzt. Versuchen Sie keine Schlitze zu lassen.
Messen Sie immer millimetergenau aus, bevor Sie die nächste Leiste zuschneiden.
Die Deckenrandleisten werden vor dem Anschrauben fest an die Wand gedrückt.

Ich empfehle Ihnen, Leisten zu nehmen, die auf der Holzdecke liegen. Sogenannte Hohlkehlleisten sind sehr viel schwerer zu verarbeiten.

Wenn Sie einmal sehr kurze Leistenstücke miteinander verbinden müssen, sollten Sie sie mit Leim verbinden und gemeinsam an die Decke setzen.
Dieses Vorgehen empfiehlt sich insbesondere bei Leisten, die einen kleinen Holzkasten umfassen. (z. B. Rohrverkleidungen)

Holzdecken im Dachgeschoß

Im Dachgeschoß gibt es ein Problem beim Vermessen der einzelnen Flächen. Denn die waagerechte Decke, die Dachschräge und die senkrecht zu verschalende Wand muss jeweils ein Rechteck ergeben.
Wenn eine der Flächen eher trapezförmig ist, kann sich beim Verlegen des letzten Brettes ein Keil ergeben. An dieser Linie soll nun die nächste Fläche angesetzt werden.
Die Kanten liegen fast immer direkt im Sichtbereich.
Man muss sich also beim Ausmessen besondere Mühe geben.
Bei Fichte/Tanneprofilbrettern gibt es glücklicherweise die Möglichkeit je Brett 2 bis 3 mm zu ziehen, so dass der Keil am Ende einer Fläche einigermaßen leicht auszuschließen ist.

Man muss aber berücksichtigen, dass Holz schrumpft, wenn es trocknet. Dadurch könnten sich Lücken ergeben, wenn der Bau ausgetrocknet ist.

Auch dem Ausrichten der Dachlatten an den Sparren sollte besonderes Augenmerk gewidmet werden, da man an den Schrägen z. B. durch flach auf die Ebenen scheinendes Licht leichter Unebenheiten entdecken kann. Falls die Dachsparren nicht akurat in einer Ebene liegen, muss man die Dachlatte mit Unterlegehölzchen ausrichten.

Tapeziervorbereitungen

Berechnen Sie den Tapetenbedarf, indem Sie die Bahnenanzahl je Raum feststellen. Eine normgerechte Tapetenrolle ist 10 Meter lang und 53 cm breit. Die Tapete muss ca. 1,5 cm hinter ihrer Deckenrandleiste verschwinden.
Wenn Sie eine Fußleiste vorgesehen haben, können Sie ca. 4 cm über dem Boden mit dem Messen beginnen. Hoffentlich ist das Maß nun kleiner als 2,5 Meter. Wenn Sie keinen Verschnitt (Rapport) haben, können Sie nun mit vier Bahnen je Rolle rechnen.
D.h. Sie können die gesamte Wandlänge durch 2 m teilen und erhalten die Rollenmenge. Beachten Sie, dass hinter den Schränken, bei Fenstern, Rollos und Türen keine vollen Längen benötigt werden.

Ich empfehle Ihnen, darauf zu achten, dass Sie trocken abziehbare Tapeten kaufen. So können Sie später in wenigen Minuten das lästige Abziehen der alten Tapete erledigen.
Vor dem ersten Tapezieren sollten Sie die Wand mit einer dünnen Mischung aus Kleister und Wasser einstreichen, damit der Putz die Feuchtigkeit nicht zu schnell aus dem Klebematerial saugen kann.

Wenn Sie Tapeten benutzen, die ohne Berücksichtigung von Mustern geklebt werden können, erleichtern Sie sich die Arbeit erheblich.
Textiltapeten lassen sich gewöhnlich sehr leicht verarbeiten, sehen sehr gut aus und müssen nicht teurer sein, als sogenannte normale Tapeten.
Nehmen Sie keine Tapeten, bei denen das Papier zu dünn ist. Sie werden nach dem Einweichen leicht reißen.

Alternativ werden heute sogenannte Vlies-Tapeten verwendet. Vorteil: Sie kleistern nicht mehr die Tapete, sondern die Wand ein. Weiterer Vorteil: Die Tapeten sind fast alle trocken abziehbar. Aber Nachteil: Sie lassen kaum Feuchtigkeit durch. Das heißt: Falls die Wand aus der Rohbauzeit noch feucht ist, fängt es hinter der Tapete an zu stocken und es bilden sich Flecken auf dem Putz. Weiterer Nachteil: der Preis.

Kleistern und Einweichen

Fast jede Tapete dehnt sich ein wenig aus, wenn Sie eingekleistert ist. Sie sollten daher die vorgegebene Einweichzeit berücksichtigen, damit nicht die eine Bahn kurz und die nächste lang ist. Normal sind ca. 20 Minuten. Wenn Sie immer 4 Bahnen einkleistern, können Sie sie direkt nach dem Kleistern weiterarbeiten und die Bahnen an die Wand bringen.

Tricks und Arbeitserleichterungen

Man beginnt immer an der Fensterseite. So wird sichergestellt, dass wenn eine Tapete über die andere geklebt werden muss, kein Schatten entsteht.

Zeichnen Sie mit einem Lot eine Senkrechte auf die Wand und kleben Sie die erste Bahn ganz genau; bei langen Wänden beginnt man in der Mitte.

Setzen Sie an einer neuen Wand die Tapete neu an, damit sich schräge Kanten nicht auf die folgenden Bahnen auswirken können.

Legen Sie mehrere Tapetenbahnen so auf den Tapeziertisch, dass der Tisch komplett mit Tapeten bedeckt ist. Wenn Sie beim Einkleistern neben die Tapete kleckern, geht der Kleister direkt auf die nächste Bahn. So geht nichts vom Kleister verloren und der Tisch muss nicht dauernd gesäubert werden.

Legen Sie die eingeweichte Tapete auf den Klebeseiten zusammen. Von der einen Seite sollte sich ca. ein Drittel überlappen auf der anderen das verbleibende Sechstel. Die Tapetenseiten sollen sich genau abdecken.

Zeichnen Sie sich einen Messstrich auf den Tapeziertisch. Er soll die Wandhöhe anzeigen. So brauchen Sie den Zollstock nur noch selten.

Wenn Sie eine Tapete auf Länge schneiden wollen, legen Sie sie mit dem einen Ende auf den Tischanfang. Das andere Ende ergibt sich durch den eingezeichneten Strich. Knicken Sie die Tapete genau auf dem Strich um, so dass sich die Rückenteile treffen und die beiden Kanten übereinander liegen; streichen Sie die geknickte Kante glatt. Es ergibt sich ein rechter Winkel und Sie können mit einem scharfen Messer der Kante entlang schneiden.

Türen einbauen. Hilfswerkzeuge vorbereiten (Spreizen, Keile)

Bevor Sie die erste Tür einbauen, sollten Sie sich passendes Hilfswerkzeug herstellen lassen.

Eine Holzzarge wird aus sechs Holzteilen zusammengesetzt. Jedes Teil ist ein Winkelprofil aus Spanplatten- oder MDF-Material. An der Türinnenseite ist es mit Holz furniert und mit einer Dichtlippe aus Kunststoff versehen. Die Anschlüsse für die Türbänder (Scharniere) sind vorbereitet.

Setzen Sie die ersten drei Teile einer Türzarge zusammen. Sie werden mit Kunststoffdübeln an den auf Gehrung geschnittenen Kanten verschraubt. Zusätzlich werden die drei Teile durch zwei Kunststoffexzenter auf Spannung gebracht. Mit etwas Leim verbinden Sie die drei Teile absolut verschiebungsfest. Neuerdings werden noch ein paar Holzplättchen mitgeliefert, die oben in die zwei 45-Grad-Winkel eingesetzt werden sollen. Unbedingt verwenden, weil bei sehr schweren Türen eine enorme Spannung auf diese kleine Verbindung wirkt. Es ist bis jetzt von den drei Teilen die Rede, die das größere Winkelprofil haben. Sie umfassen die Türwangen von innen und von der Seite, wo später die Tür eingehängt ist.

Wenn Sie nun diese drei Teile zusammengesetzt haben, haben Sie das Maß der Innenspreizen. Messen Sie am kurzen oberen Zargenteil das Innenmaß. Lassen Sie sich in dieser Länge und in der Breite der Zarge 6 bis 9 Spanplattenbretter zuschneiden. 16 oder 19 mm dicke Bretter sind

richtig.
Diese Bretter werden von innen gegen die Zarge gesetzt und von außen mit Keilen verspannt, so dass sie nicht mehr herunterfallen.
Aber alles der Reihe nach.

Zargen einsetzen und einschäumen

Sie setzen vorsichtig, die aus den drei Teilen zusammengesetzte Zarge in die Türöffnung.
Wenn eine Zarge auf dem Boden steht und die Tür eingehängt wird, so hat Sie ca. 5 mm Bodenfreiheit. Sie müssen also berücksichtigen, ob der Bodenbelag schon liegt oder welche Höhe er bekommen wird.

Normalerweise haben Sie mit der Höhe des Sturzes keine Probleme.
Denn er müsste zwischen einem und zwei Zentimeter Luft lassen.
Ist das nicht der Fall, bleibt ihnen kaum etwas anderes übrig, als die

Zarge und die Tür unten gleichmäßig zu kürzen.

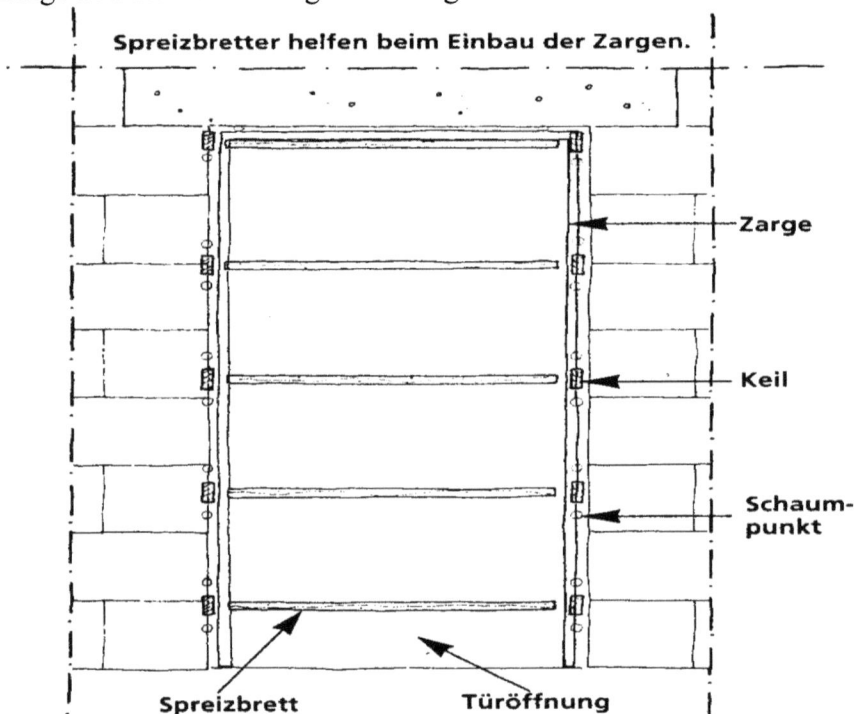

Wenn die Zarge in der Öffnung steht, drücken Sie sie an die Wand. Prüfen Sie nun, ob die Zarge (und damit die Wand) senkrecht steht. Wenn nicht, müssen Sie sie entsprechend ausrichten. Auf keinen Fall dürfen Sie sich nach einer nicht senkrechten Wand richten, denn in diesem Falle fällt die Tür dauernd auf oder zu.
Nun legen Sie auf das obere, quer stehende Zargenbrett eine Wasserwaage.
Sie muss absolut waagerecht liegen. Wenn nicht, müssen Sie die Zarge an einer Seite anheben.
Nun schieben Sie zwei Keile leicht zwischen das waagerechte Zargenbrett und die Türöffnung. Die Zarge muss nun festgeklemmt sein, so dass Sie keine Bewegung nach oben oder unten machen kann. Sie soll auch nicht mehr aus der Türöffnung kippen können.

Nun müssen Sie dafür sorgen, dass die Zargenseiten absolut senkrecht stehen.

Legen Sie eins von den zugeschnittenen Brettern zwischen die Zargenseiten auf den Boden.

Richten Sie die Zargenseiten senkrecht aus. Mit einer langen Wasserwaage oder einem Lot läßt sich die Senkrechte leicht feststellen.

Setzen Sie wieder Keile zwischen Zarge und Türöffnung. Die Zarge darf sich dabei nicht verschieben.

Messen Sie lieber noch einmal nach.

Nun setzen Sie jeweils in einem und zwei Drittel der Zargenhöhe zwei weitere Bretter zwischen die Zargenseiten und arretieren Sie durch Keile.

Wenn Sie zwei bis drei Türen auf diese Art vorbereitet haben, können Sie ans Einschäumen gehen. Sie sollten nur Zwei-Komponenten-Schaum verwenden. Er ist nach 1 bis 2 Stunden ausgehärtet und drückt nicht mehr nach.

Eine Schaumkartusche reicht für ca. 3 Türen.

Sie spritzen den Schaum in die Zwischenräume zwischen Zarge und Türöffnung und zwar möglichst in der Nähe der Spreizbretter.

Spritzen Sie nicht zu viel in die Öffnung, da der Schaum sich noch ausdehnt und leicht herausquillt.

Achten Sie darauf, dass Sie keinen Schaum auf die furnierten Rürfläche bekommen. Er ist nur sehr schwer wieder zu entfernen.

Ihre Hände sollten Sie nicht mit Schaum beschmutzen. Es bleiben hartnäckige dunkle Flecken zurück.

Beim Verkeilen der Zargenseite könnte es ein Problem geben: die Keile werden nur an einer Seite der senkrechten Bretter angesetzt.

Das heißt, die Zargenseitenteile könnten sich verdrehen. Achten Sie darauf, dass Sie keine Spannungen herstellen, die dieses Verdrehen auslösen. Der Effekt wäre nämlich, dass die Tür nicht mehr passt.

Das Maß des oberen Zargenbrettes muss sich absolut gleichmäßig nach unten hin fortsetzen.

Zargen schließen

Nach ca. 2 Stunden könnten Sie die Spreizbretter wieder herausnehmen. (Voraussetzung ist, dass Sie den Zwei-Komponenten-Schaum benutzt haben.)
Man muss vorsichtig sein, dass man die Zarge mit den Brettern nicht verkratzt.
Schneiden Sie nun mit einem Messer die überflüssigen Schaumreste ab.

Die drei restlichen Teile der Zarge können nun zusammengesetzt werden.
Sie könnten sie schon in der Aushärtezeit des Schaums vorbereitet haben.

Die restlichen Zargenteile sind sehr viel schmaler. Sie werden in eine Nut eingeschoben, die in den breiten Zargenseiten vorhanden sind. Man kann Sie einfach hineinschlagen oder mit etwas Leim für komplette Festigkeit sorgen.
Ich empfehle ihnen, ohne Leim zu arbeiten. Denn, wenn Sie nach den ersten Jahren in ihrem Haus z. B. einige Wände mit Riemchen bekleben wollen oder mit einer Holzverkleidung oder Fliesen die Wand verstärken, haben Sie keine Chance mehr die Zarge auf das passende Maß zu bringen.

Türen einhängen und ausrichten

Nun werden die zargenseitigen Bänder mit einem Inbus-Schlüssel befestigt. Lassen Sie ca. 5 mm Luft zwischen Holz und dem Scharnierteil.
Die anderen Scharnierteile müssen in das Türblatt eingeschraubt werden. Drehen Sie sie mit einem Schraubenzieher bis auf ca. 5 mm hinein.
Bevor Sie nun die Tür einhängen, sollten Sie sich vergewissern, ob Sie ein Werkzeug bei sich haben, mit dem Sie die Tür öffnen können.
Denn, wenn Sie die Tür einhängen und schließen, haben Sie sich womöglich ausgesperrt und müssen mit einem Werkzeug in das

viereckige Loch hineinstechen und drehen können, um den Verschluss der Tür zu entriegeln.
Nun können Sie die Tür einhängen. Prüfen Sie, ob sie leicht zu schließen ist und ob mit dem Schlüssel das Schloss zu verschließen ist.
Wenn nicht, richten Sie die Tür mit Herein- oder Herausdrehen der Türbänder so aus, dass Sie leicht und dicht schließt.

Beim Kauf der Türschilder und Klinken ist zu berücksichtigen, dass der Vierkant der Klinke das richtige Maß aufweist und dass der Abstand zwischen Schlüsselloch und Vierkant passt.
Beim Festschrauben der Türschilder sollten Sie den Vierkant und den Schlüssel eingesetzt haben, damit das Schild richtig positioniert ist.

Anlegen von Einfahrt und Terrasse

Eingangsstufe

Die Eingangsstufe kann als Betonkörper ausgebildet sein, die später mit einem Naturstein belegt wird oder man kann sich auch für eine Konstruktion entscheiden, die durch lange Pflastersteine gebildet wird.
Der Natursteinbelag ist sehr teuer. Man kommt bei einer Fläche von ca. 1,5 Quadratmetern inklusive der Verlegung schnell über 1000 Euro.
Der Betonkörper, der den Naturstein tragen soll, wird eingeschalt und mit Beton ausgegossen. Wenn der Boden, auf dem der Beton ruhen soll, nicht natürlich gewachsen ist, sollten Sie auf jeden Fall noch eine Befestigung an der darunter liegenden Wand und der Betondecke vorsehen. Z. B. dadurch, dass Sie beim Errichten der Kellerdecke einige Eisen haben herausstehen lassen.

Sie müssen berücksichtigen, dass die Trittfläche der Eingangsstufe etwa einen Zentimeter unterhalb der Metallschiene ihrer Eingangstür liegen muss. Anderenfalls wird bei Regen und Wind eine Menge Wasser in Ihren Hausflur geblasen.

Die Alternative der Pflastersteine ist sicher günstiger, aber dafür von der Hausfrau nicht so leicht zu reinigen.
Man setzt von außen die langen Pflastersteine in ein Betonbett. (Der Boden darunter muss verdichtet sein)
Der Zwischenraum wird mit Beton ausgefüllt und man setzt ganz normale Pflastersteine auf die Höhe der langen Außensteine.

Pflaster-Ränder mit Schnur ausrichten und einmessen

Einfahrt und Hauszugang sind meist miteinander verbunden.
Berücksichtigen Sie das Format der Pflastersteine bei der Planung.

Wenn Sie z. B. Sechsecksteine verwenden, können Sie nicht in jedem Winkel eine gerade Abschlußkante herstellen.
Am besten stellen Sie wieder eine Zeichnung her, wo die Steine eingezeichnet sind oder lassen sich ein Verlegemuster vom Hersteller geben.

Schlagen Sie an den Eckpunkten ihrer Pflasterfläche Stäbe in den Boden und spannen Sie Schnüre. Vermessen Sie mit dem Bandmaß die Diagonalen, damit sich eingeschlichene Fehler zeigen.

Höhen einmessen, evtl. Randsteine setzen

Nun können Sie mit der Schlauchwaage die Höhen einmessen und die Schnüre in eine waagerechte Ebene bringen.
Pflastersteine sollen aber immer ein Gefälle vom Haus und der Garage weg haben. Schieben Sie also die am weitesten vom Haus entfernten Schnüre an ihren Eisenstäben so weit hinunter wie Sie es für richtig halten. Berücksichtigen sie, dass die Eingangsstufe vielleicht auf einer anderen Höhe liegt als z. B. die Garage. Daraus kann sich ein anderes Gefälle für das kurze Wegstück vom Hauseingang zur Garageneinfahrt ergeben.

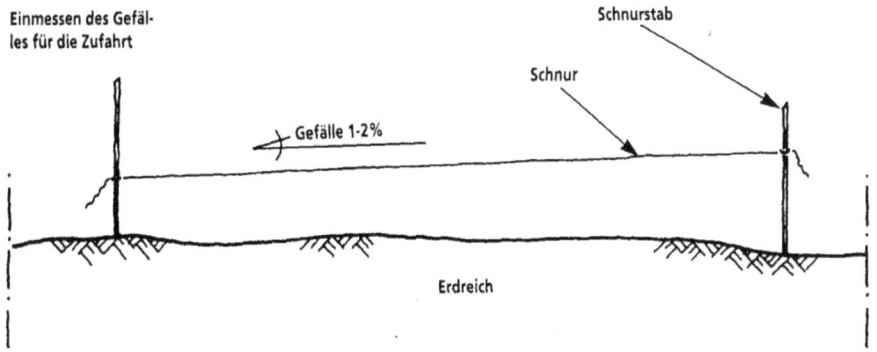

Richten Sie sich auch nach den Möglichkeiten des Nachbarn. Anderenfalls ergeben sich hässliche Stufen und problematische Ränder.

Wollen Sie einen sauberen Abschluss an den Rändern schaffen, so können Sie vor dem Verlegen der Pflastersteine an den Richtschnüren entlang sogenannte Randsteine setzen. Sie werden in ein Bett aus magerem Beton gesetzt und ausgerichtet. Nach einem bis zwei Tagen sind die Randsteine fest und es kann mit den Pflasterarbeiten begonnen werden.
Schotter auftragen und verdichten (abrütteln), Sand auftragen und abrütteln

Nun können Sie aufgrund der vorgegebenen Schnurhöhen den Schotter auftragen. Sie müssen mit einem Aufbau von ca. 6 cm Sand und 6 oder 8 cm Pflaster rechnen. Darunter sollen mindestens ca. 12 cm Schotter liegen. Der Schotter sollte nach dem Auftragen und gleichmäßigen Verteilen abgerüttelt werden. Einen Rüttler kann man sich bei Baustofflieferanten für ca. 40 Euro pro Tag ausleihen.
Nun kann der Sand aufgetragen und wiederum abgerüttelt werden.
Die Verfestigung des Untergrundes ist unbedingt erforderlich, damit das Pflaster später gleichmäßig liegen bleibt.

Schienen legen, Sand abziehen, Pflastersteine legen

Nun geht's mit der schönen aber auch anstrengenden Arbeit des Pflasterns weiter.
Die Paletten mit den Steinen stehen wahrscheinlich vor Ihrem Grundstück. Es wäre also sinnvoll, vorne an der Grundstücksgrenze zu beginnen, damit man die Steine nicht immer durch schweren Boden tragen oder fahren muss. (Eine Schubkarre ist übrigens Gold wert bei dieser Arbeit. Und für einige helfende Hände werden Sie auch dankbar sein, denn wenn man einige hundert Steine tragen musste, hat man schon ein paar Tonnen in den Händen gehabt.)
Natürlich müssen Sie versuchsweise eine Reihe Steine legen, um zu prüfen, wie Sie die Steine legen müssen, damit Sie an ihrem Hauszugang oder anderen Abzweigungen so ankommen, dass Sie nicht irgendwo breite Lücken bekommen.

Aber zuerst muss eine gerade Sandfläche geschaffen werden, auf die Sie die Steine legen können.

Ich empfehle schmale Winkelleisten. Sie drücken sich mit dem einen Schenkel fest in den Sand und haben gute Längsstabilität.

Die Schienen müssen so ausgerichtet werden, dass Sie um Steindicke unter den Schnüren liegen. Sie müssen also evtl. eine weitere Schnur quer über ihre Sandfläche ziehen, die in Höhe der rechten und linken Richtschnur liegt.

Legen Sie etwas Sand unter das Winkelprofil oder nehmen Sie etwas weg, so dass es in der korrekten Höhe liegt.

Wenn die Winkelprofile über die gesamte Pflasterbreite ausgerichtet sind, können Sie den überschüssigen Sand mit einer Leiste abziehen.

Löcher müssen natürlich vorher mit Sand aufgefüllt worden sein.

Wenn Sie noch etwas gegen Gras und andere Kräuter tun wollen, die sich nach einiger Zeit zwischen den Pflastersteinen ansiedeln und wenn das Pflaster besonders stabil liegen soll, sollten Sie den Sand mit Zement bestreuen. Sobald er nass wird und sich verfestigt, liegen die Steine in einem dünnen Speißbett.

Bei der ersten Reihe der Pflastersteine müssen Sie millimetergenau arbeiten. Legen Sie jeden Stein vorsichtig an die gespannte Richtschnur und an den nebenliegenden Stein.

Liegt die erste Reihe füllen Sie den Rand mit etwas Sand auf, damit die Steine nicht mehr so leicht wegrutschen können.

Nun können Sie Stein für Stein im entsprechenden Muster verlegen.

Setzen Sie die Steine nicht zu fest ins Sandbett oder auf die anderen schon gelegten Pflastersteine, sonst entstehen Vertiefungen.

Achten Sie darauf, dass die richtige Seite oben liegt. Pflastersteine sind auf der oben liegenden Seite leicht angefast, damit die Kanten nicht so leicht abbrechen. Außerdem ergibt sich ein schöneres Bild, wenn die Fläche nicht absolut glatt ist.

Sand einfegen

Wenn alle Steine liegen, müssen Sie in das Sandbett eingerüttelt werden. Dann werfen Sie feinen Sand auf die gepflasterte Fläche und waschen ihn mit viel Wasser in die Fugen oder fegen ihn hinein.
Der Sand verhindert, dass die Steine seitlich kippen.

Parallele Arbeiten

Parallel zu den letzten Arbeiten muss der Umzug organisiert und durchgezogen werden

Sobald die ersten Räume im Keller oder in den anderen Geschossen weitgehend einzugsfertig sind, sollten Sie sie reinigen und mit den ersten Möbeln oder Gerätschaften füllen.
Insbesondere die Kellerräume können schon benutzt werden.
In der letzten Phase der Innenausbauzeit befinden sich kaum noch fremde Handwerker im Haus, so dass Sie die Räume nicht einmal verschließen müssen.
Da Sie zum Tapezieren, Teppichlegen oder Anbringen der sanitären Anlagen noch mindestens einen Monat täglich zur Baustelle fahren werden, ist es sinnvoll, den Wagen immer mit allen in Ihrer alten Wohnung nicht mehr benötigten Gegenständen voll zu packen.
Auf diese Weise ersparen Sie sich auch einen zu stressigen Umzugstag.
Vielleicht können Sie sogar (wenn der Wagen groß genug ist) kleinere Möbelteile mitnehmen.
Ihre Frau kann zu Hause schon die Schränke leer räumen und viele Dinge in Körbe, Eimer, Kisten usw. packen.
Insbesondere die vielen Kleinteile machen den größten Teil der Arbeit beim Umzug aus. Große Möbelstücke sind in kürzester Zeit in einen Transporter geräumt und wieder aufgestellt.

Mieten Sie sich einen Kleinlaster, der pro Tag ca. 130 Euro kostet.
Mit drei Fahrten ist ihr ganzer Haushalt im neuen Haus und der Umzug kostet kaum mehr als 400 Euro.

Garage jeweils parallel hochziehen

Die Garage sollten Sie immer parallel zu Ihrem Wohnhaus hochziehen, um Kosten für Transport, Betonwagen, Kran usw. zu sparen. Sie werden erstaunt sein, in wie kurzer Zeit die Garage steht. Sobald das Dach aufgelegt ist, sollten Sie die Garage mit Tor und Tür schließen, damit Sie schon den ersten verschließbaren Raum für Werkzeug und gelieferte Waren zur Verfügung haben.

Die Dachabdichtung können Sie entweder dem Dachdecker überlassen oder selbst ausführen.
Der Dachdecker nimmt mindestens 1000 Euro für Material und Arbeitsaufwand.

Als einfachste Lösung für den Selbstbau bietet sich eine ca. 2 mm dicke Folie an, die im Bergbau verwendet wird. Wenn Sie die Möglichkeit haben bei der Ruhrkohlechemie Abfallstücke dieser zwei Meter breiten Folie zu erhalten, können Sie mit einem Preis von ca. 7 Euro je Quadratmeter auskommen. Regulär kostet Sie leicht das Dreifache.
Die Folie wird auf dem Garagendach ca. 5 cm breit übereinander gelegt. Nun benötigen Sie einen Heißluftföhn und eine Tapetenrandrolle. Sie schmelzen mit dem Föhn die Folie leicht an und drücken mit der Rolle die zweite Bahn fest auf die leicht aufgelösten Teile.
Sobald Sie erkalten, erhärten die beiden Teile und sind dicht verschweißt.
Sollten Sie einmal ein Stück Folie zu heiß machen und es brennt durch, setzen Sie einfach ein Stück Folie oben drauf und verschweißen es.

Die andere Alternative sind die im Dachdeckerbedarf angebotenen Bitumenfolien. Sie werden mit einem Gasbrenner auf die Betondecke aufgeschweißt, nachdem man die Decke mit einem Bitumen-Anstrich versehen hat.

Zeitlicher Aufwand für die einzelnen Gewerke

Ich gehe davon aus, dass während der Bauzeit an Wochentagen ca. 3 bis 4 Stunden und am Samstag ca. 6 bis 8 Stunden gearbeitet werden. In einer Woche fallen also etwa 25 Stunden an.

Einmessung des Baukörpers	3	Std
Brunnen für Wasser	1-8	Std
Einschalung der Bodenplatte/Einbringen der Sauberkeitsschicht	12	Std
Verlegung der Eisen nach Statikplan	5	Std
Einbringung des Ortbetons (Qualität nach Vorgabe des Statikers)	4	Std
Einmessung der Kellerwände (Richtung und Höhe)	4	Std
Verlegen der ersten Steinlage in Speiß	16	Std
Kleben der Wände mit Kellertreppe (Stürze)	18	Tge
Außendämmung anbringen (Bitumen)	8	Std
Den ersten Teil des Schornsteins aufstellen	5	Std
Schalung und Stützen für Kellerdecke aufstellen	5	Tge
Filigrandecke auflegen	2	Std
Außenschalung errichten	8	Std
Eisen auf Decke auflegen	8	Std
Beton gießen	2	Std
Erdarbeiten/Lichtschächte anbringen	15	Std
Erdgeschoßwände errichten	2	Wo.
zweiten Teil des Schornsteins aufstellen	4	Std
Erdgeschoßdecke errichten	2	Wo.
Giebel und Innenwände evtl. Drempel errichten	1-2	Wo.
First- und Fuß-Pfette auflegen, Sparren anpassen und aufnageln	3	Tge
oberen Schornstein aufstellen (50 cm über Dachspitze)	6	Std
Schornsteinabdeckplatte auflegen oder gießen	3	Std
Schieferarbeiten/Holzarbeiten am Dach durchführen	15	Std
Innendämmung des Daches	16	Std
Dachlatten für Holzdecken anbringen	10	Std

Bautür einbauen	4	Std
Türen/Tore für Ofenkeller/Garage	6	Std
Zugang zum Haus/zur Garage aufbauen	15	Std
Aufräumen des Rohbaus	10	Std
Rohinstallation Elektro/Wasser/Abwasser/Gas/Öl beaufsichtigen	10	Std
Überprüfen der Installation	3	Std
Estricharbeiten vorbereiten	6	Std
Fußbodenheizung verlegen	16	Std
Anschlüsse durch Stadtwerke vorbereiten	8	Std
Haustür einbauen	3	Std
Fensterbänke auflegen	4	Std
Fliesen legen	3	Wo.
Holzdecken	12	Tge
Einzug parallel laufen lassen	10	Std
Sanitäre Anlagen aufstellen	10	Std
Tapeten	25	Std
Innentüren einbauen	12	Std
Silikonarbeiten außen	10	Std
Terrasse/Garten/Einfahrt	2	Wo.

Viele kleine Nebentätigkeiten und Arbeiten, z. B. das Annehmen von Warenlieferungen usw. wurden nicht aufgeführt.

Einige Gedanken zur Finanzierung

Bei den Banken können Sie sich über die Möglichkeiten der Finanzierung erkundigen. Vergleichen Sie auf jeden Fall Angebote mehrerer Banken miteinander und verhandeln Sie über Hypotheken-Konditionen genau so hart wie mit den Baustofflieferanten.
Aus eigener Erfahrung kann ich sagen, dass auch Bankangestellte nach Absprache mit ihren Vorgesetzten zu einigem Entgegenkommen bereit sind sobald Sie den Eindruck haben, dass ein Kunde zu einer anderen Bank gehen könnte.
Holen Sie sich zuerst bei fremden Banken Angebote ein. Nachdem fast alles ausgereizt ist, gehen Sie zu ihrer eigenen Bank oder Sparkasse.
Wenn die Hausbank befürchtet, dass ihr auch die Nebengeschäfte wie Spar-, Giro-Konten, Überweisungsaufträge und Wertpapiergeschäfte usw. entzogen werden, sind Sie meist zu den besten Angeboten bereit. Mit diesen Nebengeschäften sollten Sie auch immer den anderen Banken gegenüber winken.

Setzen Sie einen großen Anteil ihres Eigenkapitals ein, aber vergessen Sie nicht, dass auch nach dem Einzug noch eine Menge an Rechnungen auf Sie zu kommt, die Sie zuerst nicht einkalkuliert haben.
Sie müssen ja auch mit der Korrektur von Mängeln rechnen, die bei einem Laien immer auftreten, so klein man Sie auch immer halten mag.

Wenn Sie den Bau in der oben beschriebenen Form selbst hochziehen und mit den Lieferanten hart verhandeln und Sie gegeneinander 'ausspielen' haben Sie leicht die Möglichkeit, in diesem Jahr ca. 30-50.000 Euro an Eigenleistung zu erbringen. Das ist ein Netto-Betrag, also verdienen Sie in dem Jahr etwa so viel wie ein hoher leitender Angestellter.

Wenn Sie finanziell nicht zu eng kalkulieren müssen, denken Sie einmal über eine Erhöhung des Tilgungsprozentsatzes bei der Hypothek nach.
Eine Erhöhung des Tilgungssatzes von einem auf zwei Prozent bringt ca. 7 Jahre weniger an Abtragungsdauer. Dadurch ändert sich natürlich auch die insgesamt zu zahlende Summe. Sie liegt bei voller Ausnutzung der

Hypothekenlaufzeit von ca. 30 Jahren bei dem dreifachen des geliehenen Darlehens.

Versuchen Sie auf jeden Fall die Tilgungsgröße variabel zu halten, denn wenn der Kapitalzins höher liegt als der Darlehenszins ist es ja besser das überschießende Geld anzulegen statt es zur Abzahlung einzusetzen.

Es sind natürlich die steuerlichen Gegebenheiten zu berücksichtigen.

(Bei Nullkuponanleihen können Sie zumindest den Zeitpunkt der Steuerzahlung beeinflussen).

Denken Sie auch einmal darüber nach, ob nicht die Eltern oder Geschwister Geld übrig haben. Wenn Sie mit ihnen Verträge abschließen und einen Zins zahlen der etwa in Höhe der Kapitalmarktzinsen liegt, aber unterhalb der Hypothekenzinsen, so machen beide Seiten ein Geschäft.

Wenn Sie alte Eltern haben, die Geld auf der hohen Kante haben und es ihnen in absehbarer Zeit vererben werden, so sprechen Sie mit ihnen.

Meist lassen alte Leute ihr Geld für einen geringen Zinssatz auf der Kasse vergammeln, weil Sie andere Anlageformen nicht überschauen. Bieten Sie ihnen an, dass Sie einen höheren Zins zahlen und, dass Sie innerhalb einer kurzen Frist Geld bereitstellen würden, wenn Geld benötigt würde.

Natürlich sollten Sie Verwandte immer fragen, ob Sie das Geld beim Steuerantrag berücksichtigt haben. Anderenfalls können Sie ihnen Schwierigkeiten bereiten, wenn Sie selbst z. B. in der Vorfinanzierungszeit Zinsen zu Geldern im Steuerantrag angeben, die das Finanzamt schon in früheren Jahren hätte sehen müssen.

Denken Sie auch darüber nach, einen Teil ihres Darlehens kurzfristig durch die Überziehung ihres Girokontos zu finanzieren. Jede Gehaltszahlung, die auf dem Konto ankommt, verringert sofort die zu zahlenden Sollzinsen. Und es sind keine Anträge, Bearbeitungsgebühren oder Grundbucheintragungen erforderlich.

Der Minuspunkt sind natürlich die hohen Zinssätze bei Überziehungskrediten.

Hypothekenzahlungen fallen nur alle drei Monate an.

Während dieser Zeit wird das Girokonto entlastet und reduziert die zu zahlenden Zinsen.

Honorarberechnung durch den Architekten

Die Architekten, Bauingenieure und Statiker berechnen ihre Honorare nach der HOAI; diese Abkürzung steht für Honorarordnung für Architekten und Ingenieure. Diese Vorschrift regelt unter anderem die Klassifizierung des Honoraranspruchs durch Einstufung in unterschiedliche Schwierigkeitsstufen. Es ist natürlich etwas anderes, wenn man nicht einen Stall, sondern ein Einfamilienhaus, ein Mehrfamilienhaus oder ein Krankenhaus plant und organisiert.

Beim Einfamilienhaus zu einem Fertigstellungspreis von etwa 350.000 Euro geht der Architekt von einem Basishonorar von etwa 30.000 Euro aus. Dieses Gesamthonorar teilt sich in leistungsabhängige Anteile auf, die prozentual vorgegeben sind.

Die 100% verteilen sich wie folgt:
- 3% für die Beschaffung der ersten Planungsgrundlagen, wie z. B. Bodenbeschaffenheit des Baugrundstücks, Lageplan und eingetragene Lasten im Grundbuchamt.
- 7% für den ersten groben Entwurf im Maßstab 1:100, mit dessen Hilfe der Architekt dem Interessenten seine Vorstellungen erklären kann. Weiterhin sind enthalten:
  - Vorverhandlung ob der Entwurf überhaupt genehmigungsfähig ist.
  - Erstellen einer ersten Kostenschätzung.
  - Aufstellen eines ersten Zeit- und Organisationsplanes.
- 11% für den abschließenden 1:100 Entwurf, der bemaßt ist und in dieser Form den Genehmigungsunterlagen beigefügt werden kann. Kostenberechnung nach dem Feststellen des Mengengerüstes.
- 6% für seine Aktivitäten im Zusammenhang mit der Genehmigung des Bauantrags.
- 25% für die bemaßte 1:50 Zeichnung, die der Handwerker oder auch der Selbstbauer für die Bauausführung benötigt. Der hohe Prozentsatz ist damit zu erklären, dass die Bemaßung und Detailtreue einen sehr hohen zeitlichen Aufwand ausmacht.

- 10% für die sogenannte Massenermittlung. Um überhaupt Ausschreibungen an Handwerker und Baustofflieferanten durchführen zu können, muss z.B. die Menge des benötigten Betons oder der Steine usw. errechnet werden. Auch diese Tätigkeit ist sehr aufwendig.
- 4% für die Prüfung der Angebote und Vergabe der Aufträge gemeinsam mit dem Bauherrn.
- 31% für die Bauaufsicht und Bauleitung. Er muss den Handwerkern für Fragen zur Verfügung stehen und kontrollieren, ob auch entsprechend den Vorschriften und den Entwürfen gearbeitet wird. Auch der Architekt übernimmt einen Teil der Gewährleistung und dies führt gerade in der Ausführungsphase zu einem erheblichen Zeitaufwand für seine organisatorischen und kontrollierenden Tätigkeiten. Er überwacht das Einhalten des Zeitplanes und veranlasst die Abnahme der Leistungen durch die Behörden. Und schließlich Übergabe des Hauses mit Bedienungsanleitungen und Prüfprotokollen.
- Die letzten 3% sind für die Dokumentation und Verwahrung der Unterlagen anzusetzen.

Den größten Teil kann ein Selbstbauer übernehmen, indem er die Planung des Grundrisses, evtl. die 1:50 Zeichnung, die Massenermittlung und Auftragsvergabe (besonders wichtig) und natürlich die Ausführung selbst übernimmt. Man kann also bei der Eigenleistung leicht zwei Drittel des Gesamthonorars einsparen.

Berechnung der Kosten des Statikers

Auch der Statiker rechnet sein Honorar nach der HOAI (siehe Architekt) ab. Er stellt die für seine Tätigkeit anrechenbaren Kostengrundlage fest. Sie setzt sich aus all den Teilen zusammen, die mit dem Tragwerk des Gebäudes zusammenhängen. Das sind Erdarbeiten, Mauerarbeiten, Beton- und Stahlbetonarbeiten, Zimmermanns- und Holzbauarbeiten, die Abdichtung gegen eindringendes Wasser, Dachdecker- und Klempnerarbeiten.

Und der Statiker berechnet auch den Energiebedarf des Hauses und stellt sich durch eine optimierte Materialwahl darauf ein.

Grob kann man sagen, es handelt sich um die Rohbauarbeiten. In diese Grundlage fließen also keine Kosten des Innenausbaus hinein.
Daraus ergibt sich eine erheblich geringere Grundlage als beim Architekten.
Auch sein Honorar setzt sich aus einzelnen Tätigkeitsphasen zusammen. Die wichtigsten Bestandteile sind:
die Entwurfsplanung,
die genehmigungsreife Berechnung und Zeichnung des Objektes,
und die Ausführungsplanung (z. B. Verlegepläne der Stahlmatten, Materialdefinition oder Holzkonstruktionspläne)
Man kann die Kosten des Statikers also nur niedrig halten, wenn man den umbauten Raum möglichst gering hält und den Bau so unkompliziert wie möglich hält. In Grenzgebieten außerhalb der Städte liegen die Preise günstiger als in Ballungsgebieten, da dort die Nachfrage nicht so hoch ist und die Statiker auch ausnahmsweise zu günstigeren Bedingungen arbeiten.

Einsparen von Steuern und Gebühren

Wenn man bauen will, kann man eine Menge Geld sparen, indem man nur das Grundstück kauft und erst später das Haus darauf errichtet. In diesem Fall müssen nur für den Grundstückspreis fünf Prozent an Grunderwerbssteuer an das Finanzamt entrichtet werden. Ebenso richten sich die Notargebühren und die Kosten der Grundbucheintragung nur nach den Grundstückskosten. Beim Kauf des Baulandes über einen Makler beziehen sich auch die 3,48 Prozent Maklerkosten nur auf den Grundstückspreis.

Ganz anders ist es, wenn man ein fertig errichtetes Haus kauft; denn in diesem Fall fallen auch für alle anderen Kosten, wie Architekten- und Statikergebühren, Vermessung, Bauerrichtung und so weiter die entsprechenden Prozente an. Es ergeben sich leicht Zusatzkosten von 15.000 - 20.000 Euro.

Ein weiterer Vorteil liegt in der steuerlichen Seite: Kauft man zuerst das Grundstück und beginnt mit den Vorbereitungen für die Hauserstellung werden alle anfallenden Kosten als vorabzugsfähige Kosten angesehen. D.h. das Finanzamt beteiligt sich vielleicht für zwei oder sogar drei Jahre an den entstehenden Finanzierungsaufwendungen für das Grundstück. Wenn man zum Beispiel 100.000 Euro für das Grundstück gezahlt und diesen Betrag voll finanziert hat, so ergeben sich bei einem Zins von 2% immerhin 2.000 Euro an Zinsaufwendungen pro Jahr. Diese Kosten kann man von seiner Steuerspitze abrechnen und bei einem Steuersatz von 40% immerhin 800 Euro als zusätzliche Tilgung einsetzen. So reduziert sich in den Jahren bis zum Einzug der zu finanzierende Anteil um einige tausend Euro.

Dieses Vorgehen funktioniert natürlich nur, wenn man in der Lage ist, vor dem Bezug einen so hohen zusätzlichen Aufwand zu tragen.

Wenn man sogar in der Lage und bereit ist, die in einer späteren Bauphase zu zahlenden Beträge schon ab dem Termin des Grundstückskaufs auszugeben, so kann man die Tilgung des Grundstücks noch einmal steigern und reduziert ebenfalls den später anliegenden langfristigen Finanzierungsbedarf.

Berechnung der Kosten für die Baugenehmigung

Im Land Nordrheinwestfalen werden die Kosten der Baugenehmigung anhand der Kubikmeter umbauten Raumes des Neubaus berechnet. Der Kubikmeter eines Wohnhauses wird mit etwa 107 Euro, der Kubikmeter einer Kleingarage mit ca 70 Euro bewertet.
Je angefangener Tausend Euro der Gesamtsumme müssen 6 Euro für die Baugenehmigung gezahlt werden.
Ein Beispiel: Das Wohnhaus soll 800 m3 Rauminhalt haben; multipliziert mit 107 Euro ergeben sich 85600 Euro. Die Garage hat einen Rauminhalt von 60 m3 und hat damit einen Bewertungsmaßstab von 4200 Euro. Die Summe ergibt 90000 Euro. Man muss jetzt mit 0,6% multiplizieren und erhält 540 Euro.
Die Gebühren für die Bauabnahme nach der Fertigstellung betragen 20% dieses Betrages also 110 Euro.

Aber Achtung: Die Berechnungsgrundlagen ändern sich periodisch und sind in jedem Bundesland anders.

Kalkulationsbeispiele

Berechnungsgrundlagen:

Der Architekt soll nur die Antragsunterlagen erstellen und aufgrund ihrer Vorgabe die 1:50 Zeichnung anfertigen. Außerdem soll er sich als Bauleiter eintragen lassen.

Der Statiker erstellt die Statik nach einem Gespräch mit ihnen und übergibt ihnen 3 oder 4 Statikzeichnungssätze. Er muss ihnen für fernmündliche Beratung zur Verfügung stehen und evtl. einmal zu ihrem Bau kommen, um die ersten Stahlmattenpositionen zu überprüfen.

Die Kosten der Baugenehmigung werden in Abhängigkeit der Rohbaukosten berechnet.

Die Versicherungskosten sind pauschal festgelegt. Grundlage ca. 200.000,- Euro.

Aushubskosten richten sich nach Kubikmetermenge, den Bodenverhältnissen und der Region.

Kanalrohre sind pauschal festgelegt.

Die Kosten der Bodenplatte bilden sich aus Betonkosten, Eisen, Schalholz und Krankosten.

Die Kosten der Kellerwände bilden sich aus Kubikmetern Porenbeton plus Stürze plus Krankosten für das Herunterheben der Paletten auf die Bodenplatte plus Fertigmörtel.

Bitumenkosten pauschal.

Die Kosten der Kellerdecke basieren auf den Kosten für die Filigrandeckenelemente plus Eisen, Beton und zwei Kranzeiten.

Die Kosten der Erdgeschosswände bilden sich aus Kubikmetern Porenbeton plus Stürze plus Fertigmörtel.

Die Kosten der Erdgeschossdecke bilden sich wie diejenigen der Kellerdecke.

Die Kosten für die Wände des Dachgeschosses bilden sich wie die des Erdgeschosses.

Die Treppenkosten sind pauschal angesetzt. Man kann eine Betontreppe gießen lassen. Je Stufe ca. 100,- plus Belag von ca. 3000 Euro oder man kann für ca. 2500 Euro Porenbeton-Fertigteile nehmen

Der Schornstein kostet je Meter ca. 100 Euro inkl. Anschlussstücken.

Das Dach ist so kalkuliert, dass man den Dachstuhl eines einfachen Satteldaches selbst erstellt; hier werden also nur die Holzpreise genannt. Die Folie, Dachlatten, Eindeckung, Abdichtung und Verkleidung des Schornsteins, Dachrinnen und Fallrohre werden vom Dachdecker hergestellt.

Die Dämmung besteht aus alukaschierten Heftrandmatten bzw. Klemmfilzen.

Die Verklinkerung ist komplett mit einem Quadratmeterpreis von 180 Euro angegeben; inclusive Gerüst, Verfugen, Material und Arbeitslohn. Alternativ werden die Preise angegeben, wenn man die Klinkerarbeiten selbst durchführen würde.

Bei Fenster und Haustür sind durchschnittliche Angebotspreise von Baustofflieferanten für Holz-/Kunststofffenster und eine Kunststoffhaustür angenommen.
Die Haustür besteht aus einem ca. 110 x 215 cm großen Element. Eine Haustür kann erheblich teurer sein, wenn man großen Wert auf zusätzliche Sicherheitsriegel und besonderen Chic legt.

Der Einbau eines Fensters ist mit ca. 50 Euro angesetzt. Die Haustür wird selbst eingebaut.

Der Quadratmeter Marmor für 2 cm dicke Fensterbänke kostet zugeschnitten ca. 130 Euro.

Die Rollokosten errechnen sich aus laufenden Metern Rollokästen je ca. 60 Euro und je Quadratmeter Rollofläche je ca. 70 Euro.
Inklusive Montage und Nebenmaterial.

Ein Kellerfenster 40 x 60 cm kann für etwa 300 Euro gekauft werden. Der Einbau so kleiner Fenster ist einfach selbst durchzuführen.

Je nach Fugenbreite und Farbigkeit im Sanitärbereich fallen ca. 500 Euro für Silikonarbeiten durch einen Handwerker an. Pauschaler Ansatz.

Elektrokosten, Abwasser und Wasserinstallation werden pauschal angesetzt. Je nach Wünschen und Hausplan können mehr oder weniger anfallen.

Es wird von einer Gasheizung mit ca. 6 kW Leistung, von einem Edelstahlvorratsbehälter, Außenfühlersteuerung und Heizkörpern oder Fußboden-Heizung ausgegangen. Inkl. Montage.

Gas-, Elektro- und Wasser/Abwasser-Anschluß pauschal.
Es wird davon ausgegangen, dass man wenige Meter entfernt von einer erschlossenen Straße baut, denn die Erdarbeiten hängen von der Entfernung zur Straßenmitte ab.

Die Kosten für den Putz hängen von den Quadratmetern Wandfläche und den Besonderheiten wie zu schließenden Schlitzen, Eckschienen usw. ab. Pauschal sind ca. 11 Euro / m² angesetzt. Man muss allerdings schon hart verhandeln, um diesen Preis zu erzielen.

Der Estrichpreis richtet sich nach der Dicke und dem Styropor-Unterbau für schwimmenden Estrich. Randleisten aus Schaumstoffmaterial müssen vom Bauherrn selbst verlegt werden. Ebenso das Styropormaterial.

Für Holzdecken sind im Wohnbereich 20 Euro je Quadratmeter, in den anderen Zimmern mit 15 Euro angesetzt. Es wird vorausgesetzt, dass an den Dachflächen nur günstige Fichte/Tanne Profilbretter verwendet werden. Einsparungen ergeben sich, wenn man keine Holzdecken, sondern Deckenputz anbringen lässt.

Bei den Fliesenpreisen gehe ich von kleinen Sanitärräumen aus.
Das Bad ist ca. 2,7 x 2,5 m groß. Das Gäste-WC nur 1,1 x 1,6 m.
Die Preise sind Mittelwerte.

Die sanitären Anlagen sind pauschale Mittelwerte.
Ebenso die Tapeten und Teppiche.

Bei den Innentüren bin ich von preiswerten mit weißen Kunststofftüren oder ähnlichem Material ausgegangen.

Die Garagenkosten bilden sich aus den Kosten für das Fundament, die Wände, die Decke mit der Abdichtung (selbst gemacht), dem Estrich, der Verklinkerung und dem Tor.

Die Größe der Einfahrt nehme ich mit ca. 40 qm an, der Eigenbau-Preis je Quadratmeter Pflaster liegt unter 35 Euro, Sand, Schotter, Rüttler und einfache Pflastersteine sind enthalten.

Die Terrasse soll eine Größe von ca. 25 qm haben, der Preis pro Quadratmeter inklusive Steinen, Schotter, Sand und Rüttler liegt dann bei ca. 30 Euro.

Falls eine Kelleraußentreppe vorgesehen ist, kann Sie leicht selbst eingeschalt werden, da Sie meist gerade ist oder aus Stürzen gebaut werden. Der Belag ist meist preisgünstig. Pauschalansatz.

Für restliche Bodenarbeiten nach Rohbauerstellung setze ich pauschal ca. 1000 Euro an.

Der Preis für Bauholz und Werkzeug ist fiktiv, da es stark von der Menge des bereits vorhandenen Werkzeugs und der Möglichkeit abhängt, ob man auf das Material anderer Baustellen zurückgreifen kann.

Das endgültige Einmessen der Baukörpers ist pauschal angesetzt.

Grundwerte für die Kalkulationen

Aushub	=	10 EURO je Kubikmeter
Mutterboden abschieben	=	3 EURO je Quadratmeter
Beton	=	80 EURO je Kubikmeter
Porenbeton-Steine	=	130 EURO je Kubikmeter
Verklinkern	=	180 EURO je Quadratmeter
Verputzen der Garage		50 Euro pro Quadratmeter
Krankosten	=	100 EURO je Stunde und Anfahrt
Keller-Außenmauern	=	37 cm dick
Andere Außenmauern	=	17,5 cm dick
Innenmauern	=	11,5 cm dick

Die Kalkulationen bauen alle auf eineinhalbgeschossigen Einfamilienhäusern mit quadratischem Querschnitt auf.
Will man ein Haus kalkulieren, das von diesen Maßen abweicht, so benutzt man dasjenige Beispiel, welches von der Grundfläche am nächsten liegt.
Im folgenden ist ein Haus mit einem Grundriss-Querschnitt von 8,5 mal 8,5 Metern kalkuliert. Falls Sie ein Haus mit einem Querschnitt von 8 mal 9 Metern oder 7,5 mal 9,5 Metern kalkulieren wollen, so liegt die Abweichung bei weniger als 2 Prozent. Insbesondere deshalb, weil die Materialmengen für Wände, Decken und Dach weniger als die Hälfte der Gesamtbaukosten ausmachen und die Multiplikation von 8,5 mal 8,5 bei 72,25 und diejenige von 7,5 mal 9,5 bei 71,25 liegt: Abweichung nur rund 1,5 Prozent. Und genau diese Zahl beeinflusst die Flächen der Decken und des Daches und die Wandlängen im Bereich der Außen- und Innenmauern.

Will man ein zweieinhalbgeschossiges Haus bauen, so gibt es eine Decke mehr, mehr Wände, mehr Klinker, einen längeren Schornstein, mehr Fenster usw. Mit den folgenden Beispielen kann man sich leicht die Gesamtkalkulation selbst zusammenstellen.

Freistehendes Einfamilienhaus mit angrenzender Garage
Baukörper 8.5 mal 8.5 Meter groß mit Keller und ca. 48 Grad Dach.

Wohnfläche Erdgeschoß ca. 52 m²
Wohnfläche Dachgeschoß ca. 34 m²
Wohnfläche gesamt ca. **86 m²**
8.5 x 8.5 x 8.0 = 580 m³ umbauter Raum
7 x 3.5 x 2.5 = 60 m³ umbauter Raum für Garage

Kostenart	Berechnungsformel		Kosten
Architekt			7000
Statiker			3000
Baugenehmigung			650
Versicherungen			1000
Aushub, Mutterboden abschieben	10m x 10m x 10,- + 100m² x 3,-		1300
Kanalrohre			500
Bodenplatte	75m² x 0,25m = 19m³ x 80 = 1500 1700,- (Eisen) 400,- (Kran)		3600
Dämmung Bodenpl.	75 m² * 12		900

Keller-Wände	33 x 2,5m x 0.37m + 24m x 2,5m x 0,15m = 40m³ − 4m³ = 36m³ x 130,- + 400,- (Kran) Fertigmörtel 200,-		5300
Bitumenanstrich			400
Dämmung Kellerwände	34 x 2,5 x 12 Euro		1000
Kellerdecke	70m² x 25,- + 70m² x 0,12m (Beton) x 80,- + 1000,- (Eisen) + 600,- (Kran)		4100
Wände Erdgeschoß	Außenwände: 32m x 2,6m x 0,17m x 130 = 1900 − 8% für Fensteröffnungen = 1750 Innenwände: 20m x 2,6m x 0,15m x 130 = 1000,- − 10% für Türöffnungen = 900 Fertigmörtel 200		3000

Erdgeschossdecke	siehe Kellerdecke		4100
Wände Dachgeschoss	8m x 4m x 0,17m x 130 = 900,- – 8% (Fenster) = 850 15m x 2,5 x 0,15m x 130 = 700 – 8% (Türen) =650,- Fertigmörtel 200		1700
Treppen			6000
2 Schornsteine	2 Züge je 10m = 20m x 80		1600
Dachstuhl und Eindeckung	4m³ (Holz) x 400 =1600 Eisenteile 300 9m x 8m x 2 = 144m² (Dachflächen) x 32,- =4700 Kamineinfassung 300 Dachrinnen, Fallrohre 18m + 7m x 20,- = 500 Schieferarbeiten 50m x 16,- = 800		10000

	Dämmung 120m² x 15 = 1800		
Klinker fertig hergestellt	Alternativ: Abkleben	500	20000
	Stahlwinkel, Luftschichtanker	200	
	Fertigmörtel	1000	
	6000 Steine je 54 Cent	3200	
	Gerüst	1000	
	Dämmung 112m² * 12	1400	
	Gesamt 112m² x 180,-		
Fenster, Haustür Terrassentür	Wohnzimmer 2 Stück	1400,-	9500
	Küche	600,-	
	Gäste-WC	400,-	
	Schlafzimmer Eltern	600,-	
	Schlafzimmer Kind1	600,-	
	Schlafzimmer Kind2	600	
	Bad	600,-	

	2 Veluxfenster	1200	
	Haustür	3000	
	Einbaukosten	500	
Fensterbänke Marmor			400
Rollos			2500
Kellerfenster			600
Silikonarbeiten			500
Elektro-Installation			5500
Abwasser-Installation			1500
Wasser-Installation			2500
Heizung			14000
Gasanschluß			2500
Elektro-Anschluß			2500
Wasser/Abwasser-Anschluß, Revisionsschacht			3000
Putz	150m² x 2.5 x 11,-		4200
Estrich	150 m² a 12,-		1800

Holzdecken	50m² x 25 = 1250,-		2800
	100m² x 15 = 1500,-		
Fliesen	Bad	30m² x 35,- = 1050,-	3000
	WC	15m² x 25,- = 400,-	
	Küche	5m² x 40,- = 200,-	
	Boden	50m² x 25,- = 1300,-	
Sanitäre Einrichtungen	1 Wanne	600,-	3600
	1 Duschtasse	200,-	
	2 Waschtische	400,-	
	2 WC mit Spülkasten	800,-	
	1 Duschabtrennung	800,-	
	Armaturen	800,-	
Tapeten			500
Teppiche	50m² x 28,-		1400
Innentüren	10 Stück x 300,-		3000
Garage	Fundament	17m x 0.4m² = 6.8m³ = 500	5900
		(Beton selbst hergestellt)	

	Wände	17m x 2.3m x 0.17m x 130 = 900,-	
	Decke mit Abdichtung	2000,-	
	Estrich	3.3m x 7m = 23m² x 12,- = 300,-	
	Putz	13m x 2.4m=31m² x 50,- = 1550,-	
	Tor	500,-	
	Tür	200	
Einfahrt	40 m² x 35,-		
Terrasse	25 m² x 30,-		750
Gartenanlage			1000
Kelleraußentreppe			3000
Bodenarbeiten			1000
Bauholz, Werkzeug			1000
Vermessen des Baukörpers			750
Summe:			**153800**

Freistehendes Einfamilienhaus mit angrenzender Garage
Baukörper 9.5 mal 9.5 Meter groß mit Keller und ca. 48 Grad Dach.

Wohnfläche Erdgeschoß ca. 67 m²
Wohnfläche Dachgeschoß ca. 45 m²
Wohnfläche gesamt ca. **112 m²**
9.5 x 9.5 x 8.2 = 740 m³ umbauter Raum
7 x 3.5 x 2.5 = 60 m³ umbauter Raum für Garage

Kostenart	Berechnungsformel		Kosten
Architekt			7000
Statiker			3000
Baugenehmigung			800
Versicherungen			1000
Aushub, Mutterboden abschieben	11m x 11m x 10,- + 120m² x 3,-		1500
Kanalrohre			550
Bodenplatte	95m² x 0,25m = 24m³ x 80 = 1900 1900,- (Eisen) 400,- (Kran)		4200
Dämmung Bodenpl.	85 m² * 12		1000

Wände	37 x 2,5m x 0.37m=34m3 + 28m x 2,5m x 0,15m = 10m3 $44m^3 - 4m^3 = 40m^3$ x 130,- + 400,- (Kran) Fertigmörtel 200,-		5800
Bitumenanstrich			400
Dämmung Kellerw.	38 x 2,5 x 12		1150
Kellerdecke	85m² x 25,- + 85m² x 0,12m (Beton) x 80,- + 1000,- (Eisen) + 600,- (Kran)		4600
Wände Erdgeschoß	Aussenwände: 38m x 2,6m x 0,17m x 130 = 2250 – 8% für Fensteröffnungen = 2100 Innenwände: 20m x 2,6m x 0,15m x 130 = 1000,- – 10% für Türöffnungen = 900 Fertigmörtel 200		3200

Erdgeschossdecke	siehe Kellerdecke		4600
Wände Dachgeschoss	8,5m x 4,2m x 0,17m x 130 = 800,- – 8% (Fenster) = 750 15m x 2,5 x 0,15m x 130 = 700 – 8% (Türen) =650,- Fertigmörtel 200		1600
Treppen			6000
2 Schornsteine	2 Züge je 10m = 20m x 80		1600
Dachstuhl und Eindeckung	4,3m³ (Holz) x 400 =1700 Eisenteile 300 9,5m x 8,3m x 2 = 157m² (Dachflächen) x 32,- =5000 Kamineinfassung 300 Dachrinnen, Fallrohre 19m + 7m x 20,- = 500 Schieferarbeiten 53m x 16,- = 850		10500

	Dämmung 125m² x 15 = 1900		
Klinker fertig hergestellt	Alternativ: Abkleben	500	23500
	Stahlwinkel, Luftschichtanker	200	
	Fertigmörtel	1000	
	7000 Steine je 54 Cent	3800	
	Gerüst	1200	
	Dämmung 120m² * 12	1450	
	Gesamt 130m² x 180,-		
Fenster, Haustür Terrassentür	Wohnzimmer 2 Stück	1400,-	9500
	Küche	600,-	
	Gäste-WC	400,-	
	Schlafzimmer Eltern	600,-	
	Schlafzimmer Kind1	600,-	
	Schlafzimmer Kind2	600	
	Bad	600,-	

	2 Veluxfenster	1200	
	Haustür	3000	
	Einbaukosten	500	
Fensterbänke Marmor			400
Rollos			2800
Kellerfenster			600
Silikonarbeiten			500
Elektro-Installation			5700
Abwasser-Installation			1500
Wasser-Installation			2500
Heizung			14500
Gasanschluß			2500
Elektro-Anschluß			2500
Wasser/Abwasser-Anschluß, Revisionsschacht			3000
Putz	160m² x 2.5 x 11,-		4400
Estrich	170 m² a 12,-		2000

Holzdecken	60m² x 25 = 1500,- 100m² x 15 = 1500,-		3000
Fliesen	Bad	30m² x 35,- = 1050,-	3000
	WC	15m² x 25,- = 400,-	
	Küche	5m² x 40,- = 200,-	
	Boden	50m² x 25,- = 1300,-	
Sanitäre Einrichtungen	1 Wanne	600,-	3600
	1 Duschtasse	200,-	
	2 Waschtische	400,-	
	2 WC mit Spülkasten	800,-	
	1 Duschabtrennung	800,-	
	Armaturen	800,-	
Tapeten			600
Teppiche	60m² x 28,-		1600
Innentüren	10 Stück x 300,-		3000
Garage	Fundament	17m x 0.4m² = 6.8m³ = 500 (Beton selbst hergestellt)	6000

	Wände	17m x 2.3m x 0.17m x 130 = 900,-	
	Decke mit Abdichtung	2000,-	
	Estrich	3.3m x 7m = 23m² x 12,- = 300,-	
	Putz	13m x 2.4m=31m² x 50,- = 1550,-	
	Tor	500,-	
	Tür	200	
Einfahrt	40 m² x 35,-		
Terrasse	25 m² x 30,-		750
Gartenanlage			1000
Kelleraußentreppe			3000
Bodenarbeiten			1000
Bauholz, Werkzeug			1000
Vermessen des Baukörpers			750
Summe:			**162700**

Freistehendes Einfamilienhaus mit angrenzender Garage
Baukörper 10 mal 10 Meter groß mit Keller und ca. 48 Grad Dach.

Wohnfläche Erdgeschoß ca. 75 m²
Wohnfläche Dachgeschoß ca. 55 m²
Wohnfläche gesamt ca. **130 m²**
10 x 10 x 8.4 = 840 m³ umbauter Raum
7 x 3.5 x 2.5 = 60 m³ umbauter Raum für Garage

Kostenart	Berechnungsformel		Kosten
Architekt			7000
Statiker			3000
Baugenehmigung			1000
Versicherungen			1000
Aushub, Mutterboden abschieben	12m x 12m x 10,- + 140m² x 3,-		2000
Kanalrohre			600
Bodenplatte	105m² x 0,25m = 26m³ x 80 = 2100 2100,- (Eisen) 400,- (Kran)		4600
Dämmung Bodenpl.	105 m² * 12		1300

Wände	40 x 2,5m x 0.37m=37m3 + 32m x 2,5m x 0,15m = 12m3 49m³ − 5m³ = 45m³ x 130,- + 400,- (Kran) Fertigmörtel 200,-		6500
Bitumenanstrich			500
Dämmung Kellerw.	40 x 2,5 x 12		1200
Kellerdecke	100m² x 25,- + 105m² x 0,12m (Beton) x 80,- + 1000,- (Eisen) + 600,- (Kran)		5100
Wände Erdgeschoß	Aussenwände: 40m x 2,6m x 0,17m x 130 = 2200 − 8% für Fensteröffnungen = 2000 Innenwände: 23m x 2,6m x 0,15m x 130 = 1200,- − 10% für Türöffnungen = 1100 Fertigmörtel 200		3300

Erdgeschossdecke	siehe Kellerdecke		5100
Wände Dachgeschoss	9,5m x 4,6m x 0,17m x 130 = 1000,- – 8% (Fenster) = 950 18m x 2,5 x 0,15m x 130 = 900 – 8% (Türen) =850,- Fertigmörtel 200		2000
Treppen			6000
2 Schornsteine	2 Züge je 11m = 22m x 80		1800
Dachstuhl und Eindeckung	5,3m³ (Holz) x 400 =2100 Eisenteile 300 11m x 8,3m x 2 = 182m² (Dachflächen) x 32,- =5800 Kamineinfassung 300 Dachrinnen, Fallrohre 22m + 7m x 20,- = 580 Schieferarbeiten 57m x 16,- = 900		12100

	Dämmung 140m² x 15 = 2100		
Klinker fertig hergestellt	Alternativ: Abkleben	500	26100
	Stahlwinkel, Luftschichtanker	200	
	Fertigmörtel	1000	
	7000 Steine je 54 Cent	3800	
	Gerüst	1200	
	Dämmung 130m² * 12	1600	
	Gesamt 145m² x 180,-		
Fenster, Haustür Terrassentür	Wohnzimmer 2 Stück	1400,-	9500
	Küche	600,-	
	Gäste-WC	400,-	
	Schlafzimmer Eltern	600,-	
	Schlafzimmer Kind1	600,-	
	Schlafzimmer Kind2	600	
	Bad	600,-	

	2 Veluxfenster	1200	
	Haustür	3000	
	Einbaukosten	500	
Fensterbänke Marmor			400
Rollos			3000
Kellerfenster			600
Silikonarbeiten			500
Elektro-Installation			6100
Abwasser-Installation			1600
Wasser-Installation			2600
Heizung			15000
Gasanschluß			2500
Elektro-Anschluß			2500
Wasser/Abwasser-Anschluß, Revisionsschacht			3000
Putz	180m² x 2.5 x 11,-		5000
Estrich	190 m² a 12,-		2280

Holzdecken	66m² x 25 = 1650,-		3300
	110m² x 15 = 1650,-		
Fliesen	Bad	30m² x 35,- = 1050,-	3000
	WC	15m² x 25,- = 400,-	
	Küche	5m² x 40,- = 200,-	
	Boden	50m² x 25,- = 1300,-	
Sanitäre Einrichtungen	1 Wanne	600,-	3600
	1 Duschtasse	200,-	
	2 Waschtische	400,-	
	2 WC mit Spülkasten	800,-	
	1 Duschabtrennung	800,-	
	Armaturen	800,-	
Tapeten			700
Teppiche	70m² x 28,-		1900
Innentüren	10 Stück x 300,-		3000
Garage	Fundament	17m x 0.4m² = 6.8m³ = 500 (Beton selbst hergestellt)	6000

	Wände	17m x 2.3m x 0.17m x 130 = 900,-	
	Decke mit Abdichtung	2000,-	
	Estrich	3.3m x 7m = 23m² x 12,- = 300,-	
	Putz	13m x 2.4m=31m² x 50,- = 1550,-	
	Tor	500,-	
	Tür	200	
Einfahrt	40 m² x 35,-		
Terrasse	25 m² x 30,-		750
Gartenanlage			1000
Kelleraußentreppe			3000
Bodenarbeiten			1000
Bauholz, Werkzeug			1000
Vermessen des Baukörpers			750
Summe:			**174780**

Freistehendes Einfamilienhaus mit angrenzender Garage
Baukörper 11 mal 11 Meter groß mit Keller und ca. 48 Grad Dach.

Wohnfläche Erdgeschoß   ca. 90 m²
Wohnfläche Dachgeschoß ca. 70 m²
Wohnfläche gesamt ca. **160 m²**
11 x 11 x 8.5 = 1030 m³ umbauter Raum
7 x 3.5 x 2.5 = 60 m³ umbauter Raum für Garage

Kostenart	Berechnungsformel		Kosten
Architekt			7000
Statiker			3000
Baugenehmigung			1000
Versicherungen			1000
Aushub, Mutterboden abschieben	13m x 13m x 10,- + 170m² x 3,-		2200
Kanalrohre			600
Bodenplatte	125m² x 0,25m = 31m³ x 80 = 2500 2100,- (Eisen) 400,- (Kran)		5000
Dämmung Bodenpl.	125 m² * 12		1500

Wände	44 x 2,5m x 0.37m=41m3 + 34m x 2,5m x 0,15m = 13m3 54m³ – 5m³ = 49m³ x 130,- + 400,- (Kran) Fertigmörtel 200,-		6500
Bitumenanstrich			600
Dämmung Kellerw.	44 x 2,5 x 12		1300
Kellerdecke	105m² x 25,- + 121m² x 0,12m (Beton) x 80,- + 1000,- (Eisen) + 600,- (Kran)		5500
Wände Erdgeschoß	Aussenwände: 44m x 2,6m x 0,17m x 130 = 2600 – 8% für Fensteröffnungen = 2400 Innenwände: 26m x 2,6m x 0,15m x 130 = 1300,- – 10% für Türöffnungen = 1200 Fertigmörtel 200		4000

Erdgeschossdecke	siehe Kellerdecke		5500
Wände Dachgeschoss	10m x 4,8m x 0,17m x 130 = 900 − 8% (Fenster) = 800 18m x 2,5 x 0,15m x 130 = 900 − 8% (Türen) =850,- Fertigmörtel 200		1850
Treppen			6000
2 Schornsteine	2 Züge je 11m = 22m x 80		1800
Dachstuhl und Eindeckung	$5,8m^3$ (Holz) x 400 =2300 Eisenteile 300 12m x 8,7m x 2 = $209m^2$ (Dachflächen) x 32,- =6700 Kamineinfassung 300 Dachrinnen, Fallrohre 24m + 7m x 20,- = 620 Schieferarbeiten 60m x 16,- = 1000		13100

	Dämmung 140m² x 15 = 2100		
Klinker fertig hergestellt	Alternativ: Abkleben	500	29100
	Stahlwinkel, Luftschichtanker	200	
	Fertigmörtel	1000	
	7000 Steine je 54 Cent	3800	
	Gerüst	1200	
	Dämmung 130m² * 12	1600	
	Gesamt 162m² x 180,-		
Fenster, Haustür Terrassentür	Wohnzimmer 2 Stück	1400,-	9500
	Küche	600,-	
	Gäste-WC	400,-	
	Schlafzimmer Eltern	600,-	
	Schlafzimmer Kind1	600,-	
	Schlafzimmer Kind2	600	
	Bad	600,-	

	2 Veluxfenster	1200	
	Haustür	3000	
	Einbaukosten	500	
Fensterbänke Marmor			400
Rollos			3200
Kellerfenster			600
Silikonarbeiten			500
Elektro-Installation			6200
Abwasser-Installation			1600
Wasser-Installation			2600
Heizung			15000
Gasanschluß			2500
Elektro-Anschluß			2500
Wasser/Abwasser-Anschluß, Revisionsschacht			3000
Putz	200m² x 2.5 x 11,-		5500
Estrich	210 m² a 12,-		2400

Holzdecken	66m² x 25 = 1650,- 130m² x 15 = 1950,-		3600
Fliesen	Bad	30m² x 35,- = 1050,-	3000
	WC	15m² x 25,- = 400,-	
	Küche	5m² x 40,- = 200,-	
	Boden	50m² x 25,- = 1300,-	
Sanitäre Einrichtungen	1 Wanne	600,-	3600
	1 Duschtasse	200,-	
	2 Waschtische	400,-	
	2 WC mit Spülkasten	800,-	
	1 Duschabtrennung	800,-	
	Armaturen	800,-	
Tapeten			700
Teppiche	70m² x 28,-		1900
Innentüren	10 Stück x 300,-		3000
Garage	Fundament	17m x 0.4m² = 6.8m³ = 500 (Beton selbst hergestellt)	6000

	Wände	17m x 2.3m x 0.17m x 130 = 900,-	
	Decke mit Abdichtung	2000,-	
	Estrich	3.3m x 7m = 23m² x 12,- = 300,-	
	Putz	13m x 2.4m=31m² x 50 = 1550,-	
	Tor	500,-	
	Tür	200	
Einfahrt	40 m² x 35,-		
Terrasse	25 m² x 30,-		750
Gartenanlage			1000
Kelleraußentreppe			3000
Bodenarbeiten			1000
Bauholz, Werkzeug			1000
Vermessen des Baukörpers			750
Summe:			**182600**

Einsparmöglichkeiten

Decken aus Holzbalkenkonstruktion

Stellen Sie sich ein 9 x 9 Meter großes Haus vor. Eine Betondecke kostet ca. 5000,- EURO. Wenn Sie nun anstelle der Betondecke Holzbalken einziehen, kommen Sie günstiger weg.
16 Balken von 10 x 20 cm Querschnitt und 9 m Länge machen knapp drei Kubikmeter Holz aus. Kostenpunkt ca. 1200,- EURO.
Von oben wird eine Holzschalung aufgesetzt und nun kann genau so Estrich aufgetragen werden, wie bei einer Betondecke. Die Zwischenräume an den Enden der Balken werden mit Beton ausgegossen oder vermauert.

Wenn man die Balken von unten hobelt und sichtbar lässt, kann man einen sehr rustikalen Eindruck schaffen und die Holzdecken   oder einen Deckenputz weglassen.

Beton selbst herstellen

Der Kubikmeter Beton kostet ca. 80,- EURO zuzüglich der Krankosten.
Wenn Sie mehrere Leute und mindestens einen Betonmischer zur Verfügung haben, so können Sie den Beton für die Bodenplatte und Erdgeschoßdecke selbst mischen und mit Schubkarren transportieren oder über eine Holzrutsche zur Bodenplatte laufen lassen.
Bei der Erdgeschoßdecke brauchen Sie einen Kran oder Aufzug.
Kies kostet je Tonne ca. 20,- EURO, also 40,- EURO je Kubikmeter. Pro Kubikmeter Beton braucht man ca. 200 Liter Zement. Das sind etwa 6 Sack je 30 Liter. Pro Sack müssen Sie 5,- EURO ansetzen. Also kann man einen Kubikmeter Beton für etwa 70 EURO selbst herstellen. Bei 10 Kubikmeter hat man also schon 200 Euro gespart. Aber Achtung: wenn einem während der Mischphase der Betonmischer verreckt, sollte man auf ein anderes Gerät zugreifen können.

Außenputz statt Klinker

Bei guter Dämmung des Mauerwerks sollte ein Außenputz statt des Klinkers möglich sein. Pro Quadratmeter sollten ca. 40,- bis 80,- EURO einzusparen sein, je nachdem ob man den Klinker selbst aufbaut oder von einem Unternehmer machen lässt. Die Außenabmessungen reduzieren sich durch den entfallenen Klinker um einige Zentimeter, also entsteht mehr Wohnfläche oder der Baukörper kann kleiner werden.
Die Auflagefläche auf dem Kellermauerwerk ist nicht erforderlich. Man kann also im Keller mit geringeren Steindicken arbeiten.

Garagendach

Wenn das Garagendach nicht aus Beton, sondern aus einer Holzbalkenkonstruktion gebaut wird und kein Dachdecker die Abdichtungsarbeiten durchführt, sind einige hundert Euro einzusparen.
Auf eine Länge von 7 Metern werden 11 Balken mit einem Querschnitt von 7 x 14 cm in einer Länge von 3,5 Metern gesetzt. Kostenpunkt: ca. 250,- EURO. Darauf werden Schalbretter geschraubt oder genagelt. Der Quadratmeter kostet ca. 11,- EURO. Die Summe macht also ca. 500,- EURO. Nun wird wie oben beschrieben eine Abdichtungsfolie zum Preis von ca. 200,- aufgelegt und verschweißt und mit Kies oder Pflastersteinen gegen den Wind geschützt.
Es sollte wiederum einige hundert Euro einzusparen sein.

Estrich-Dicke

Ein schwimmender Estrich kann eine Dämmung von nur zwei Zentimetern oder auch von acht Zentimetern bekommen. Diese sechs Zentimeter machen auf den gesamten Bau gerechnet rund 5 Kubikmeter mehr umbauten Raum. Jeder Kubikmeter umbauten Raumes kostet ca. 260,- EURO.
Bei einem niedrigen Estrichaufbau kann man nun natürlich keine 10 cm dicken Abwasserrohre mehr im Estrich verschwinden lassen.

Riemchen/Fliesen statt Putz

Wenn Sie ihr Innenmauerwerk sehr genau gemauert haben, können Sie dort auf den Innenputz verzichten, wo Sie Fliesen oder Riemchen aufkleben wollen.

Natürlich muss auch hier mit einer Tiefengrundierungsfarbe vorgestrichen werden.

Riemchen eignen sich gut für das Treppenhaus. Sie haben ein für alle mal die Wandflächen bearbeitet.

In den Niederlanden kann man Betonriemchen (Steenstrips) für ca. 12,- EURO pro Quadratmeter bekommen. Als Kleber kann Porenbetonkleber verwendet werden. Meist bleiben einige Sack übrig.

Das Verfugen muss zwar zuerst geübt werden, aber nach einigen Quadratmetern können Sie es.

Die Wintermonate eigenen sich sehr gut für diese Arbeit.

Die Arbeitsweise ist genauso, wie beim Fliesen. Man zeichnet also die Abstände der Riemchen mit der entsprechenden Fugenbreite an die Wand, schlägt Nägel in die Wand und spannt eine Gummischnur darüber und richtet sich danach. Empfehlenswert ist es, wenn Sie die zweite Reihe um eine halbe Steinlänge versetzen und die gleiche senkrechte Flucht einhalten.

Sie können pro Quadratmeter mehr als 10,- EURO einsparen.

Sanitäre Einrichtungen

Bei den sanitären Einrichtungen kann man sehr viel Geld ausgeben, aber auch sehr günstig einkaufen.

Wenn Sie einfache weiße Sanitäranlagen nehmen, einfache Armaturen und Aufhänger für Handtücher kann man mit einigen hundert Euro auskommen.

Vorhängefassade

Vor den Giebelwänden kann man anstelle des Klinkers gut eine sogenannte Vorhängefassade errichten.
Man muss eine Unterkonstruktion aus senkrechten Balken an die Wand dübeln. Zwischen diese Balken wird die Dämmung gesetzt.
Auf die senkrechten Balken werden in waagerechter Richtung Dachlatten genagelt. Der Abstand wird durch die Größe der Eternit- oder Schieferscheiben vorgegeben. Nun werden die Schieferplatten aufgenagelt.
Man muss noch für eine gute Hinterlüftung sorgen, indem oben und unten Öffnungen vorgesehen werden.
Der Quadratmeter sollte für ca. 50,- EURO zu errichten sein.

Fertiggarage ja oder nein

Die Vorteile einer Fertiggarage sind die dünnen Wände (weil aus Beton) und die glatten Innenflächen.
Dann hört es nach meinen persönlichen Erfahrungen aber schon auf.
Schauen Sie sich einmal die Kalkulationsbeispiele an. Der Preis kann kein Argument sein…

Aber dann zu meiner Geschichte:
Ich habe einen Vertrag mit einem Fertiggaragen-Hersteller vom Niederrhein gemacht. Es wurde von einer Lieferzeit von 8 bis 12 Wochen gesprochen. Ich war also unter Druck gesetzt worden, schon nach 8 Wochen bereit zu sein, denn es hätte ja sein können, dass die Lieferung nach 8 Wochen erfolgen sollte. Ich hatte mir einfallen lassen, meine Klinker des Giebels auf den Rand der Garage zu setzen.

Die Bauplanung hatte also Fertiggaragenlieferung, Verklinkern, Fenster einbauen, Elektro- und Wasserinstallation, Putzen usw. vorgesehen.
Tatsächlich kam aber alles anders. Denn die Lieferung erfolgte nicht nach 8 oder 12 Wochen, sondern erst nach erheblichem Druck

meinerseits nach 17 Wochen. Damit war mein Bauvorhaben so weit in Verzug geraten, dass ich in die kalten Wintermonate hinein geriet. Der Wasser- und Elektro-Anschluss konnte nicht erfolgen, weil der Boden hart gefroren war. Also ergab sich ein weiterer Verzug von rund 6 Wochen, denn auch die Weihnachtszeit über sind Handwerker nicht tätig…

Aber damit nicht genug. Die Qualität der Garagen gab zu erheblichen Klagen Anlass: Die Tore hielten nicht in der oberen Position, sondern fielen herunter, die Türen waren undicht gegen Regen, der Putz war ungleichmäßig, die Bitumenabdichtung des Daches musste schon nach 6 Monaten erneuert werden und wenn der Nachbar seinen Gartenregner anschaltet und Wasser an meine Außenwand läuft, habe ich durch einen haarfeinen Riss eine Pfütze in der Garage. Wegen des ganzen Theaters mit dem Verzug durfte ich sogar noch meinen Dachüberstand am Haus streichen, weil in Nachbarschaft und durch Gemeindearbeiten das Hereinheben der Garagen durch den Kran nicht mehr gewährleistet waren..

Auf alle Reklamationen hat die Firma vom Niederrhein mit dem edlen Namen nicht reagiert. Für Gerichtsverhandlungen fehlten mir Zeit und Geld und Nerven…

Die Rückmeldung anderer Bauherren waren auch nicht so rosig.

Beim nächsten mal würde die Garage auf jeden Fall wieder in Eigenregie gebaut…

Satteldach oder doch lieber ein Flachdach

Der Dachstuhl, die Dacheindeckung, Dachrinnen entfallen.
Die Außenwände und -Verkleidung werden mehr, die Fläche der Wärmedämmung oben reduziert sich, die Dachabdichtung hat eine andere Qualität. Man muss selbst rechnen, dafür erhöht sich die Wohnfläche…

Schlußwort

Natürlich konnte dieses Buch nicht jeden Einzelfall beschreiben.

Ich wollte Ihnen ein Gefühl dafür geben, wie die meist teuer bezahlten handwerklichen Leistungen zum Teil durch gute Planung und Aussuchen eines für Laien passenden Systems von den meisten handwerklich begabten Leuten selbst durchgeführt werden können, ohne dass man sich zu sehr verausgabt oder in die Gefahr begibt, Mängel in das Haus einzubauen, die durch keine Garantieleistung abgedeckt sind.

Außerdem werden Ihnen mit den Kalkulationsbeispielen Mittel in die Hand gegeben, Preise zu vergleichen und besser mit den Lieferanten verhandeln zu können.
Die Preise sind im westlichen Niederrheingebiet erfragt und realisiert worden. In anderen Bereichen können sich Abweichungen ergeben.

Nutzen Sie die Fachleute, wie Baustofflieferanten, Statiker und Architekten, um sich ein System auszusuchen, das Sie in eigener Regie durchziehen können. Lassen Sie sich nicht auf exotische Bauweisen ein. Sie verursachen meist auch Handwerkern gewisse Probleme.
Fragen Sie Leute, die schon einmal gebaut haben, nach ihren Erfahrungen und erbitten Sie Tipps.

Lassen Sie sich nicht durch Bausätze oder Maklerangebote blenden.
Auf den ersten Blick sind die genannten Preise super. Wenn Sie sehr detailliert vergleichen, werden Sie feststellen, dass durch fehlende Gewerke oder minderwertige Materialien der Preis niedrig gehalten wird. Und vergessen Sie nicht, dass über die Lieferantengewinne hinaus auch noch ein Dritter mitverdienen will.
Aus eigenen Erfahrungen habe ich durch die Eigenregie bei der Rohbauerstellung das Angebot eines Selbstbauanbieters um ca. 10.000,- EURO unterschritten. Nutzen Sie für diese Vergleiche die Kalkulationsbeispiele.

Sie werden übrigens überrascht sein, wie viel Freude es ihnen macht,

jeden Tag ihr Haus wachsen zu sehen. Ich habe noch nie eine so befriedigende Arbeit geleistet, die so deutlich sichtbar wurde.
Fotografieren Sie sich die einzelnen Bauabschnitte und Ihre Helfer.
Sie werden interessierten Bekannten die Fotos immer stolz zeigen.

Ich wünsche ihnen nun viel Erfolg und dass Sie gesund und glücklich in ihr selbsterstelltes Haus einziehen können.

Es folgen nun noch einige Kapitel, die das Thema Selbstbau abrunden und für jeden Bauherrn interessant sein dürften:

Wintergärten preisgünstig gebaut

Viele Leute lieben die Vorzüge eines Wintergartens: Man kann auch bei Regenwetter das Gefühl haben, in der freien Natur zu sitzen und man nutzt die Sonneneinstrahlung, um sich mit erheblich mehr Grünpflanzen zu umgeben als im normalen Wohnzimmer. Der größte Vorteil ist allerdings die in den Übergangszeiten eingefangene Wärmeenergie, die den Energiebedarf des ganzen Hauses erheblich reduzieren kann. Allerdings nur, wenn die Fensterflächen einen besonders guten Wärmedämmwert aufweisen.
Natürlich muss man die Vorteile mit den Nachteilen vergleichen. Denn in den Sommerzeiten kommt es zu einer erheblichen Aufheizung des Raumes und man kann der Hitze kaum entfliehen. Im Winter können durch die großen Glasflächen so hohe Energieverluste auftreten, dass sich die Kosten für die Heizenergie sogar erhöhen. (Die Wohn- und Außenwandfläche hat sich ja auch erhöht.)
Die üblicherweise angebotenen Wintergärten bestehen aus Aluminium- oder Kunststoffprofilen und ansonsten aus Glas. Die Dachfläche muss durch ein Rollo abgeschattet werden können und es müssen große Türen und Fenster vorhanden sein, durch die man die sich stauende Hitze herauslassen kann.
Natürlich sehen diese Prunkstücke toll aus, aber sind Sie auch funktionell?
Ein Wintergarten sollte im Winter und in den Übergangsmonaten viel Sonnenlicht hereinlassen; im Sommer wird es bei direkter Einstrahlung viel zu heiß.
Daraus müsste sich doch ableiten lassen, dass man die flach einstrahlende Wintersonne in die senkrechten Fenster einfallen lässt und die im Sommer fast senkrecht über uns stehende Sonne durch ein massives Dach aussperrt.
Unter diesen Prämissen reicht es völlig aus, wenn man während der Planung des Grundrisses einen Raum, der nach Süden und Südwesten

ausgerichtet ist, mit entsprechend großen Fensterflächen ausstattet.
Man muss nur an die weit oben liegenden Lüftungsfenster oder Ventilationsöffnungen denken. In einem großen hellen Wohnraum, der während der Sommermonate nicht so viel Sonne abbekommt, weil das Dach Schatten spendet, kann man sich die teuren Lüftungsfenster in der oberen Raumebene sparen.
In den Herbst-, Frühlings- und Wintermonaten ist die Sonnenwärme eher willkommen als dass man Sie wieder entweichen lassen will. Und im Sommer kommt die Sonne durch Dachüberstand oder Markise gar nicht erst ins Haus.
Die vergrößerten Fenster bedeuten geringere Wandflächen, die die Last der Decke aufnehmen können. Daraus ergibt sich, dass der Statiker mehr Eisen in die Decke einlegen lassen wird oder sogar die Decke um einige Zentimeter dicker berechnet, um Sie tragfähiger zu machen. Außerdem müssen die verbleibenden Wände auf die erhöhten Druckwerte ausgerichtet werden. Man verwendet entweder ein Material, das höher belastet werden kann oder macht die Wand dicker oder setzt eine Stütze aus Beton oder Stahl ein.
Auf der Kostenseite erhöht sich natürlich einiges.
Faktoren, die die Kosten erhöhen sind: Fenster mit Dreifachverglasung, Rollokasten und Rollofläche, Fensterbänke und Stürze.
Es reduzieren sich die Kosten für Klinker, Innenmauerwerk, Putz und Kerndämmung.
Es erhöhen sich die Kosten für die Decke und das stärkere Mauerwerk. Alles in allem werden einige Hunderteuroscheine pro zusätzlichem Quadratmeter Fensterfläche einzurechnen sein.
Daraus ergibt sich, dass man anstelle der teuren Wintergärten sogar die Wohnfläche um etliche Quadratmeter vergrößern kann und kommt dennoch erheblich günstiger weg.

Balkon aus Holz

Ein Balkon hat häufig den Nachteil, dass er als Verlängerung einer Geschoßdecke eine Wärmebrücke darstellt und auch Probleme mit der Feuchtigkeitsabdichtung mit sich bringt.

Ganz anders sieht es aus, wenn man einen Balkon aus Holz vor das Haus stellt, denn er muss keine nennenswerte Verbindung zum Haus besitzen und man kann durch Farbgestaltung, Blumenschmuck und Holzverzierungen einen wahren Blickfang aus ihm machen und das zu einem akzeptablen Preis. Durch untergehängte Blumenkästen oder Wagenräder kann man ihn weiter dekorieren.

Das gesamte Holz sollte aus sogenannten Leimbindern bestehen. Leimbinder haben den Vorteil, dass sie formstabil sind und kaum reissen. Leider liegt der Preis bei etwa dem Dreifachen des normalen Bauholzpreises.

Ein solcher Balkon ruht auf vier Holzstützen, die auf 60 mal 60 cm großen Betonfundamenten stehen. Die Stützpfeiler haben einen Querschnitt von etwa 12 mal 12 cm. Sie ruhen entweder in einem Vierkantrohr, das mit etwas Perlkies gefüllt ist, damit das Holz nicht langanhaltend nass wird oder auf einem senkrecht stehenden Blech, das mit dem Holz verschraubt wird.

Die vier Stützbalken erhalten seitliche Einkerbungen, damit auf beiden Seiten waagerechte Tragebalken eingesetzt und sicher verschraubt werden können.

Auf diese Tragebalken werden die etwa 6 cm dicke und 14 cm breiten Leimbinderbohlen gelegt und verschraubt. Man sollte einen Abstand von mindestens einem Zentimeter zwischen den Bohlen lassen, damit Sie bei Feuchtigkeit arbeiten können und sich nicht berühren.

Vor dem Aufbau müssen alle Holzteile gegen Fäulnis, Schimmel und Schädlingsbefall behandelt werden. Der eigentliche Farbanstrich (Lasur) wird erst aufgetragen, wenn der Balkon steht, denn häufig wird hier und da noch gestemmt und gesägt, so dass der Farbanstrich der wieder offengelegten Stellen zu Farbunterschieden führt, denn man ist ja kaum in der Lage schon einmal gestrichene Fläche nicht mehr zu überpinseln und damit einen dunkleren Farbton herzustellen.

In etwa 90 cm Höhe über den Bohlen wird das Geländer an den senkrechten Stützpfeilern vorgesehen. Es werden etwa 6 mal 6 cm dicke Riegel befestigt, so dass man daran die sichtbare Verblendung anbringen kann. Die Sichtbretter sollten nicht mehr als 9 cm weit auseinander

stehen. Dies ist auch das Maß, mit dem Treppengeländer kindersicher gemacht werden. Man sollte den Balkon noch mit einer Gewindestange und Schwerlastankern mit dem Betonfußboden des entsprechenden Geschosses verbinden, um mehr Stabilität zu erhalten und ein Abkippen zu vermeiden. Die Bohrlöcher in die Hausfassade sind mit Silikon gegen wandernde Feuchtigkeit abzudichten.
Der Preis eines solchen Balkons liegt bei etwa 2.500,- EURO.

Drempel oder Deckenüberstand, um das Dachgeschoß zu vergrößern

Je nach Dachneigung ist zumindest der erste Meter unter der Dachschrägen kaum nutzbar, ganz einfach, weil das Höhenmaß zu niedrig ist. Um den Platzverlust zu reduzieren gibt es zwei Möglichkeiten: Man muss das Dach anheben (falls es die Bauvorschriften zulassen), oder man lässt die Erdgeschoßdecke um einiges an den Längsseiten des Hauses überstehen. Auf diese Weise wird die Traufe nicht angehoben, aber trotzdem verschiebt sich das Dach nach oben bzw. vergrößert sich das Dachgeschoss.
Zusätzliche Probleme entstehen bei der überstehenden Decke durch die auch außerhalb der Rohbaumauern vorzusehenden Stützen. Die Menge des oben im Deckenüberstand einzubringenden Eisens erhöht sich, da nun die Last des Daches nicht von einer Wand direkt getragen wird, sondern die Spanndrähte der Stahlmatten die zusätzliche Last aufnehmen müssen. Das Einschalen der Decke ist an diesen Stellen genauso auszuführen wie es im Bereich der Fensteröffnungen üblich ist. Den sichtbaren Beton muss man später mit Schieferplatten und/oder Holz verkleiden. Es ist zu berücksichtigen, dass der Beton (wie beim Betonbalkon) eine Wärmebrücke darstellt. D.h. er muss unter der Sichtverkleidung gegen Kälteeinwirkung abgedämmt werden.
Der Drempel oder Kniestock wird als ganz normale Mauer errichtet. Empfehlenswert ist es, um die später entstehenden seitlichen Spannungen durch den Dachstuhl besser aufzufangen, im Abstand von ein bis zwei Metern Betonsäulen einzugießen. In die Betonsäulen sollten

Stahldrähte eingegossen werden, die man beim Gießen der Betondecke eingesetzt hat, so dass es zu einem zusätzlichen Halt in der Decke kommt. (Angaben des Statikers berücksichtigen!)

Markise

Will man eine Markise an einer Wand anbringen, so muss man durch die Klinkerwände hindurch möglichst in eine Betondecke hineinbohren, um absolut festen Halt zu finden. Man befestigt nachträglich angebaute Markisen üblicherweise an langen Gewindestäben, die in sogenannte Schwerlastanker eingeschraubt sind. Wenn man nun die Halteprofile der Markise anschraubt, kann es dazu kommen, dass man den Klinker wegdrückt. Um diesem Problem aus dem Weg zu gehen, steckt man sogenannte Distanzhülsen über den Gewindestab und setzt eine große Unterlegscheibe davor.
Um die Befestigung der Markise schon vorzubereiten, kann man vor dem Giessen der Betondecke einen gebogenen Gewindestab einlegen, der aus dem Schalbrett herausschaut; so ist ein sicherer Halt gewährleistet. Zur Vorsicht sollte man vorher mit dem Markisenbauer sprechen, welchen Abstand er fordert und welchen Durchmesser der Gewindestab haben muss. Der Gewindestab wird während der Bauzeit am besten in Kunststoff eingepackt, so dass er nicht durch Speiss verschmutzt wird.

Problem Garagentür

Ebenso wie die Haustür muss auch die Garagentür den Regen abhalten. Leider haben die Hersteller kaum darüber nachgedacht, dass der Regen von der Tür herabläuft und häufig durch den Wind unter der Tür in den Raum hineingeblasen wird. Wenn die Tür dem Westwind ungehindert ausgesetzt ist, erhöht sich die Gefahr eines nassen Garagenbodens. Es gibt ein paar Punkte zu bedenken, um die größten Probleme auszuschalten. Die Türzarge besteht aus einem Profil, dass unterhalb der Tür in den Estrich eingegossen wird.

Von außen wird entweder Pflaster oder eine Fliese an diese Zarge anstoßen. Wenn die Oberkante des Belags nicht mindestens einen Zentimeter unterhalb der Blechkante endet, ist der Wind in der Lage, Regen unter der Tür hindurch zu blasen. Es wird zwar ein kleines Abtropfblech von den Herstellern angeboten, aber da es kaum geneigt ist, laufen an ihm sogar die Tropfen in Richtung Garagenboden.
Ein besseres System ist die Garagentür, die sich nach außen öffnen lässt und die Türzarge weit überdeckt. Diese Garagentür muss von oben durch ein Abtropfprofil gegen von der Wand herunterlaufendes Wasser geschützt werden.

Waschmaschine hochstellen

In den meisten Kellern gibt es einen Raum, in dem die Wäsche gewaschen und getrocknet wird. Je nachdem, in welcher Höhe der Abwasserkanal liegt, wird eine Sickergrube in den Boden eingelassen, in dem eine Abwasserpumpe immer dann anspringt, wenn ein bestimmter Wasserstand erreicht ist. D. h. das Abwasser der Waschmaschine fließt zuerst in diese Sickergrube und wird erst später in den Kanal befördert.
Leider kommt es immer wieder vor, dass die Abwasserpumpe nicht anspringt und der gesamte Keller unter Wasser gesetzt wird. Das Wasser steigt in den Wänden hoch, bildet hässliche Flecke und verdirbt möglicherweise Tapeten und Fußleisten. Noch viel schlimmer ist es, wenn auch im Keller ein sogenannter schwimmender Estrich angelegt wurde. (Z.B., um die Verbindung zum kalten Erdreich zu unterbrechen und die Energiekosten einer Fußbodenheizung niedrig zu halten.) Denn in diesem Fall verteilt sich das Wasser unterhalb des Estrichs, beschleunigt durch die Kapillarwirkung, im gesamten Kellergeschoß und steigt in den Wänden hoch.
Wenn der Abwasserkanal außerhalb des Hauses nicht zu hoch liegt, ist es möglich die großen Mengen Abwasser aus der Waschmaschine direkt in den Kanal hineinzupumpen. Aber Achtung: die Pumpen der Waschmaschinen sind auf kaum mehr als einen Meter Höhe vorbereitet. Und es fließt immer der Teil Wasser, der im Schlauch verbleibt zurück in die Maschine. Der Höhenunterschied lässt sich häufig mit einem bis

zu 50 cm hohen Sockel überbrücken. Bei Waschmaschinen mit Bullauge macht er der Hausfrau sogar die Arbeit leichter, weil Sie sich nicht mehr so tief zu bücken braucht und die Wäsche direkt in den Waschkorb fallen lassen kann.

Die Folge dieser Überlegungen ist, dass man keinen Pumpensumpf und keine Abwasserpumpe benötigt. (Die Pumpen kosten meist zwischen 200 und 300,- EURO und sind spätestens nach zehn Jahren auszutauschen.) Man muss sich nur im Klaren sein, dass dann aus anderen Gründen keine großen Wassermengen auf dem Fußboden der Waschküche entstehen dürfen, wie Sie zum Beispiel beim Platzen eines Waschmaschinen-Zulaufschlauchs entstehen. Aber der Pumpensumpf hilft in solchen Fällen auch nur, wenn sich das Gefälle im Estrich genau in Richtung Pumpensumpf neigt.

Auftragsvergabe an junge Handwerkerbetriebe

Bei der Vergabe der Aufträge an die Handwerker sollte man sich die Mühe machen, Preise von jüngeren Handwerkerbetrieben einzuholen. Häufig wird man feststellen, dass große, etablierte Betriebe es nicht mehr nötig haben, auch auf günstige Preisvorstellungen einzugehen, da ihre Auftragsbücher voll sind. Ihr Name wird von den meisten Leuten ganz automatisch als erster in den Branchenbüchern gesucht, weil er bekannt ist.

Jüngere Betriebe müssen sich diesen Namen erst noch erwerben und am Markt bekannt werden. Ihre Fixkosten können durch den häufig noch provisorischen Verwaltungsapparat nicht so hoch sein, was sich in den Angebotspreisen niederschlagen muss.

Es ist auch sehr wahrscheinlich, dass die Methoden den neuesten Erkenntnissen angepasst sind, denn die Anschaffung von Material und Werkzeug wurde ja erst vor kurzer Zeit durchgeführt, während sich die Werkzeuge älterer Betriebe erst einmal amortisieren müssen, was sich ebenfalls in besseren Preisen niederschlagen kann.

Ein weiteres Argument für die Auswahl jüngerer Unternehmen liegt darin begründet, dass der Endabnehmer eine möglichst breite Schicht von Anbietern schaffen sollte, um den Wettbewerb zu verbessern und damit gleichzeitig für bessere Konditionen sorgt.

Fotos

Man sieht die ersten Steinlagen und dass die Paletten auf der ganzen Fläche verteilt sind

Man sieht die Schalung, die Stützen in Räumen und Fenstern, die Ausschnitte für die Rolladengurtkästen und Lager der Rolladenwalze

Die Giebelwände mit der Betonrähm sind gegossen, die Schalung der Decke ist wieder entfernt.

Hier sieht man, wie die Balken, die einmal die Decke des Daches bilden unten den Mittelpfetten mit Nagelblechen und durch Bolzen in den Sparren verbunden wurden. Noch weiß in Folie verpackt ist eine der Holzstützen für die Mittelpfette zu erkennen.
Über dem Dachstuhl schwebt eine der Fertiggaragen auf ihre Position.

Endlich ist der Dachstuhl auf dem Rohbau und bald ist das Gebäude dicht.
Man sieht den Schonstein und die Windrispen. Das Gerüst steht für die Klinkerarbeiten und die Verschieferung der Sichtkanten des Daches bereit. Die Folie unten auf den Sparren schützt die Wärmedämmung hinter den Klinkern.

Der Aufbau der Fußbodenheizung. Links liegt der Verteiler für die einzelnen Räume. Von hier aus wird jeder Raum mit den Kunststoffrohren versorgt. Da wo im Estrich ein Schnitt eingefügt wird, sind schwarze Schutzrohre aus Kunststoff um die Heizungsrohre gelegt, damit sie nicht verletzt werden können.

Der Holzofen war einfacher aufzustellen als ich gedacht habe. Noch liegen zwei kleine Teppiche unter dem Metallofen, um den Boden zu schützen und den Ofen verschieben zu können. Die Schamotte-Ummantelung fehlt noch.

So sieht das Haus nach Verklinkerung, Dachdeckung und Pflasterung der Einfahrt aus. Wie man an der unteren Linie der Klinker erkennen kann, ist das Haus barrierefrei und ohne Stufen gebaut, aber mit leichtem Gefälle – weg von der Haustür und der Garage. Immerhin habe ich das Haus im Alter von 60 Jahren für unsere gemeinsame Zukunft gebaut.

Detailzeichnungen zu den Statikelementen

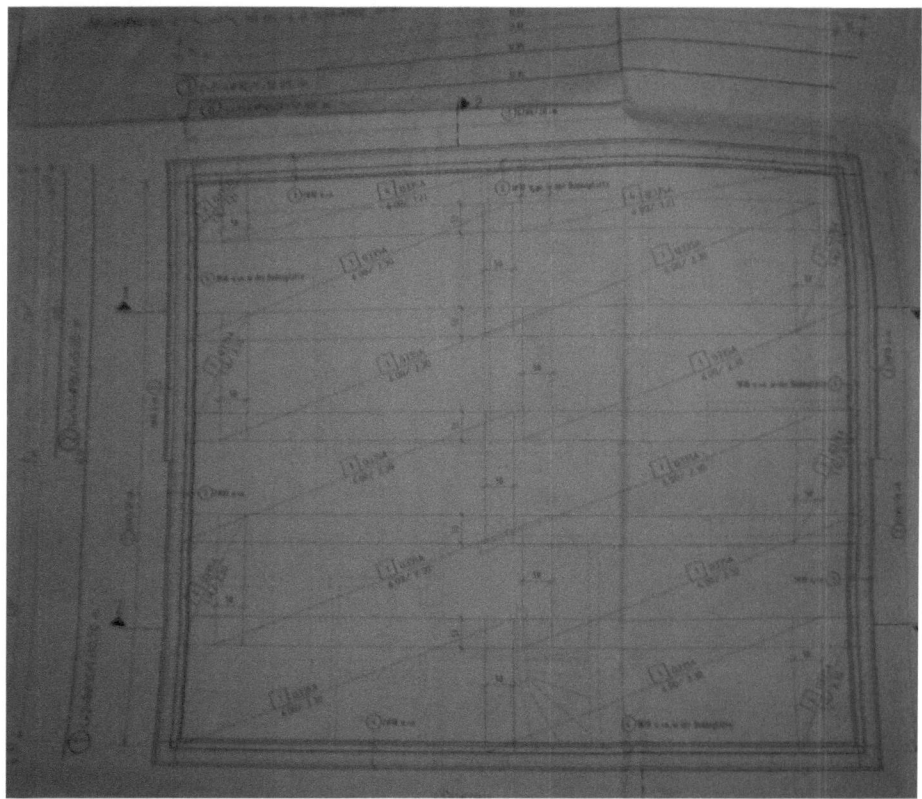

Auf dieser Abbildung sieht man leider etwas undeutlich, wie die einzelnen Stahlmatten verlegt werden. Die obere und untere Bewehrung ist gleich. Nur in der unteren Bewehrung sind die langen Drähte unten, in der oberen sind sie oben. Die Überlappungen sind gut zu erkennen.

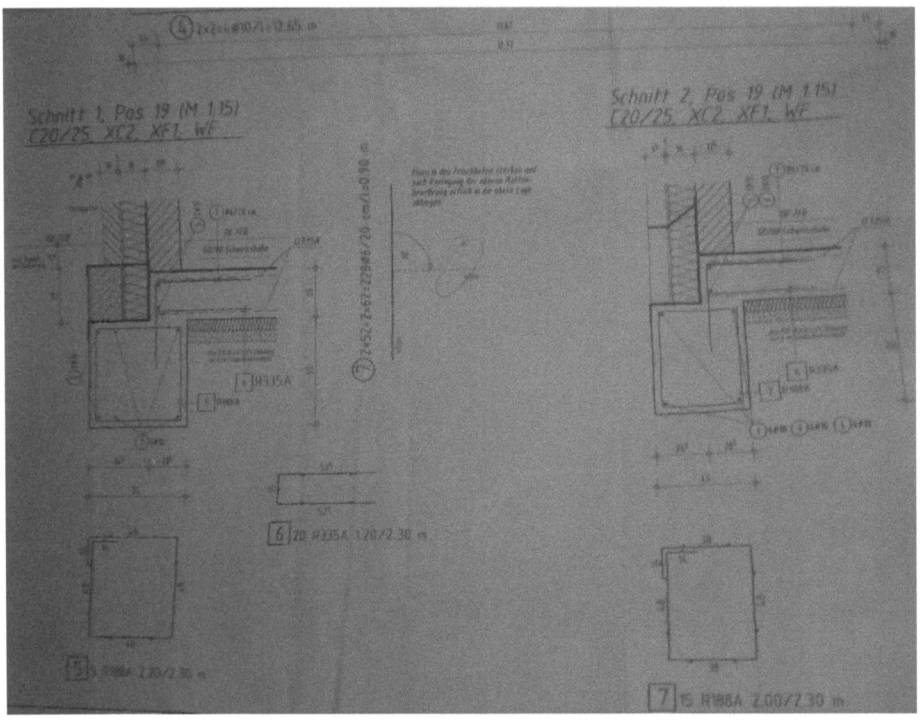

Auf diesem Foto sieht man einige Details zu den Fundamenten rund um und unter der Bodenplatte. Wie die Körbe mit Stahlstäben verstärkt sind, das Rohbaumauerwerk, die Wärmedämmung, die Lage der Folien, die die Feuchtigkeit nach außen führen sollen und die Position, wo die Klinker aufgesetzt werden.

Der Statiker liefert für jede Decke eine solche Stahlliste mit.
Darin sind die Zuweisungen zu den einzelnen Positionen, der Menge, der Länge und dem Durchmesser der Stäbe abzulesen. Mit dieser Liste geht man zum Baustoffhändler und der wird einem alles genau so liefern, wie es benötigt wird.

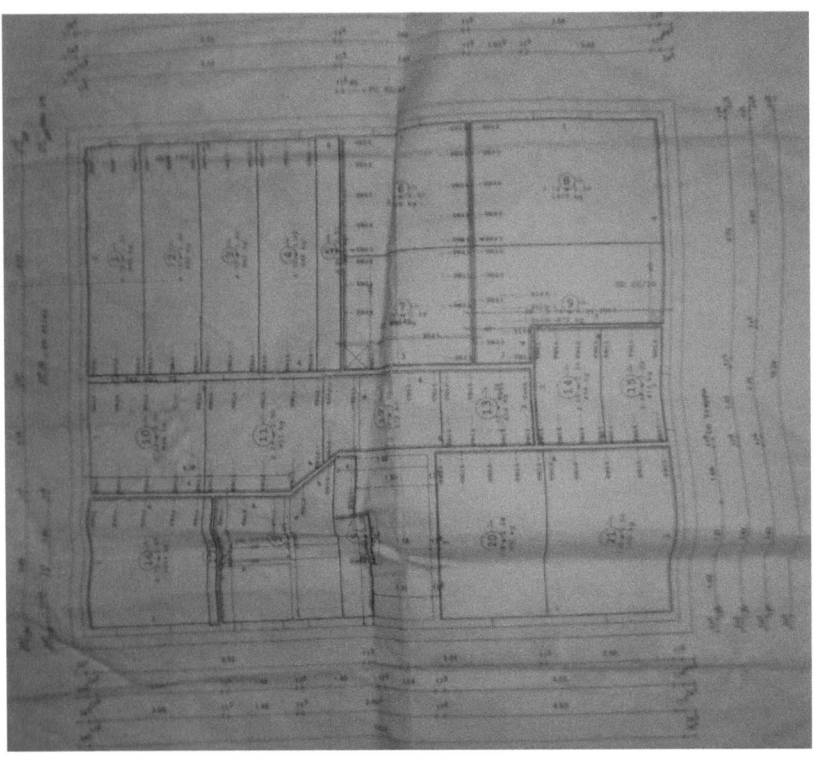

Der Lieferant der Filigrandecke bekommt aus unserem Statiker-Zeichnungssatz die untere Bewehrung der Decke geliefert. Daraus entwickelt er einen eigenen Plan. Wie man sieht, zerlegt er die Decke in einzelne Plattenabschnitte und jeder Abschnitt wird aufgrund seiner Statikberechnungen mit Eisen bestückt. Der Bauherr muss später noch sogenannte Zulageeisen auflegen. Damit sollen die Platten miteinander verbunden werden. Da heißt es z.B. 8 mm dicke Eisenstäbe in der Länge von 2,00 m werden im Abstand von 20 cm über zwei Platten gleichmäßig verteilt.

Achtung: Manche Platten sehen so aus, als könnte man sie so oder so herum auflegen. Das ist nicht der Fall. Man muss sich die Platten genau ansehen, wie sie orientiert werden.

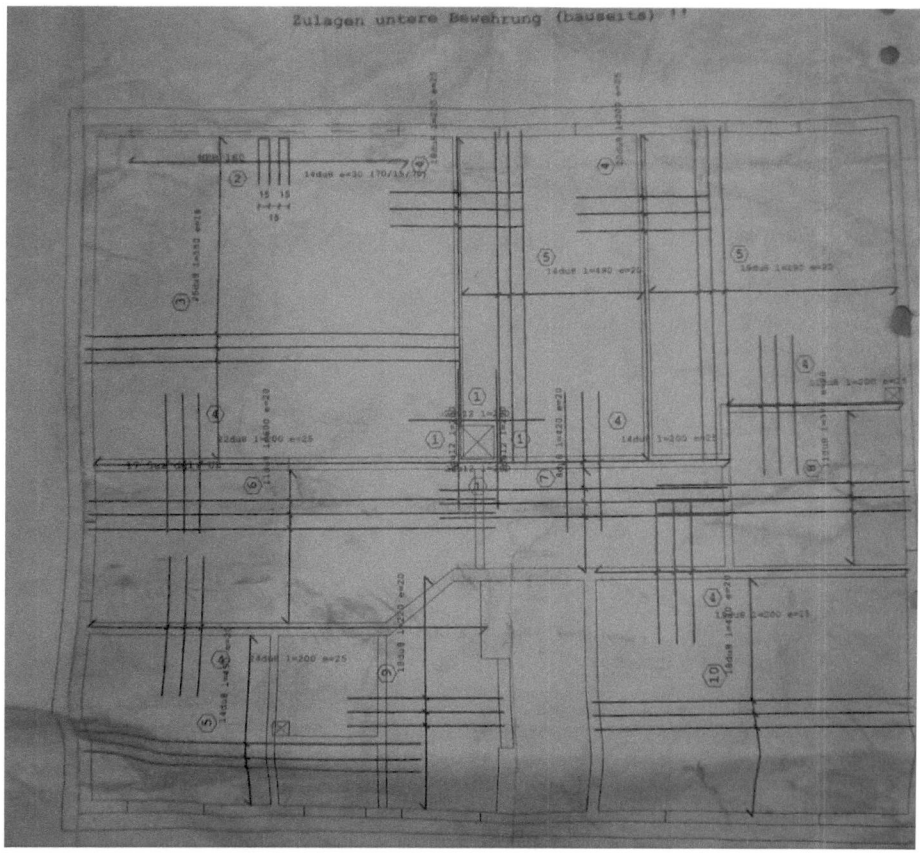

Hier sieht man recht gut, wo die Zulageeisen auf die 5 cm dicke Filigrandecke gelegt werden. Die kurzen Stäbe verbinden einzelne Platten. Die längeren sind gleichzeitig Verbinder aber auch zusätzlich Eisen, die über die Wände ragen. Oben links sieht man wie U-förmige Bügel in einen Doppel-T-Träger über einer großen Fensteröffnung eingelegt werden, damit das Eisen in der seitlichen Öffnung des Doppel-T-s Tragefunktionen ausführen kann. Um den Schornstein herum in der Bildmitte liegen weitere dicke Eisenstäbe, um das Loch in der Decke zu stabilisieren.

externe Eisen

Pos.	Anz.	Du./Typ [mm]	Lng./Gew. [cm]/[kg]	Teillaengen [cm]
Pos. Lieferung bauseits				
①	8	12	200	
②	14	8	155	70/15/70
③	25	8	550	
④	128	8	200	
⑤	47	8	490	
⑥	11	8	600	
⑦	8	8	420	
⑧	11	8	370	
⑨	18	8	220	
⑩	18	8	470	
Massen Lieferung bauseits				
		8	359.4	
		12	14.2	
Summe [kg]			373.7	

Auch vom Hersteller der Filigrandecke bekommt man eine Stahlliste, um die Zulageeisen auch von einem anderen Lieferanten beschaffen lassen zu können. Das ist aus Preisgründen meist sinnvoll.

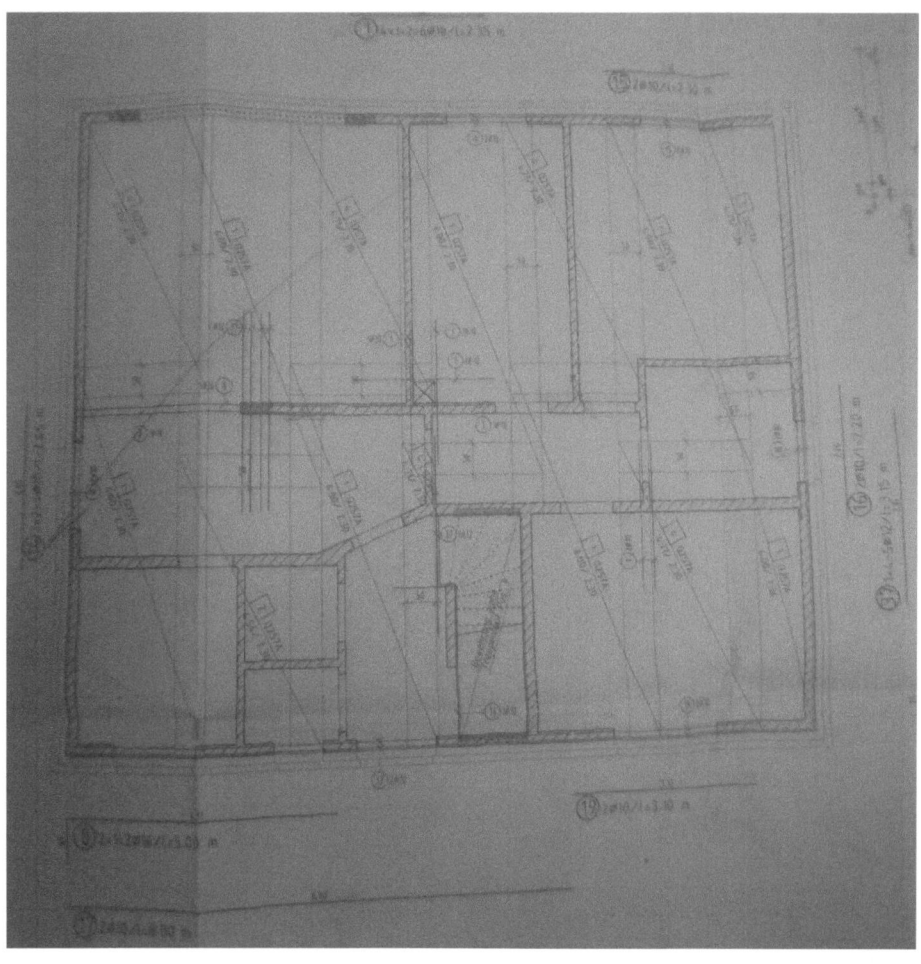

Auf dieser Abbildung sieht man die Oberbewehrung mit den Matten, die diagonal bezeichnet werden. Auch die Größen werden noch einmal genannt. Unten und rechts werden noch einige Zusatzpositionen z.B. für die Stahlbewehrung der Stürze beschrieben. (Anzahl, Durchmesser, Länge)

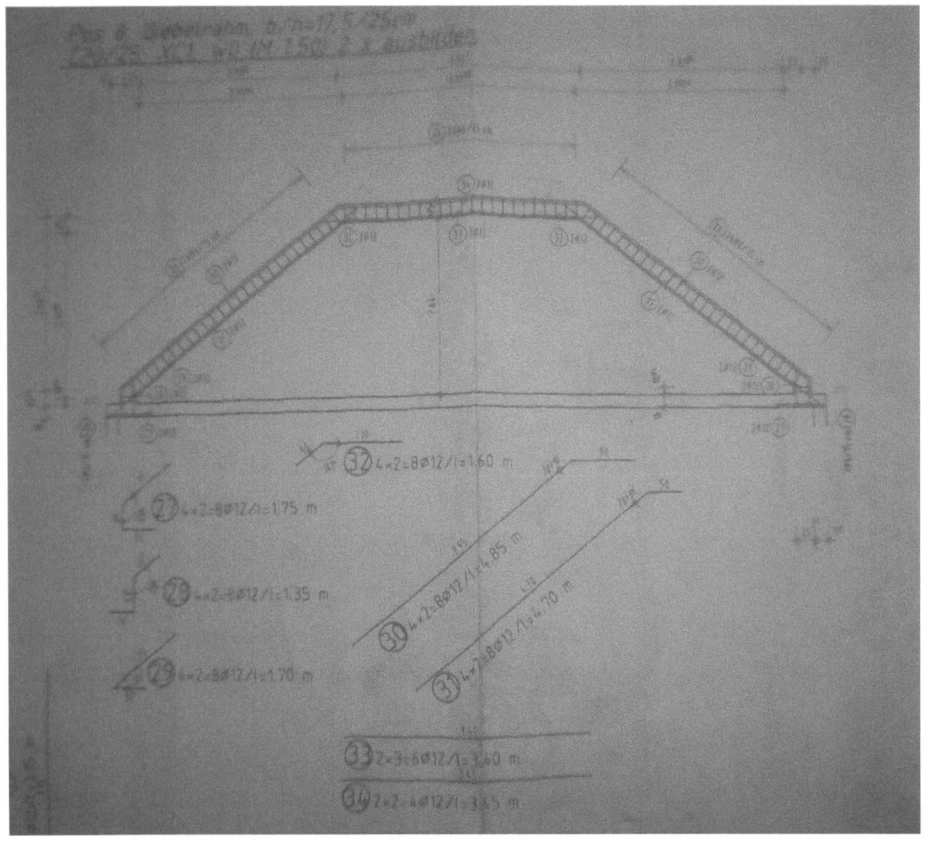

Um die Giebelwand wird eine sogenannte Rähm aus Beton gefordert. Natürlich stahlverstärkt. Der untere Teil der Zeichnung zeigt links, was man schon in den Beton direkt eingießen muss und mittig, was an Stahlstäben in Form von Körben verbunden in die Schrägen einbetoniert werden muss. Den Fotos meines Hauses kann man entnehmen, dass auch Stufen in der Steinwand liegen dürfen, die dann mit Beton vergossen werden. Der Beton darf übrigens nicht sehr flüssig sein. Und es sollte auch nicht regnen. Dann rutscht der Beton nämlich nach unten ab.